DIRK C. GRATZEL

PROJEKT GREENZERO

DIRK C. GRATZEL

PROJEKT GREENZERO

Können wir klimaneutral leben?

Mein konsequenter Weg
zu einer ausgeglichenen Ökobilanz

Mit einem Vorwort von
Eckart von Hirschhausen

LUDWIG

greenprint*
klimapositiv gedruckt

Cradle to Cradle Certified™ Pureprint
innovated by gugler*
Gesund. Rückstandsfrei. Klimapositiv.
www.gugler.at
Bindung ausgenommen

MIX
Papier aus verantwortungsvollen Quellen
FSC® C005108

Verlagsgruppe Random House FSC® N001967

Originalausgabe 08/2020

Redaktion: Regina Carstensen
Umschlaggestaltung: Eisele Grafik-Design, München,
unter Verwendung eines Fotos von © Maurice Weiss/OSTKREUZ
Satz: Leingärtner, Nabburg
Druck und Bindung: Gugler GmbH, 3900 Melk, Österreich
Printed in Austria
ISBN: 978-3-453-28129-5

www.Ludwig-Verlag.de

Für Miriam, Felix, Johanna, Nils und Philipp

Vorwort

Dirk Gratzel brennt für eine Idee – weniger zu verbrennen! Ich kenne niemanden, der so hartnäckig daran arbeitet, seinen eigenen Beitrag zur Erderwärmung zu reduzieren. Er ist im positiven Sinne »verrückt« – weil er für jeden, mit dem er spricht, die Maßstäbe »verrückt«, nach denen wir uns selber gerne als die Guten definieren: Ich habe doch schon dreimal auf eine Plastiktüte verzichtet, dann habe ich mir den Wochenendtrip nach New York doch auch verdient. Dirk Gratzel will weder sich noch anderen weiter in die Tasche lügen und fällt auf – einigen sicher auch auf die Nerven. Wie viel gilt der Prophet im eigenen Land? Einige der ersten größeren Presseartikel zu seinem Projekt erschienen in englischen Zeitungen.

Dirk und ich haben uns vor einiger Zeit zufällig in einem Restaurant kennengelernt und merkten schnell, an wie vielen Punkten wir uns schon hätten begegnen können. Wir brennen beide für das Thema Nachhaltigkeit, wobei dieses Wort so wenig beschreibt, worum es geht: Wir müssen nicht »das Klima retten«, sondern uns! Als Arzt weiß ich, dass die Grundlage von Gesundheit weder in einer Tablette, einer Operation oder sonst einer medizinischen Intervention liegt. Die ganze Hochleistungsmedizin nützt uns nichts, wenn die biologischen Basics für unser Leben nicht mehr gegeben sind: Wasser, Essen, Luft und erträgliche Temperaturen. Deshalb habe ich von Anfang an die Demonstrationen von Fridays for Future unterstützt, die Scientists for Future mitgegründet und inzwischen eine eigene gemeinnützige Stiftung: Gesunde Erde – Gesunde Menschen.

Zusammen mit der Allianz Klimawandel und Gesundheit (KLUG) und dem Aktionsbündnis Health for Future versuche ich die verschiedenen Ideen und Kräfte zu bündeln, um schnell eine Veränderung im Denken und in der Politik zu ermöglichen. Die ist bitter nötig, denn die Klimakrise ist die größte Gesundheitsgefahr, vor der wir stehen. Und das Ausmaß, in dem jetzt und erst recht in den nächsten Jahren unser Wohlergehen und unser Wohlstand für immer kippen kann, ist den wenigsten bewusst. Psychologisch versiert, weiß Dirk Gratzel auch, dass wir Menschen uns nur ungern mit unangenehmen Wahrheiten länger beschäftigen, vor allem wenn sie abstrakt, weit weg und wenig emotional dargestellt werden. Deshalb hat er begonnen, eine andere Geschichte zu erzählen: die Geschichte seines Lebens.

Da keiner die so gut erzählt wie er, möchte ich nicht zu viel verraten, außer: Es ist eine klassische Heldenreise. Dirk hat den Ruf gehört, dass sich etwas ändern muss. Er hat vor dem Problem gestanden, dass es noch keine wirklich brauchbaren Ideen gibt, sodass unser Fußabdruck nicht nur runtergeht, sondern wir in Deutschland wirklich nachhaltig und klimaneutral leben können. Und er hat gegen alle Widerstände Wege gesucht und gefunden, sich und die Welt zu verändern.

Ein Waldspaziergang mit Dirk öffnet einem die Augen für das Wunder der Natur und unseren menschlichen Einfluss, im zerstörerischen wie im positiven Sinn. Die Veränderungen, die anstehen, tun uns gut. Es geht nicht um Verzicht, sondern um Gewinn an Lebensqualität und Gesundheit. In der Corona-Krise war die Klimadiskussion scheinbar ganz weit weg – dabei fielen markante Sätze wie: »Wirtschaftliche Interessen dürften den Schutz von Menschenleben nicht überlagern.« Warum gibt es dann eine Million Neuzulassungen für SUVs, die nie ein Gelände sehen, kein Tempolimit und in Deutschland als letztem Land der Europäischen Union noch Tabakwerbung? Wenn Politiker neuerdings auf Virologen hören können, warum dann nicht auch auf Klimaforscher und Umweltmediziner?

Versuche ich gerade, die Corona-Krise zu instrumentalisieren? Nein. Als Arzt sucht man nach den Ursachen für eine Erkrankung. Und im besten Fall vermeidet man Risiken schon vorher. Globale Epidemien werden häufiger, so gesehen war es für die Fachleute keine Frage von ob, sondern eher eine von wann, dass nach Ebola, SARS,

MERS und HIV neue Viren von Tieren auf Menschen überspringen. Der Ursprung des neuartigen Coronavirus ist dem Umstand geschuldet, dass wir Wildtiere und ihre natürlichen Lebensräume zu anderen Zwecken missbrauchen. Wie der Chef des Berliner Naturkundemuseums, Johannes Vogel, es noch deutlicher formuliert: »Dieses Virus ist auch der Preis unserer Ausbeutung der Natur. Erreger überspringen Artgrenzen, wenn wir natürliche Ressourcen respektlos ausbeuten. Machen wir so weiter, scheitern wir.« Auf einer Tagung des Auswärtigen Amts zu »One Health« erlebte ich vor Corona-Zeiten, wie sich globale Gesundheitsgefahren nicht an unsere Denkmuster halten und nicht an Zuständigkeiten einzelner Ressorts und Disziplinen. Endlich kamen Virologen und Artenschützer, Human- und Tiermediziner, Kommunikationsexperten und Klimaforscher zusammen, um ihre jeweiligen Puzzleteile der Erkenntnis aus ihrem Gebiet zusammenzutragen. Aus heutiger Sicht schon fast zum Schmunzeln: Der Charité-Virologe Christian Drosten konnte auf dem Kongress praktisch unerkannt und ohne zehn Kameras und Mikros vor der Nase reden.

Nach meinem Vortrag über die Frage, wie man bei bedrohlichen Erkenntnissen psychologisch aus der Lähmung ins Handeln kommt, lernte ich Kim Gruetzmacher kennen. Sie ist Program Manager für die globalen Gesundheitsthemen für die Wildlife Conservation Society, eine der großen weltweiten Naturschutzorganisationen. Sie veranschaulichte mir, wie wir Menschen diesen Planeten plattmachen. »Stell dir vor, wir würden alle Wirbeltiere auf der Erde auf eine Waage stellen. Was glaubst du, wie viel Anteile hätten Wild- und Nutztiere im Verhältnis zu uns?« Ich hatte keinen Schimmer und staunte nicht schlecht, als ich erfuhr: Vor 10 000 Jahren hatten die paar Menschen einen Gewichtsanteil von etwa ein Prozent und Wildtiere 99 Prozent. Dann wurden wir sesshaft, begannen unsere extrem erfolgreiche Vermehrung, Ackerbau und Viehzucht. Damit haben wir die Verhältnisse komplett auf den Kopf gestellt. Die Wildtiere haben gerade mal noch ein Prozent der Biomasse für sich. Dafür machen Menschen 32 Prozent aus und 67 Prozent ihre Nutztiere. Und die – jetzt mal deutlich gesprochen – trampeln, fressen, kacken und pupsen alles aus dem Gleichgewicht. Gruetzmacher weiter: »Die Wildtiere werden gejagt, wie Drogen gehandelt, auf Märkten blutig übereinandergelegt und gegessen. Es gibt noch 600 000 Viren, die auf den Menschen übertragbar sind. Deshalb müssen wir endlich diesen perversen Wildtierhandel weltweit stoppen.«

Ein gesundes Wildtier hat ja gar kein Interesse, Menschen kennenzulernen. Es läuft weg, flieht oder fliegt davon, wenn es eine Fledermaus ist. Nur in Horrorfilmen kommen die vampirig gierig auf uns zu. Wir sind aber die Gier, wir sind für die Tiere der Horrorfilm. Sie werden so eingeschränkt in ihren natürlichen Lebensräumen, dass sie buchstäblich mit dem Rücken zur Wand stehen, gestresst und anfällig werden und sich »rächen« an uns, indem sie uns auf ihren letzten Metern noch ihre Viren dalassen, bevor sie für immer verschwinden. Oder wir irgendwann.

Dieses Buch von Dirk Gratzel wird Sie nicht »neutral« lassen. Entweder Sie werden erfasst von den sprudelnden Gedanken, das eigene Leben zu neutralisieren. Oder Sie werden denken: Das, was der kann, kann ich niemals. Das dachte ich auch, als ich ihn das erste Mal traf. Aber Vorsicht: Sein Enthusiasmus ist ansteckend. Inzwischen haben wir gemeinsam ein kleines Stück Wald gekauft, um die Ideen eines ökologischen Umbaus in der Praxis zu belegen, oder wie er es in einer E-Mail beschreibt: »Ziel ist eine Parzelle klimastabilen Waldes, an dem sich möglichst unsere Enkel in fünfzig Jahren noch erfreuen können.«

Dirk denkt über den Tellerrand – und über den Waldrand hinaus. Das schätze ich außerordentlich an ihm. Und genau das braucht es heute, damit wir die historische Chance nutzen, die letzte Generation zu sein, die an dem Ausmaß der Klimaveränderungen etwas ändern kann, bevor Kipppunkte erreicht und überschritten sind.

Wir können nur schützen, was wir schätzen.

In diesem Buch nimmt er auch Sie, liebe Leser, mit auf seine Entdeckungsreise.

Dabei wünsche ich Ihnen angesichts dieser Horizonterweiterung viel Freude, viele persönliche Einsichten und Ideen, um selbst nicht länger Teil des Problems zu sein – sondern Teil der Lösung zu werden!

Herzlich,
Ihr

Prolog

Im Bauzaun ist ein Loch. Jugendliche haben, wie ich aus Internetforen weiß, hier ein Loch in die Maschen geschnitten, um die verfallenen Gebäude zu durchstöbern, Feuer zu machen, Partys zu feiern, Abenteuer zu erleben. Doch heute ist alles still. Sonntäglicher Novemberregen taucht das große Industrieareal in ein lautloses Grau. Für eine Party die falsche Zeit, der falsche Tag und das falsche Wetter.

Miriam und Nils gehen voran, dann kommt meine Frau Heike. Ich mache die Nachhut. Emil ist schon längst voraus. Er hat nicht auf die Lücke im Maschendraht gewartet, sondern ist ein Stückchen früher durch ein Loch unter dem Zaun hindurchgeschlüpft. Er wuselt jetzt über den alten Fahrradparkplatz Richtung Brombeeren, zwischen kaputten, uralten Computern, Plastikstühlen, einer zertrümmerten Toilettenschüssel und Unmengen von Müll hindurch. Ich sehe die vielen Scherben, mache mir Sorgen um seine Pfoten und rufe ihn zu mir. Er kommt ungern. Wahrscheinlich haben Fuchs, Dachs und Wildschwein frische Fährten hinterlassen, den Unrat ignorierend, und die sind für Emil allemal spannender als unsere heimliche Besichtigungstour.

Miriam macht Fotos. Sie biegt nach links ab, wo zwischen den alten Bürocontainern und den Trafohäuschen irgendwo der Uhu gehaust haben muss. Er ist längst ausgezogen, hoffentlich mitsamt gesundem Nachwuchs. Nils zieht es nach rechts, Richtung Bunker. Heike und ich folgen ihm. Der große Bau liegt ganz am Nordrand der Fläche und ist komplett übererdet, schmale Birken und Buchen wachsen auf seinem Dach. Die kaputten Transformatorenhäuschen am Weg dorthin, der Müll, herausgerissene Leitungen, Gitter und Fensterrahmen und die Brennnesseln mischen sich mit dem Novemberregen zu dystopischen Bildern, die Miriam, denke ich, gewiss einfängt.

Vom Bunker hätte ich auch gern Fotos, vor allem von innen. Die verschweißte Tür ist aufgebrochen – ein Paradies für Ratten und für Füchse. Doch Miriam ist verschwunden, jetzt schon eine Viertelstunde. Ich fange an, mir Sorgen zu machen. Heike ruft sie. Es bleibt still.

Zu dritt umrunden wir den Bunker und stehen auf einer alten Rangierfläche. Sie ist übersät von den Scherben eingeschmissener Scheiben, alten Büromöbeln, kaputten Reifen, zwei umgestürzten Loren und einer Kaffeemaschine, die bestenfalls in den Siebzigerjahren das letzte Mal geblubbert hat. Nils stupst sie mit dem Fuß an. Dann schüttelt er den Kopf über all das Chaos.

Er kommt zu mir herüber. Ein wenig fröstelnd stellt er sich neben mich. Dann legt er mir freundschaftlich den Arm um die Schulter.

»Was wolltest du hier noch mal machen?«, fragt er schmunzelnd.

»Ökologie«, antworte ich.

I.

Im Herbst 2016, ich war achtundvierzig Jahre alt, traf ich eine mir banal erscheinende, unverändert gültige Entscheidung:

Ich werde, wenn mir meine statistisch vorbestimmte Restlebenszeit von rund dreißig Jahren bleibt, die ökologische Bilanz meines Lebens bis zu meinem Tod ausgleichen. Keine ökologischen Schulden hinterlassen. Oder, mit anderen Worten: Ich will sterben in der Gewissheit, mit meinem Dasein Schaden und Nutzen für das Lebenssystem Erde zumindest in der Balance gehalten zu haben.

Bis dato ist diese Bilanz natürlich tiefrot.

Die Entscheidung für dieses Vorhaben war eine private. Sie war zuvorderst egoistisch motiviert. Ich wollte mein Lebensgefühl verbessern und mein schlechtes Gewissen im Hinblick auf die Frage, was ich meinen Kindern mit meinem Leben hinterlasse, beruhigen. Ich hatte nicht die Erwartung oder gar die Absicht, dass aus diesem Entschluss mehr werden würde als ein, so dachte ich, nicht ganz einfaches, am Ende vielleicht ein wenig eigenwilliges Projekt, das mich Zeit, Energie und Geld kosten würde.

Gut zwei Jahre später, im Dezember 2018, erschien anlässlich der Weltklimakonferenz im polnischen Katowice ein von der US-amerikanischen Nachrichtenagentur Associated Press (AP) verbreiteter, recht langer und bebilderter Artikel über den Zwischenstand meines Vorhabens, der in über dreißig Ländern der Welt in großen Tageszeitungen veröffentlicht wurde. Am Erscheinungstag schrieben mir Freunde, Bekannte und Geschäftspartner, aber auch wildfremde Menschen aus Indien, Singapur, aus China, den USA und Australien, und schickten mir die Zeitungsmeldungen samt Fotos von meinem Hund Emil und mir. Ich las ihre E-Mails und Kommentare und betrachtete die Fotos, die mich staunen ließen. Das fühlte sich surreal an. Als Kind hatte ich davon geträumt, berühmt zu werden, als Fußballer oder als Tennisspieler. Wir alle träumen wohl dann und wann davon. Als Unternehmer und Gründer von PRECIRE Technologies hatte ich im digitalisierungsskeptischen Deutschland dann tatsächlich einiges an medialer Aufmerksamkeit erfahren – meist ungefragt und nicht immer zu meinem Vorteil. Aber dass mich nun ein – aus meiner Warte – banales Vorhaben, nämlich im Tod ökologisch ein halbwegs aufgeräumtes Leben zu hinterlassen, für einen kurzen Moment weltweit präsent werden ließ: Das verstörte mich schon ordentlich. Ich erinnere mich, dass ich abends im Bett noch einige E-Mails und Nachrichten las und dann, nach dem Einschlafen, recht sonderbare Dinge träumte, die mich, unterwegs auf einer Art *In 80 Tagen um die Welt*-Reise, mehrfach aufwachen ließen, nur um den seltsamen Traum nach dem nächsten Einschlafen fortzusetzen.

Mittlerweile habe ich mich daran gewöhnt, dass mein Vorhaben Neugier weckt. Ich finde die Idee dahinter weiterhin unspektakulär. Das lässt mich immer wieder zweifeln, ob mein »Green Zero«, meine grüne Null, tatsächlich so viel Aufmerksamkeit verdient. Aber die Geschichte der Idee und ihrer Umsetzung ist in der Tat ganz unterhaltsam.

Und diese Geschichte beginnt genau genommen so:

II.

Mist.

Es ist ein ganz sanftes Ziehen in der Magengegend, irgendwo hinten-unten zwischen Beckenboden und Zwölffingerdarm, gefolgt von einem leichten Kräuseln meiner Jahr für Jahr wachsenden Stirn, das mir zweifelsfrei signalisiert:

Den Start hatte ich mir wohl deutlich leichter vorgestellt.

Ernüchterung kehrt ein.

Mist.

Unschlüssig halte ich ein Paar brauner Socken in den Händen. Sie haben ihre beste Zeit eindeutig hinter sich. Der Linke scheint mir in Ehren gealtert, mit lichten Flecken dort, wo Hacke und Zehen seit einem ganzen Sockenleben mahlend und scheuernd an meinen Schuhen reiben, eine Art textiler Untergrundkämpfer zahlloser Meetings und Besprechungen, die er geduldig in meinen Schuhen, mal rechts, mal links, verbracht hat, freundlicher Schutz gegen die drohende Fußkälte in Herbst und Winter. Es steht nicht gut um ihn. Ich fühle mit ihm.

Und der Rechte? Oha, denke ich, während ich ihn gegen die Sonne halte, der Rechte ist in seinem Sockenleben noch einen Schritt weiter. Selbst für einen Veteranen der Haute Couture ist er ein trauriger Fall, dreifach gelöchert, mit Knubbeln und Rissen übersät und von schlapper Taille da, wo er sich einst entschlossen an mein Schienbein klammerte, überreif für die Altkleidersammlung oder den Restmüll. Ein bisschen schäme ich mich. War es mangelnde Pflege oder übermäßiger Gebrauch, das falsche Waschmittel oder ein Mangel an Weichspüler, die ihn derart zugerichtet haben? Zur Scham gesellt sich etwas Unwohlsein, und das am frühen Samstagmorgen.

Verflixt.

Das braune Paar ist, bei meinem ersten Griff, eine Zufallsbeute aus dem schubgeladenen Panoptikum meiner Fußkleider, einem wilden Haufen brauner, schwarzer, grüner und – hier muss mich ein modischer Teufel geritten haben – orangener Socken, die bis vor einer Minute einen friedlichen Samstagmorgen in der oberen Schublade meiner Schlafzimmerkommode verbracht haben. Sie reihen sich in der linken Hälfte zu knödeligen Formen irgendwie ineinander gewurstet auf, gefolgt von einer eindrucksvollen Rotte ehemals weißer – jetzt grauer – Sportsocken. Ich zähle acht Paar. Daneben liegen zwei Varianten mehrfarbiger, mehrschichtiger Socken zum Wandern in Braun und Grau, wahrscheinlich, so erkläre ich mir die farblichen Unterschiede, eins für das Flachland und eins fürs Gebirge. Dann drei Paar Socken für die Jagd, dunkelgrün und erschreckend groß, die wie erschlaffte Gummistiefel aussehen, eskortiert von zwei merkwürdigen kleinen Nylondingern, die sich wahrscheinlich aus dem Kleidungsfundus meiner beiden Töchter hierhin verirrt haben. Und während ich noch staune über den Irrsinn dieses eigentlich alltäglichen Anblicks, drängt sich schon vehement der rechte Teil der Schublade ins Blickfeld, in dem die Unterhosen ein großzügiges Terrain besetzen; ich will sie jedoch erst angehen, wenn ich mit den Socken durch bin.

Die Socken ihrerseits geraten nun, so scheint mir, in Unruhe. Ich kann ihre Verwirrung mit meiner eigenen wachsen spüren, denn – ihre penible Zählung steht bevor: die mit neutestamentarischer Konsequenz geführte Eintragung all meiner Socken und Unterhosen in lange Listen, aber auch all meiner Unterhemden, T-Shirts und Pullover, Hosen, Jacken, Mäntel und Westen, einschließlich des Regiments meiner Schuhe und Stiefel und noch all der Schals, Mützen und Hüte, der Handschuhe und Einstecktücher, der Fliegen und Krawatten, der Ersatzschnürsenkel, Anstecker und Abzeichen, der Börsen, Brieftaschen und Etuis, der Schlüsselbunde, Schweißbänder und Schirme. Nun ja, um genau zu sein: schlicht all der Dinge, die ich besitze und die ich, mit der nimmermüden Akribie eines fünfzigjährigen Konsumenten, angeschafft, genutzt, verwahrt, behütet, mehr oder weniger gepflegt, gefaltet, sortiert, gestapelt, verräumt, verlegt und – oft überraschend – vor-, auf- und wiedergefunden habe.

Die Socken sind für mein Vorhaben, für das ich diesen Samstag im Januar schon vor Wochen eingeplant habe, ein ganz mieser Start. Denn schon nach wenigen Momenten meiner Beobachtermission muss ich feststellen, dass dieses Zählen bei Weitem nicht so einfach ist, wie es mir aufgegeben wurde: Einzutragen in lange Excel-Listen sind nämlich »Art des Kleidungsstücks« (»Socke«), »Anzahl« (»2«), »Alter« (ich rate: »24 Monate«) und, und spätestens da sperren sich die braunen Probanden hartnäckig, »Materialzusammensetzung« (»Baumwolle« – und was noch?), »Herkunftsland/-region« (ich habe keine Ahnung), »Herstellungsprozess konventionell« oder »Herstellungsprozess biologisch« (wer weiß denn so was?) und »Nutzungsdauer« (in Monaten; ich gebe beiden noch eine Gnadenfrist von einem Monat und trage »25« ein, weil ich den Tag nicht mit einem Verlust beginnen möchte).

Verzweiflung macht sich breit. Es ist ein Gefühl, wie ein Tennisspiel mit drei Doppelfehlern zu beginnen.

Ich überlege kurz, meine Frau um Hilfe zu rufen – doch sie hat meine Seelenpein quer durch alle Bruchsteinwände unseres alten Hauses längst erahnt. Sie kommt auf knarzenden Stufen die Wendeltreppe zum Schlafraum hinauf, ein die Antwort schon vorwegnehmendes »Und, klappt's?« auf den Lippen. Sie kennt meine Mission, und sie goutiert sie mit freundlicher Langmut.

Ich schlucke und ringe mit der Formulierung, dann murmele ich in die Schublade:

»Weißt du, woher die Socken sind?«

»Geschenk von deiner Mutter, vorletztes Weihnachten.«

Meine Frau erstaunt mich immer wieder.

III.

Ab und zu werde ich gefragt, wie ich denn auf die Idee gekommen sei, ein ökologisch ausgeglichenes Leben herstellen zu wollen. Das klingt, als erwartete der Fragende eine mehr oder weniger spektakuläre Antwort – vielleicht die Schilderung eines einschneidenden Erlebnisses, einer Art spiritueller Erweckung, die mir, in einem Moment großer innerer Erleuchtung, die Zusammenhänge nachhaltiger Lebensführung und ökologischer Sensibilität vor Augen geführt hätte. Doch das ist nicht passiert. Wahr ist: Mein Entschluss und die mit ihm kommende Veränderung in meinem Leben haben keinen fest zu benennenden Anfang und wohl auch kein Ende, mein eigenes ausgenommen. Ich bin nicht klüger geworden, und die Entscheidungen, die ich zu meinem Lebensstil und zu meinen Wiedergutmachungsaktivitäten getroffen habe, waren nicht die Summe eines, sondern vieler Momente, vieler Gedanken und Gespräche. Sie scheinen mir mehr die Folge des Kollapses meiner Verdrängungskräfte denn bewusster Entschluss, die Welt, das Leben oder die Umwelt und Natur plötzlich mit ganz anderen Augen zu betrachten. Ich sehe oder denke heute nicht viel anders als vor zehn Jahren. Ich schaffe es nur nicht mehr so gut, so fühlt es sich zumindest an, mich in ein paar grundlegenden Lebensfragen selbst zu beschummeln.

Das für Sie nachvollziehbar zu machen, dazu hilft vielleicht ein kurzer Blick dahin, wo ich eigentlich herkomme, geografisch wie sozial. In der raum-, klassen- und zeitfreien Sprache meiner Heimat heißt das: *wo einer wegkommt.*

Ich bin 1968 im Essener Norden geboren, im Stadtteil Borbeck. Borbeck, noch in den Siebzigerjahren über 100 000 Einwohner stark, müsste seiner gelebten lokalen Phonetik nach eigentlich »Boahhbeck« geschrieben werden, wobei ein Doppel- oder Dreifach-O auch denkbar wären. Das r bleibt, außer am Anfang eines Wortes, im Ruhrgebietsslang meist stumm. Von wenigen, eher förmlichen Situationen abgesehen, hat der kleine Konsonant in seiner gesprochenen Form die Industrialisierung im Revier nicht überlebt.

Borbeck vereinte in meiner Kindheit (und tut dies mancherorts bis heute) alle Klischees, die zum Pott so gern kultiviert werden. Wie alle Klischees haben sie ein paar wahre Kerne. Also bin ich in manchen dieser Bilder groß geworden. Sozialisierung ist in solchen Ballungsräumen – das Ruhrgebiet ist der fünftgrößte Europas und der einzige, der aus mehreren zusammengewachsenen Städten besteht – womöglich besonders intensiv: Ich kriege heute noch Gänsehaut, wenn ich das Steigerlied höre (»… deeeeeerrr Steiger kommt …«), obwohl ich nie unter Tage gearbeitet habe. Ich sympathisiere in einer leicht melancholischen Grundstimmung mit meinem Heimatclub Rot-Weiss Essen (seit Jahren viertklassig, die Fans ausgenommen – jede Menge Anders-Depressiver, so wie ich), und ich träume an schwierig-grauen Tagen oft von einem kalten Pils und einer ordentlichen Portion Pommes, am liebsten an einer dieser lärmenden, straßenbahnbefahrenen Hauptstraßen in Frintrop oder Bergeborbeck – Borbecker Untergliederungen, deren Charme sich ausnahmslos nur dem erschließt, der dort einmal gelebt hat.

Wenn ich als Kind aus dem Kinderzimmer- oder Küchenfenster unserer Dreizimmerwohnung sah (was in den trüben und regnerischen Jahreszeiten eine Art YouTube-Vorläufer war, dem ich mich stundenlang widmete), konnte ich in den Gärten hinter unserem und hinter den Nachbarhäusern Ältere bei der Gartenarbeit beobachten, zwischen Kartoffeln, Lauch, Salat, Radieschen, Rot- und Blumenkohl. Sie waren die grauen Eminenzen spannender Latifundien. Selbst gebaute Volieren waren in fast allen Gärten Standard, gefüllt mal ganz pragmatisch mit Huhn, mal, eher sportlich, mit Tauben oder Finken. Nymphensittiche waren noch unbekannte Exoten und hätten wohl eher als Ausdruck von Prunksucht und Realitätsverlust denn als Auszeichnung gegolten.

Die Zeiten ändern sich.

Auf den Garagenhöfen spielten wir Kinder – außer samstags, wenn sie für den Höhepunkt der Woche, jedenfalls den der Männer, in riesige Autowaschsalons verwandelt wurden, in denen in infernalischer Lautstärke WDR 2 »Sport und Musik« lärmte, mit den Livereportagen aus der Fußball-Bundesliga. Der Verbrauch an Autoshampoo war immens – der von örtlichen Brauereiprodukten ebenfalls.

Schräg hinter unserem Haus, in der Germaniastraße, zog sich ein kleiner Pfad durch eine große Brache mit üppigem Buschwerk, einem riesigen ockerfarbenen Luftschutzbunker, zunehmend verlassenen Industrieanlagen und standhaften alten Bäumen bis hin zum Tor der Zeche Wolfsbank, etwa drei-, vierhundert Meter Luftlinie entfernt. Dort stand, direkt neben dem Zecheneingang, ein unscheinbares Vierfamilienhaus. In ihm lebten meine Großeltern mütterlicherseits. Es war flankiert von Kohle- und Abraumhalden, die mir als Kind wie gemischtfarbige Gebirgsriesen daherkamen, obwohl sie gerade einmal ein paar Meter hoch waren.

Das Haus meiner Großeltern war ebenfalls graubraun, von schmutziger Luft verfärbt, sein Garten riesig. In ihm sprießte, was immer zum Gartenanbau geeignet war: Blumenkohl, Kartoffel, Salat und Gurke, Lauch, Karotte, Erbse, Bohne, Kohlrabi, Zwiebel, Rote Bete und Rhabarber, und natürlich bis in die Siebzigerjahre auch Tabak, der an der Lunge meines Opas mutmaßlich ähnliche Schäden anrichtete wie der Steinstaub aus seinen Untertagejahren. Das Klo lag zwischen zwei Etagen und war ein zugiger, ungeheizter Bretterverschlag, die Badestätte eine Zinkwanne im Waschkeller, der, ziemlich düster und modrig, eher ein Ort des Unbehagens denn der Säuberung für mich war.

Bis 2018, dem Jahr, in dem im Ruhrgebiet die letzte Zeche geschlossen wurde, sind dort nach Zahlen des Vereins »Statistik der Kohlenwirtschaft« 9 924 003 285 Tonnen **Steinkohle** gefördert worden. Das entspricht etwa 25 Mal dem Gesamtgewicht aller Menschen oder mehr als 60 000 Mal dem Gewicht des Kölner Doms.

Der Deutsche Bundestag hat bereits 2007 die **CO_2-Bilanzen verschiedener Energieträger** von seinem eigenen wissenschaftlichen Dienst dokumentieren lassen. Demnach sind Stein- und Braunkohle, gerechnet auf eine bestimmte Strommenge, bis zu 100 Mal klima- und umweltschädlicher als Wasser- und Windenergie. Photovoltaik, die in der Herstellung einen durchaus erheblichen Fußabdruck produziert, ist um den Faktor 10 bis 15 umweltfreundlicher. Kernenergie schlägt trotz des Förder- und Transportaufwands für Uran fossile Brennstoffe ebenfalls um ein Vielfaches: Gas im Grundsatz um den Faktor 30, Kohle um den Faktor 50.

Der mütterliche Zweig meiner Familie lebte seit dem Kriegsende auf dieser Straße, die den Zecheneingang flankierte – mal ein paar Jahre fünfzig Meter weiter rechts, dann für ein paar Jahre wieder hundert Meter links herunter. Die Männer verdienten das Geld erst unter Tage, später in dem, was der Strukturwandel im Ruhrgebiet – nach knapp zehn Milliarden geförderten Tonnen Kohle – für Nichtakademiker bereithielt: irgendeine ungewohnte, meist weniger schmutzige und doch nur widerwillig erlernte Arbeit, eingeklemmt in der gigantischen Melange des Reviers – einer wirklich erstaunlichen Mischung aus allen Völkern, Industrien, Vorlieben und Lastern, frei von Chic und Chichi. Ich mag sie bis heute sehr. Walter Kempowski schrieb einmal: »Heimat ist der Ort der frühen Schmerzen und der späten Sehnsucht.« Nichts trifft mein Empfinden zum Ort meiner Geburt und meiner frühen Kindheit so genau.

Natur war in meiner Kindheit die Welt jenseits der Haustür. »Draußen« also. *Draußen sein* war der Höhepunkt meiner Tagesplanung und hieß: nass geregnet werden. Unter Büsche kriechen. Staub aufwirbeln. Dreckig (ich meine: so richtig dreckig) werden. Kettcar oder, später dann, Bonanzarad fahren. Freunde treffen, Feinde ärgern, zur Mutprobe Würmer am Stück verschlucken (sind nicht bissfest) und beim Fußballspielen auf irgendeiner Brache auch mal mit Schwung auf einem ordentlichen Hundehaufen ausrutschen (was nicht selten auf das Zweikampfverhalten der Gegenspieler erstaunlich dämpfend wirkte).

Draußen sein empfand ich als mehr oder minder selbstverständliche Begegnung mit der Welt in ihrer ursprünglichen, eben: ihrer für mich natürlichen Form. Mehr Natur und Wildnis als die Montanflächen und -brachen vor unserer Haustür waren undenkbar. Das zwischen mir und dem Wohnhaus meiner Großeltern nicht ein Quadratmeter von Menschen unbearbeitet geblieben, nicht ein Jota nicht industriell bewirtschaftet war, fiel mir damals – wie auch? – nicht auf. Und als wir nach ein paar Jahren, meinen Vater verschlug es beruflich dorthin, in ein kleines Dorf in Niedersachsen – »aufs Land« – zogen, da war ich einen Moment lang wirklich orientierungslos, weil die Fülle an Böden, Feldfrüchten und Tieren und der eklatante Mangel an Straßen- und Industrielärm erst einmal verarbeitet werden wollten.

Nach einiger Zeit begriff ich, dass auf dem Land mehr über als unter der Erde gearbeitet wurde. Das war neu und spannend, denn da konnte ich – anders als am Pütt – mitmachen. Ich hackte Rüben, mähte Gras, arbeitete ab und an bei einem Freund im Stall und lernte Getreide-, Gemüse- und Obstsorten, Himmelsrichtungen und Heumachen, Feldvögel und Greife. Ich grub, kletterte, rannte und baute, und ich spielte Fußball auf einem Rasenplatz, was im Ruhrgebiet allenfalls in den sehr privilegierten Wohngegenden denkbar (und damit zutiefst verpönt) gewesen wäre. Ich war ständig draußen, und überall war etwas Lebendiges. Und überall war immer wieder Stille. Und Wetter: Schneereiche, eiskalte Winter und heiße, trockene Sommer, wo mir das Wetter im Ruhrgebiet eigentlich noch nie so recht aufgefallen war.

Ich genoss diese andere Kindheit sehr. Ich mochte die Felder, die Bauernhöfe, diese geerdete Welt. Nur: Die Ruhe war kurz. Nach ein paar Jahren ging es zurück nach Essen, nach Borbeck, und wenn ich nicht meine Leidenschaft für das Laufen entdeckt hätte, das in der noch laufbandfreien Epoche allein im Freien sinnvoll zu leisten war – der Wandel der Jahreszeiten wäre mir bestenfalls früh- bis spätpubertär an der Menge der Kleidung meiner Mitschülerinnen aufgefallen.

So weit war ich mit meinem Leben wieder von all dem entfernt, was im Ruhrgebiet wohlwollend unter »Natur« zu verstehen war.

Zum Studium verschlug es mich nach Tübingen, nach seinem Abschluss (ich studierte Jura, dazu ein bisschen Betriebs- und Volkswirtschaft) und der Promotion nach Aachen, einer Region, der ich bis heute mit einigen Unterbrechungen treu geblieben bin. Ich arbeitete mehr oder minder ununterbrochen, heiratete, wurde Vater und brachte es mit viel Fortune und dank wohlwollenden Mentoren alsbald auf ein für westliche Verhältnisse vielleicht nicht bahnbrechendes, aber fraglos sehr privilegiertes Lebensniveau. Aus Wohnungen wurden nach und nach Häuser. Die Häuser und die Autos wurden größer, die Autos schneller und stärker. Unsere Reiseziele wurden exotisch, und die Urlaube durchaus auch einmal opulent.

Wohlstand und Lebensqualität assoziierte ich mit materieller Sicherheit, wohl nicht ganz untypisch für meine Herkunft und meine Generation. Für diese Sicherheit war ich bereit, viel zu tun. Für mich und natürlich auch für meine Frau und unsere fünf Kinder. Es sollte uns »gut gehen«. Und gut ging es uns meinem Verständnis nach, wenn die wesentlichen Elemente unseres Lebens – das Wohnen, das Essen, die Reisen, die Ausbildung und Freizeitmöglichkeiten der Kinder – von stets ausreichender Quantität und guter oder bester Qualität waren.

Der Verbrauch von (natürlich auch inneren) Ressourcen für dieses Leben war beachtlich. Und doch: Die Frage, welche Wirkung mein, welche Wirkung unser familiärer Lebensstil auf das Ökosystem, in dem wir uns bewegten, haben würde, stellte sich mir nicht. Ökologie war nicht relevant. Nicht in unserer Familie, nicht in mir. Nicht weil ich nicht hätte erkennen können, dass drei Mal volltanken an einem Tag (von dem es viele gab) ein Unding an unserer Zukunft war, sondern weil sich die Frage nach der umweltbezogenen Angemessenheit meines Tuns nur sehr selten in mein Bewusstsein schob. Ökonomie und Soziales waren wesentlich wichtiger. Ein Stück weit hatte ich es früh »geschafft«, war beruflich wie sozial in der Wahrnehmung vieler Menschen durchaus erfolgreich – ein jedenfalls nicht unordentliches Mitglied der Gesellschaft, Vorstand und Geschäftsführer, Ehemann und Vater von fünf Kindern, Steuerzahler, dann Unternehmer, hie und da in Vereinen, Verbänden oder gemeinnützigen Organisationen und durchaus auch einmal für mehr als nur den Eigennutz engagiert. Kein schlechtes Leben – und allemal keines, das mir Freunde und Familie als kurzsichtig, ökologisch untragbar oder schlichte Sauerei vorgehalten hätten.

Die Vereinten Nationen streben in ihren 2015 vereinbarten Nachhaltigkeitszielen (Sustainable Development Goals, SDGs) für das Jahr 2030 nach einer inklusiven, chancengerechten und hochwertigen **Schulbildung**, die zu relevanten und effizienten Lernergebnissen führt. Dies berührt zwei wesentliche Achsen der Pädagogik, nämlich den Zugang zur Bildung einerseits und den Inhalt und die Bildungsziele andererseits.

Nach dem Stand von heute zeigt sich ein unmittelbarer Zusammenhang zwischen sozio-ökonomischer Entwicklung einer Gesellschaft und ihrem ökologischen Fußabdruck. Länder mit leistungsfähigen und vergleichsweise chancengleichen Bildungssystemen sind wirtschaftlich deutlich entwickelter (reicher) als Länder mit schwachen Bildungssystemen, weisen aber diesen gegenüber auch einen um ein Vielfaches höheren Fußabdruck ihrer Bevölkerung auf. Demnach wäre Bildung für die Ökologie kontraproduktiv. Infolgedessen nehmen die SDGs in der Ausgestaltung des Bildungsziels insbesondere auch die Lerninhalte in den Blick. Sie fordern eine Bildung für eine nachhaltige Entwicklung, eine Weltbürgerschaftsausbildung und explizit eine weltweite Wertschätzung kultureller Vielfalt.

In kurzen Momenten des – oft erzwungenen – Innehaltens vom hektischen Alltag regte sich zumindest dann und wann ein wenig mein Gewissen: Jeden Freitag schleppte ich säckeweise unseren vermeintlichen Recyclingmüll vor die Tür, in der Regel ordentlich getrennt und doch in dem Wissen, dass die städtischen Entsorgungsunternehmen ihn überwiegend in Verbrennungsanlagen »thermisch verwerten«, also von uns genutzte Ressourcen final vernichten würden. Weihnachten stiegen die Aktienkurse der Verpackungshersteller allein schon wegen der Lkw-Ladungen voll Styropor und Plastik, in denen unsere Geschenke – nicht selten Dinge von kurzer Lebensdauer – gekauft oder geliefert worden waren. Die Mengen unserer Papier- und Restmüllproduktion waren atemberaubend, die Fleischberge auf den Tellern – ich bemaß mit einbrechender Pubertät der Jungs die Mengen nur noch in Kilogramm – ebenfalls. Beim Fahrtenbuchführen für mein Dienstauto endete die Jahresbilanz selten unter, oft weit über 60 000 Kilometern, und das Dröhnen der Flugzeugmotoren neben bunten Tanklastzügen auf dem Flughafenvorfeld ließ selbst in mir gelegentlich die Frage aufkommen, was eigentlich all das Kerosin mit unserer – gerade beim Fliegen gut erkennbar – dünnen Atmosphäre anrichtet.

Der **weltweite Flugverkehr** verbraucht pro Sekunde etwa 11 500 Liter Kerosin. Auf der Internetplattform globometer.com kann man solche Daten live verfolgen. Täglich sind dies mehr als eine Milliarde Liter, eine unvorstellbar große Menge. Binnen zweier Wochen könnten wir mit diesem Kerosin den Vierwaldstättersee und in etwas mehr als einem Monat den Lago Maggiore füllen.

2018 gab es rund 38 Millionen Starts mit mehr als 4,4 Milliarden Passagieren. Bei einem Anstieg von knapp sieben Prozent wuchs die Menge der Flugkilometer auf 8,2 Billionen. Bis zum Jahr 2037 erwartet der Internationale Luftverkehrsverband eine knappe Verdoppelung der Fluggastzahlen auf 7,2 Milliarden jährlich.

Hinzu kam alle paar Jahre ein beruflich veranlasster Umzug, den ich als Student noch mit einem alten Golf, als Familienvater nunmehr schon mit einer Logistikflotte, die einem NATO-Herbstmanöver angestanden hätte, bewerkstelligte. Und obwohl ich mir stets zugutehielt, abzugeben, was ich nicht länger brauchte, auszusortieren, was überflüssig oder verbraucht war, und materiell insgesamt eher zurückhaltend unterwegs zu sein (lachen Sie nicht: Manch einer unserer Freunde fand unsere Wohnungen oder Häuser gar »kahl« oder »leer«), war die Menge an Dingen, die wir unser Eigen nannten, ein stetig wachsender Haufen an irgendwie Unerlässlichem. Das von der Werbung unterschwellig propagierte »Must have« als Mantra wirkte tadellos, und aus heutiger Perspektive bin ich manchmal sprachlos erstaunt, wie selbstverständlich sich mein Inneres für den Besitz jedes noch so groben Unfugs schnell eine tragfähige und widerspruchsfreie Begründung zurechtgebastelt hatte. Konsum braucht systematischen Selbstbetrug.

Ab Mitte vierzig jedoch kombinierten sich drei Dinge allmählich zu einer Mischung, die wie ein vorsichtiger Wachmacher in mir wirkten. Zum einen wurde die Erkenntnislage und die Berichterstattung zu Themen wie dem Artensterben, dem Klimawandel und der Umweltverschmutzung so erdrückend, dass selbst ich unter Aufbietung all meiner mir eigenen Ignoranz nicht verhindern konnte, das ein oder andere an Information dazu nicht nur mit dem Verstand, sondern auch mit der Seele aufzunehmen. Bilder von wuchernden Metropolen, brennenden Urwäldern, Meeren voller Müll und gewilderten Tieren mögen zwar mittlerweile alltäglich sein. Doch während ich sie lange und bequem um- und ausschalten, weglegen oder ausblenden konnte, erreichte mich als einzige Konstante zwischen all den sonstigen medialen Katastrophen der Themenstrom zu Umweltfragen zunehmend nicht nur beharrlich, sondern auch mit einer selbst für mich leicht auszumalenden Zukunftsperspektive. Und diese Perspektive war, so viel Grundrechnen und 1+1-Zusammenzählen schaffte ich dann doch noch, eher düster.

In den letzten fünfzig Jahren hat die Menschheit etwa 8,5 Milliarden Tonnen **Plastik** produziert, und der Ausstoß an Plastik wächst unverändert und rasant: Lag die jährliche Produktionsmenge von

Kunststoff 1989 bei 100 Millionen Tonnen, erreichte sie schon 2002 200 Millionen. 2013 waren es 300 Millionen, seit Ende 2017 sind es mehr als 350 Millionen Tonnen. Ein Sechstel dessen (2017: 64,4 Millionen Tonnen) entfällt auf Europa.

Der überwiegende Teil des Plastiks befindet sich als Müll in der Umwelt. Bis zum Jahr 2050 wird der Plastikmüll weltweit voraussichtlich auf etwa zwölf Milliarden Tonnen ansteigen.

Würden wir den heute in der Umwelt, also den verstreut herumliegenden, in Gewässern treibenden oder vergrabenen Plastikmüll schreddern und so verdichten, dass wir ihn gut in Güterwaggons transportieren könnten, bestünde dieser Zug aus knapp einer Milliarde Transportwaggons von jeweils 30 Metern Länge. Er wäre etwa 25 Millionen Kilometer lang und würde mehr als dreißig Mal zum Mond und zurück reichen, oder gut 550 Mal um die Erde. Die Schienen für unseren Zug am Äquator entlang gelegt, stünden wir also auf einer Breite von rund zwei Kilometern vor schnaubenden Lokomotiven, die jeweils einen Äquator langen Güterzug mit Plastikmüll hinter sich herzögen – und das Ende der 550 Züge wäre direkt in unserem Rücken …

Diese Düsternis allein allerdings hätte mich angesichts meiner fortschreitenden Alterung (irgendwann würde ich sterben, also sei's drum) womöglich wenig beeindruckt, wäre nicht ein zweiter, wohl entscheidender Umstand hinzugekommen: meine Kinder. Sie verlängern mein Leben über meine eigene Existenz hinaus. Ihnen gilt all meine Liebe und meine Sorge. Und: Von ihnen lerne ich.

Schon früh (und bis heute) pflegen meine Kinder eine Art selbstverständlicher Verachtung für viele materiell geprägte Dinge, die mir in vergleichbaren Lebensphasen unerlässlicher Lebensinhalt, ja nicht selten Mittelpunkt meines kurzfristigen Denkens geworden waren. Ein Beispiel: das Auto. Autos habe ich beim Kauf mit einer Akribie sondiert, getestet und beobachtet, ausgesucht, konzipiert, konfiguriert, kalkuliert und dann herbeigesehnt – hätte meine Frau sich mit der Partnerwahl so sorgfältig beschäftigt wie ich mich mit der Entscheidung für den nächsten Dienst-Pkw, ich wäre wohl heute noch unverheiratet.

Keines meiner Kinder hingegen besitzt ein Auto. Meine Kinder fahren mit dem Zug und den öffentlichen Verkehrsmitteln, wenn alle Stricke reißen auch einmal mit BlaBlaCar – das war's. Sie haben kleine Wohnungen oder Zimmer, kaufen Secondhand (etwas, zu dem ich mich bis heute nicht durchringen kann), arbeiten überwiegend lieber sozial als kommerziell (oder gar nicht) und kommen auch gut fleischlos durch die Woche, wo ich über Dekaden – trotz großer Leidenschaft für das Kochen – nicht im Ansatz gewusst hätte, wie man ohne Fleisch ein brauchbares Menü gestalten könnte.

Der **Fleischverbrauch** in Deutschland ist seit etwa zehn Jahren vergleichsweise stabil und beträgt etwas mehr als sieben Millionen Tonnen jährlich. Die Fleischproduktion hat sich seit 2001 jährlich erhöht und lag 2016 bei rund neun Millionen Tonnen, 2018 ist sie auf 8,7 Millionen gesunken. Schweinefleisch ist nach wie vor die wichtigste Fleischart. Jeder Deutsche isst davon durchschnittlich knapp 50 Kilo pro Jahr. Dank hoher Produktionsüberschüsse sind die deutschen Schweinemastbetriebe Exportweltmeister. Derzeit leben in Deutschland etwa 190 Millionen Nutztiere, davon 26 Millionen Schweine, 12 Millionen Rinder und 150 Millionen Stück Geflügel. Alle zusammen produzieren pro Jahr etwa 200 Millionen Tonnen Gülle und Mist, womit man den Edersee füllen könnte. In Badewannen umgerechnet, würde die Badewannenschlange rund 50 Mal um den Äquator reichen.

Ihr – mein Verständnis vom »Gut-Gehen« konterkarierender – Lebensstil, vor allem aber der alltägliche Diskurs mit ihnen, ihren bei uns ein und aus gehenden Mitschülern und Freunden über Nachhaltigkeit beeindruckte mich. Konnte es sein, überlegte ich, dass ich in meinem Quantitätsstreben aus »Mehr« und »Schneller« irgendwie auf dem Holzweg war? Ich kam zunehmend ins Grübeln. Und so brachte beides, die mediale Präsenz der Nachhaltigkeitsthemen, die wir gemeinsam lasen und sahen, und das Diskutieren darüber am Esstisch etwas Grundlegendes in mir in Bewegung. Verantwortung für die Zukunft meiner Kinder würde wohl, das lernte ich mit ihrem Heranwachsen immer eindringlicher, weniger eine Frage von materiellem Wohlstand, sondern weit eher eine von tragfähigen sozialen und ökologischen Lebensgrundlagen sein. Gerade um Letztere stand es ganz offenkundig nicht zum Besten. Sondern schlecht. Und immer schneller immer schlechter werdend.

Hatte ich nun also die Themen und die Inhalte – welche Zukunft würde ich meinen Kindern hinterlassen? –, brauchte es nur noch einen letzten Anstoß, um mich starten zu lassen, was ich mittlerweile, wenn die Rede darauf kommt, in einer gewissen sprachlichen Spießigkeit »mein Projekt« nenne (kreativ ist anders – vielleicht haben Sie ja einen besseren Begriff bei der Hand, schreiben Sie ihn mir!). Und dieser Umstand war die Jägerprüfung, die ich vor Jahren gemeinsam mit meiner Frau ablegte. Ohne die Jagd, die kontrovers und emotional diskutiert wird, hier zu thematisieren: Sie lässt mich jedenfalls seit Jahren wieder viel Zeit »draußen« verbringen, in den ehrlichen Landschaften und Wäldern der nördlichen Eifel, die sich an den Aachener Süden und an meinen Wohnort Stolberg-Breinig anschließen. Jagdliches »Draußen-Sein« besteht zu 95 Prozent aus Warten, Beobachten, Hinschauen und Zuhören, und zwar am für mich erstaunlichsten Beobachtungsgegenstand, dem ich – nach meiner Frau – je gegenübertreten durfte: der Natur. Oder zumindest dem, was wir in unserer Kulturlandschaft von der Natur noch zu- wie übrig lassen.

Mit den Jahren habe ich, ausgestattet mit für mich neuem Wissen über Büsche, Bäume und heimische Tiere, Hunderte von Stunden tagsüber und nachts in Wäldern und an Wiesen verbracht, um in Ruhe anzuschauen, was vor mir ist. Was geschieht und was passiert. Und dabei irgendwann auch die höchst unangenehme Frage zunächst formuliert und dann gewogen, welchen Beitrag ich eigentlich zu dieser Schöpfung leiste, die mich so oft so glücklich sein lässt. Es ist, scheint mir, kaum möglich, viel Zeit in der Natur zu verbringen, ohne irgendwann die eigene Wechselwirkung, den eigenen Anteil, Beitrag und die Hinterlassenschaft darin kritisch zu betrachten. Und während ich das tat, vielleicht noch ein Gespräch mit einem Kind im Ohr, wurde ich ein wenig ehrlicher mit mir, und ich begriff, dass eine nüchterne Bestandsaufnahme zu den Folgen meines Lebensstils für genau diese Natur nur ein ökologisches Fiasko würde offenbaren können.

Nachdem ich die Frage nach der ökologischen Bilanz meines Lebens – laienhaft – aufgeworfen, formuliert und mir dann ganz bewusst gestellt hatte, war alles dem Nachfolgende im Grundsatz einfach. Eine Art Automatismus. Denn während ich auf die Frage, wie die soziale oder wirtschaftliche Hinterlassenschaft meines Lebens eines Tages wohl aussehen könnte, in der Antwort zumindest »Soll« *und* »Haben« irgendwie abwechselnd mit Erinnerungen und Erlebnissen füllen konnte, war meine Habenseite aus einer ökologischen Perspektive eindeutig leer. Ich hatte nie etwas für die Natur Wertstiftendes getan. Das ökologische *Soll* hingegen, mit all den kurz-, mittel- und langfristigen Schulden und den laufenden Verbindlichkeiten hätte mich ganz zweifelsfrei zum Jahrhundert-Bankrotteur der Ökologie qualifiziert. Es brauchte wahrlich kein Fachwissen, das zu erkennen.

Nun gut.

Wenn die Erkenntnis so offenkundig und wenn die Verdrängung so irreparabel gestört ist, dann bleibt nur der Schritt hin zu Entscheidung und Aktion. Und so kam ich eines trüben Herbstabends von der Jagd, es muss ein Freitag gewesen sein, und war entschieden: Bis zum Ende meines Lebens würde ich meine ökologische Bilanz ausgleichen. Ich würde den Müll meines Daseins – so irgend möglich – beseitigen und, wenn ich auch die Welt damit nicht rettete, zumindest sicherstellen, nicht als jemand zu sterben, der den eigenen Kindern und Enkeln die Lebensgrundlagen ruiniert. Das würde am Fortgang der Dinge wenig ändern, und das war motiviert durch ein egoistisches Streben nach einem zumindest im Sterben ruhigeren Gewissen – in jeder Hinsicht also wenig genug. Doch es schien mir seinerzeit alles, was ich im Angesicht meiner Bis-dato-Lebensbilanz sinnvoll würde tun können, und bis heute ist das wohl einer der brauchbarsten Gedankenzüge gewesen, die ich jemals hatte. Millionen Menschen leisten Wertvolleres für das Gemeinwohl und die Nachhaltigkeit, das weiß ich, keine Frage. Umso dankbarer bin ich dem Leben für die Chance, vom uninteressierten Betrachter zum Mitstreiter einer nachhaltigen Veränderung zu werden – mag mein Beitrag auch naiv, ein wenig egozentrisch und fachlich diskutabel sein, summenmäßig gegen null konvergieren und spät kommen.

Nicht hinterfragt, nicht im Ansatz geahnt hatte ich allerdings, welchen Aufwand mein Vorhaben bedeuten würde. Als Unternehmer wusste ich, wie eine ins Ungleichgewicht geratene Bilanz zu analysieren, auszugleichen und was dafür vonnöten war – kluge Mitarbeiter, Mitstreiter, viel Arbeit, zusätzliches Kapital und ein wenig Fortune sind so etwas wie Erfolgsgaranten dafür. Ein millionenfach erfolgreich absolviertes Unterfangen, für das es fein ausdifferenzierte Konzepte und Werkzeuge, Spezialisten und Experten gibt. Doch wie ich meine desaströse Lebens-Ökobilanz würde ausgleichen können … Ich hatte nicht den Hauch einer Ahnung, keinen Plan, keine Idee, nur einen sicheren Entschluss, etwas Gottvertrauen und viel kindliche Naivität.

Und das war gut so.

IV.

Nach der Entscheidung, meine Lebens-Ökobilanz auszugleichen, setzte ich mich am nächsten Morgen an den Rechner und googelte »Lebens-Ökobilanz ausgleichen«.

Das Ergebnis war bescheiden. Ich hatte eine lange Liste von Ratgebern, Konzepten, kontroversen Expertendiskussionen, »Grüne Null«-Foren und Fotos von glücklich wie zerknirscht guckenden Nachhaltigkeits-Champions erwartet. Doch stattdessen gab es auch bei intensiverer Recherche keine wirklich zufriedenstellende Information. Im Wesentlichen konzentrierten sich der Diskurs und das Angebot an Hilfestellungen auf »Footprint«-Rechner, also Online-Kalkulatoren, mit denen ich sehr grob meinen aktuellen Lebensstil auf seine laufenden, meist auf ein Jahr hochgerechneten CO_2-Emissionen hin überprüfen und diese dann zu verschiedenen Vergleichsgrößen – den Nachhaltigkeitszielen der Vereinten Nationen, dem durchschnittlichen Weltbürger, dem Durchschnittsdeutschen oder dem Durchschnitts-Nordrhein-Westfalen – in Beziehung setzen konnte.

Das war durchaus interessant und verstärkte meine unguten Ahnungen im Hinblick auf meinen eigenen Status quo. Doch waren alle Angebote offenkundig ungeeignet, eine *Lebens*-Ökobilanz abzubilden. Ich wollte ja schließlich nicht nur wissen, welche CO_2-Emissionen ich laufend bewirke, sondern welche ich im Laufe meines gesamten (bisherigen) Lebens verursacht hatte, und außerdem einen klaren Blick auf alle anderen Schadensformen meines Daseins werfen, zu denen in den Kalkulatoren nichts zu finden war. Was war mit all dem Müll, den ich hinterlasse, mit all den Elektrogeräten, Computern und Batterien, die ich benutzt und anschließend bequem im Hausmüll entsorgt, mit all den Dingen, die ich gegessen, getrunken, genutzt, verbraucht und zerstört hatte, den Bergen von Windeln meiner Kinder, den Flugreisen und Zigaretten der

Jugend, den gigantischen Wassermengen für stundenlanges Duschen und die wöchentlichen Autowäschen, was war mit den Lagerfeuern unter offenem Himmel und dem Grünschnitt im Garten, mit den Haushalts- und Autoreinigern zweifelhaftester Herkunft und Mixtur, mit den Bergen von Klamotten, Schuhen, Tennisbällen? Was mit dem Hundefutter und den Armeen von Badezimmerutensilien? Wo blieben da Koks- und Kohleöfen meiner Kindheit, das Benzin im ersten Auto und Motorrad meiner Jugend und all das Kerosin der Dienstreisen und der Urlaube? Dazu die Säcke voll Party-Plastikbesteck und nutzlosem Firlefanz, die Tausenden von Spülmaschinentabs und die zumindest dereinst noch FCKW-getriebenen Deosprays? All das hatte nicht nur CO_2, sondern gewiss auch unzählige weitere, vielleicht noch viel umweltschädlichere Emissionen verursacht, und keine dieser Wirkungen war Teil der Instrumente und Rechner, die ich finden konnte.

Einen ganzen Tag lang durchquerte ich das Internet. Mit zunehmender Verbissenheit versuchte ich, etwas seriösen Grund in mein Vorhaben zu bringen. Ich experimentierte damit, mit den Footprint-Rechnern und mit Rechenbeispielen diverser Kompensationsbörsen meine eigenen, natürlich nur groben Berechnungen anzustellen. Indem ich in mehreren Tabellen Mobilitäts- und Wohndaten überschlägig erfasste und dann auf verschiedenen Plattformen verarbeitete, erhielt ich zumindest ein halbes Dutzend persönlicher CO_2-Bilanzen, einige sogleich auch mit einem Kompensationsvorschlag. Die Summen und Ergebnisse schwankten: Während ich hier mit einer Spende über 1 200 Euro für die Regenwaldaufforstung in Costa Rica tatsächlich vollständigen Wiederausgleich sollte leisten können, musste ich mehr als das Zehnfache in den Flächenschutz am Amazonas investieren, um eine Art grüne Absolution zu erhalten.

Eine **Ökobilanz** (im Englischen Life Cycle Assessment, kurz LCA genannt) ist ein wissenschaftlich-technisches Verfahren, um die Umweltrelevanz eines Produkts, einer Dienstleistung und mittlerweile auch einer Verhaltensweise zu erfassen. Sie folgt in der Regel internationalen Standards, die dank verschiedener Industrienormen (DIN EN ISO 14040 und 14044) auch in Deutschland gelten.

Die Ökobilanz versucht, alle potenziellen Umweltwirkungen eines Produkts und der dazugehörigen Produktionsprozesse zu erfassen. Dadurch unterscheidet sie sich zum Beispiel vom CO_2-Fußabdruck (Carbon Footprint) oder Wasserfußabdruck (Water Footprint), die sich nur auf eine Umweltwirkung konzentrieren. Sie ist mithin das umfassendere und in der Regel aufwendige Instrument für die Analyse von Umweltwirkungen, weil der gesamte Wertschöpfungs-, Gebrauchs- und Verwertungs-/Beseitigungsprozess (die Entsorgung) eines Produkts analysiert werden muss, beginnend mit den allerersten Schritten der Rohstoffgewinnung bis zum Ende der Entsorgung. Dafür liefert sie weitreichende Erkenntnisse. So verbraucht etwa die Herstellung eines Smartphones deutlich mehr Energie als das Gerät bei durchschnittlicher Nutzung und über seinen gesamten Lebenszyklus für den Betrieb. Und auch beim Auto ist der Footprint aus der Herstellung in der Regel höher als der aus der Nutzungsdauer.

Ökobilanzen sind außerdem sinnvoll, ökologische Problemverlagerungen transparent zu machen. So helfen beispielsweise Biokraftstoffe, den CO_2-Fußabdruck etwa der Mobilität zu reduzieren, was dann aber mit einem höheren Wasserfußabdruck einhergeht.

Die Ergebnisse und allemal die Kompensationsvorschläge irritierten mich. Verwirrend war weniger der Umstand, dass die Rechner teils schlicht konzipiert und in den Ergebnissen sehr vereinfachend aufgebaut waren – mich wurmte vielmehr und zunehmend die Erkenntnis, dass ich mich für einen zwar beträchtlichen, aber bei meiner Lebensführung nun auch nicht utopischen Betrag von aller ökologischer Verantwortung sollte freikaufen können. Da hatte ich fast fünfzig werden müssen, um den Selbstbetrug nicht länger durchzuhalten, und dann – wie soll ich es besser ausdrücken: so was … Kurz war ich versucht, den im Vergleich aller einschlägigen Börsen höchstgenannten Betrag zu überweisen, ordentlich noch eine Schippe draufzulegen und trotzig die nächste Fernreise zu planen – aber eben nur kurz.

Also der nächste Versuch. Ich fasste mein Anliegen in einer ausführlichen, freundlich formulierten E-Mail zusammen, erklärte sinngemäß, ich sei ein typischer alter weißer Mann mit für westeuropäische Lebensstile nicht unüblicher Biografie, hätte zeit meines Lebens die ökologischen Aspekte und Konsequenzen meiner Lebensführung eher vernachlässigt und wolle nun wiedergutmachen, was ich fraglos angerichtet hatte. Ich sei mir des Umstands bewusst, dass dies mit einem Fingerschnippen nicht zu machen sei, wolle ehrlich bilanzieren und dann mit eigenem Einsatz an Zeit, Geld und Energie aufräumen, was ich an irdischem Saustall bislang hinterlassen habe. Ob man mir helfen könne …

Der **ökologische Fußabdruck** (im Englischen Ecological Footprint genannt) ist eine Messgröße dafür, in welchem Verhältnis der menschliche Lebensstil und die Lebensführung zu den ökologischen Ressourcen unseres Planeten stehen. Das Konzept stammt aus der Mitte der Neunzigerjahre und wurde von dem Schweizer Mathis Wackernagel und dem Kanadier William Rees entwickelt. Die Idee des Konzepts ist, einen Abgleich zwischen unserem aktuellen Lebensstil und den planetaren Ressourcen vorzunehmen. Seine Anschaulichkeit und Einfachheit begründen seine weite Verbreitung und hohe Popularität.

Setzt man dem Footprint der Bevölkerung die Biokapazität gegenüber, erkennt man, in welchen Regionen und Ländern der Lebensstil den planetaren Ressourcen entspricht, diese sogar schont (unterschreitet) oder überstrapaziert. Letzteres beschreibt man auch als **ökologisches Defizit**. Dieses ist insbesondere in Europa und den USA, Australien, China, Teilen Nordafrikas und im Nahen Osten groß.

Zunehmend wird die Bezeichnung des ökologischen Fußabdrucks generalisierend für eine umfassende Bewertung der Umweltbelastung, zum Beispiel auch als Synonym für Ökobilanzen, verwendet. Im Englischen spricht man dann vom Environmental Footprint.

Die ordentlich formatierte, nach mehrfacher Kontrolle tippfehlerfreie E-Mail schickte ich an WWF (World Wide Fund For Nature) und NABU (Naturschutzbund Deutschland), an Greenpeace, das Umweltbundesamt, einige kleinere Organisationen und verschiedene Stiftungen und Nachhaltigkeitsunternehmen. Dann wartete ich auf Antwort. Eine Woche lang. Zwei. Drei. Ich überprüfte die Internetverbindung meines häuslichen Rechners, alle Spamfilter, den Postausgang und meinen Formulierungsstil und wartete eine weitere Woche, bis mich tatsächlich die erste und sodann auch bald die zweite Antwort erreichte – die beiden einzigen, die ich je aus dieser Aussendung erhielt. Sie kamen von WWF und NABU, waren ausführlich und sehr freundlich formuliert und hatten eine ähnliche Diktion und Empfehlung. Beide beglückwünschten mich herzlich zu meiner Entscheidung, wünschten mir viel Ausdauer und Erfolg, erläuterten mir die Systematik hinter den diversen Footprint-Konzepten und empfahlen mir, diese Rechner für eine Analyse meines Lebensstils, möglicher Veränderungen und gegebenenfalls auch einer gewünschten Kompensation zu nutzen. Weitergehende Konzepte im Sinne meines »Alles soll auf den Tisch«-Ansatzes gäbe es, ich kürze dies ein wenig ab, nicht.

Die ausführlichen und sichtlich ernsthaften, mit viel Mühe verfassten Antworten machten mich nachdenklich. Nun war und bin ich kein Kenner des Marktes für Nachhaltigkeitskonzepte, kein Experte der Umweltpolitik, kein Beobachter der globalen Umweltbewegungen und Modernitätsideen. Solch große Umweltverbände hingegen sehr wohl. Wenn also schon die Big Player (von den schweigsamen anderen Adressaten meiner Anfrage abgesehen) keine Konzeption für meine ökologische Konsolidierung anzubieten hatten – konnte es dann möglicherweise ein solches Konzept gar nicht geben?

Ich verwarf den Gedanken sofort wieder. Er schien mir schlicht und einfach absurd. Augenscheinlich betreibt insbesondere ja auch meine Generation ein wachstumsüberzeugtes, wohlstandsorientiertes Lebenskonzept, das ganz offenkundig – insbesondere in den entwickelten Nationen, also allemal bei uns in Deutschland und Europa – die Ressourcen unseres Planeten dramatisch überfordert. Da schien es mir zwingend, geradezu »logisch«, dass parallel zu all dem ökologischen Elend, das wir laufend anrichten, mindestens genauso viele intelligente, schlaue Menschen, mit üppigen Ressourcen ausgestattet, an den Wiedergutmachungskonzepten arbeiteten. Anders, da war ich mir sicher, konnte es kaum sein. Ich las die Antworten ein zweites und ein drittes Mal und dachte dann an die ersten Partys, die ich in der sturmfreien elterlichen Wohnung organisiert hatte: Es gab immer viele, die gerne kräftig mitfeierten und für jede nur denkbare Verwüstung der Wohnstatt gut waren, aber immer auch ein paar Aufrechte, die hinterher mit anpackten, um den Saustall wieder aufzuräumen und die Schäden zu reparieren. Sonntagabends war die Wohnung wieder tadellos.

Wo also, zum Teufel, hielten sich die globalen Aufräumkommandos versteckt?

Nach kurzer Irritation startete ich die nächste Rechercherunde. Ich kontaktierte, erneut per E-Mail, rund ein Dutzend internationaler Wissenschaftler, die ich (als Laie) als maßgebliche Experten für den Bereich Ökobilanzierung und Nachhaltigkeit, oft in der Disziplin Sustainable Engineering zusammengefasst, gefunden und vermutet hatte. Einige von ihnen arbeiteten in den USA, einige in Asien, etliche in Europa. Ich formulierte ähnlich wie zuvor, verarbeitete die Erkenntnisse aus dem Kontakt mit den Umweltverbänden und wartete erneut.

Diesmal kam die erste Antwort schnell. Professor Matthias Finkbeiner, Lehrstuhlinhaber für Sustainable Engineering an der Technischen Universität (TU) Berlin und weltweit in seiner Disziplin hervorragend beleumundet, antwortete sofort. Wir verabredeten uns zum Telefonat. Ich mutmaßte entlang der Intonation seiner E-Mail, er wolle sich ein erstes Bild meines Geistes- und Gemütszustands machen und die Ernsthaftigkeit meines Anliegens hinterfragen, und wappnete mich entsprechend.

Wir sprachen eine gute halbe Stunde miteinander. In Erinnerung geblieben sind mir von seinen Worten die Begriffe »spannendes Projekt« und »wissenschaftliches Neuland«, und ich weiß noch gut, wie verblüfft ich war, als er mir berichtete, dass es im Bereich der Ökobilanzierung und Umwelttechnologie bis dato kein valides Konzept gäbe, die Lebens-Ökobilanz eines Menschen zu ermitteln, geschweige denn, sie auszugleichen.

Die **Biokapazität** beschreibt das Vermögen eines Ökosystems, Menschen Ressourcen zur Verfügung zu stellen und anschließend entstehende Abbauprodukte und Abfallstoffe zu verarbeiten und erneut in Ressourcen umzuwandeln. Sie ist ein Begriff und eine modellhafte Annäherung an die Leistungsfähigkeit ökologischer Systeme. Die Leistungsfähigkeiten stehen in unmittelbarer Wechselwirkung mit dem Ökologischen, also der ökologischen Beanspruchung, die Menschen in der Ökologie unseres Planeten verursachen.

Die Biokapazität einer Region oder eines Landes ergibt sich aus einer Gesamtschau aller biologisch produktiven Flächen. Ein Parkplatz ist biologisch nahezu unproduktiv, Regenwald oder fruchtbare Freiflächen hingegen sind hoch produktiv. Nutzt nun ein Land mehr Biokapazität, als die eigene Fläche zur Verfügung stellt, importiert es quasi biologische Produkte aus anderen Ländern. Die höchste Biokapazität hat Ozeanien, gefolgt von Süd- und Mittel- sowie Nordamerika. Europa, Asien und Afrika haben deutlich niedrigere Biokapazitäten, Europa unter anderem deshalb, weil es von allen Kontinenten den höchsten Flächenverbrauch für Bauland aufweist.

Ein paar Tage später treffen wir uns an seinem Lehrstuhl an der TU in Berlin. Ich bin mit dem Flugzeug aus Köln angereist, natürlich.

Finkbeiners Lehrstuhl liegt im ersten Stock eines sandfarbenen Gebäudes, nicht weit von Unibibliothek und Mensa entfernt, und füllt einen langen Gang und zahllose Büros, in denen rund dreißig Mitarbeiter zwischen Grafiken, Schautafeln, Statistiken und Kreislaufskizzen an Computern Umwelttechnologie, Umweltschutz, Umwelt- und Ressourcenmanagement und Biologie zu Prozessketten und Bilanzen verdichten, die detailliert Auskunft geben über den gesamten Fußabdruck von Produkten und Dienstleistungen. Shampoo und Duschgel, Autotür und Eierkocher, Marmor und Kondome, Gummibärchen oder Tofu-Geschnetzeltes – ich staune, was alles auf den ökologischen Prüfstand kommt.

Schon die Nennung meines Namens am Empfang sorgt für rasant ansteigende Neugierde und Rumoren allerorts. Augenscheinlich wissen die Mitarbeiter um mich, mein Vorhaben und den Kennenlerntermin und wollen sich – noch vor dem Chef – selbst ein Bild davon machen, was für ein wunderlicher Typ denn da ein recht merkwürdiges Vorhaben betreibt. Ich neige nicht zu übertriebenen Unsicherheiten, und doch fühle ich mich kurz zurückversetzt in meine eigene Studienzeit, in der das Vorsprechen beim »Prof« nicht automatisch Heiterkeit in mir erzeugt hatte.

Im kargen Besprechungsraum warten deutscher Filterkaffee und erstaunliche Mengen Kekse und Gebäck, außerdem Marcel Görmer und Dr. Annekatrin Lehmann, zwei junge Wissenschaftler im Team von Matthias Finkbeiner. Sie begrüßen mich freundlich. Wir plauschen einen Moment, ehe der Chef persönlich zu uns stößt. Mit einem freundlichen Lachen, Zopf und durchaus imposanter Gestalt reicht er mir die Hand und heißt mich willkommen. Er gleicht den Fotos von sich im Internet, wirkt noch jugendlicher als dort und zeigt sich selbstbewusst und zielstrebig. Er beeindruckt mich. Einen leichten Akzent hat der gebürtige Schwabe sich in den Jahren in der Hauptstadt bewahrt. Vor dem Uni-Eintritt arbeitete er für die Daimler AG.

Eine kurze Vorstellung und einen Schluck handwarmen Filterkaffee, und wir sind in medias res.

Finkbeiner klärt mich unprätentiös und gut verständlich über sein Fachgebiet und die Forschungs- und Arbeitsschwerpunkte seines Lehrstuhls auf. Ökologische Bilanzen fordern gleich eine ganze Reihe Disziplinen, durch die er mich zügig hindurchführt. Ich staune, wie kleinteilig und detailliert gearbeitet wird, und dass Finkbeiners Arbeit ihn in der Tat quer durch alle Industrien und rund um den Globus führt. Materialflussanalysen und Ökobilanzierung für Maschinenbau, Autoindustrie und Chemiebranche, aber auch Nachhaltigkeitskonzepte für staatliche Einrichtungen und Regierungen – von Baden-Württemberg über die EU, China, Neuseeland bis zu den Vereinten Nationen – sind sein Alltag. Dann bin ich an der Reihe. Ich wiederhole mein Anliegen. Ich wolle ohne ökologische Schuld sterben, versuche ich es auf eine handhabbare Formel zu bringen, besser noch: dem Planeten eine positive Öko-Lebensbilanz hinterlassen: »Es wäre schön, wenn ich sterbe und die Erde nicht erleichtert aufseufzt, sondern ein leichtes Bedauern äußert«, versuche ich zumindest ein wenig originell zu sein. Finkbeiner lacht. Seine Mitarbeiter lachen nicht.

Die Bilanz, das betone ich (wie ich hoffe, ohne Pathos), soll ehrlich sein. Kein freundliches Abrunden, kein Ausklammern der Jugendsünden, kein Schönreden oder Umrechnen, kein dicker Daumen, der an einen kleinen Finger erinnert. Ich möchte die Konsequenzen meiner Entscheidungen, meiner Verhaltensweisen zur Kenntnis nehmen und mit ihnen umgehen. Ökologisch erwachsen. Ich berichte von meinen bisherigen Rechercheergebnissen, dann von meinem Alltag. Vom Reisen, vom Wohnen, vom Essen. Vom Hund, von der Besten (meiner Frau), von Kindern und wie es früher war. Finkbeiner fragt nach. Marcel Görmer macht Notizen.

Als wir über meine fünf Kinder – zwei leibliche, drei Stiefkinder – reden, werde ich unsicher. Ihre Existenz geht – jedenfalls in Teilen – durchaus auch auf mich zurück, sie haben den Großteil ihrer Kindheit bei meiner Frau und mir gelebt. Also gehören sie mit ihren Umweltwirkungen meinem Verständnis nach zu meiner Bilanz dazu. Matthias Finkbeiner widerspricht. »Wenn Ihre Kinder zu Ihrer Bilanz zählen würden, müssten wir Ihre Bilanz Ihren Eltern zuschlagen – und Sie wären fein raus.« Systemgrenzen seien ein wichtiger Punkt in der Ökobilanzierung. Er würde es vorziehen, mein Leben von der Geburt an komplett zu erfassen und zu bilanzieren und meine Kinder außen vor zu lassen. Jetzt fachsimpeln die drei Experten plötzlich angeregt. Ich nutze die Gelegenheit, einige Breschen in die Keksvorräte zu schlagen und mit dem Kaffee nachzuspülen.

Nach einer guten Stunde angeregten Diskurses haben wir schließlich einen groben Plan. Im ersten Schritt ermitteln wir meine Lebensbilanz in fünf sogenannten Wirkungskategorien: den von mir verursachten CO_2-Emissionen, weil diese Schadensklasse maßgeblich für meinen Beitrag zur globalen Klimaerhitzung ist. Sodann die Versauerung, also den Eintrag von sogenannten Säurebildnern (wie Schwefeldioxid) in Luft und Wasser, was den pH-Wert senkt und so die sensiblen biologischen Milieus – in Wäldern, Böden, Flüssen und Meeren – schädigt. Außerdem die Eutrophierung, also die von Nährstoffen (wie Phosphaten und Nitraten) verursachten Überdüngungsprobleme, sowie die Bildung von bodennahem Ozon. Darüber hinaus wollen wir einen Blick auf meinen bisherigen Wasserverbrauch (Wasserfußabdruck) und, womöglich als sechste Kategorie, die Toxizität meines Tuns – die Giftigkeit all meiner Umweltwirkungen für das Leben auf diesem Planeten – werfen und auch diese Messgrößen valide erfassen.

Effizienzsteigerungen sind wesentlicher Teil unseres Wirtschaftssystems. Sie sorgen dafür, dass Produkte kostengünstiger oder auch ressourcenschonender hergestellt werden können. Gerade letzterer Punkt ist ökologisch gewollt. Doch nicht selten kommt es zu Nebenwirkungen, sogenannten **Verlagerungen** oder auch **Rebound-Effekten**, die den eigentlich positiven Effekt wieder zunichtemachen. Ein Beispiel sind besonders sparsame, mittlerweile – gemessen am Anteil des Haushaltseinkommens – auch in der Anschaffung preisgünstiger gewordene Elektrogeräte wie Kühlschränke, Trockner, Klimaanlagen oder Fernseher. Die Produktion dieser Geräte ist mittlerweile durchaus ressourcengünstiger als noch vor zehn Jahren. Dafür hat aber die Durchdringung der Haushalte mit Elektrogeräten im gleichen Zeitraum zugenommen, von 2007 bis 2017 zum Beispiel bei Geschirrspülmaschinen um knapp 20 und bei Personal Computer um fast 30 Prozent. Die Menge der Pkws in Deutschland stieg im gleichen Zeitraum um 6,5 Prozent. Sie wurden zwar von 2007 bis 2016 im Durchschnitt minimal verbrauchsgünstiger (Benziner von 8,2 auf 7,8 Liter/100 Kilometer, Diesel von 6,9 auf 6,8 Liter/100 Kilometer; seit 2017 gehen beide Werte wieder nach oben), gleichzeitig aber nahm sowohl die durchschnittlich gefahrene wie (zwangsläufig) auch die Gesamtstrecke der gefahrenen Kilometer in Deutschland weit stärker zu. Dazu fördert die Verbrauchssenkung den Trend zu leistungsstärkeren Motoren (die dann wiederum mehr verbrauchen als die optimierten schwächeren Varianten).

Am Ende haben also Verbrauchsoptimierungen der Pkws den Ressourcenverbrauch samt der damit zusammenhängenden Umweltwirkungen insgesamt nicht verringert, ganz im Gegenteil – das Problem wächst unvermindert.

Die Auflistung der Begriffe, die ich zuletzt im Biologieunterricht gehört habe, beseitigt meine Zweifel an der Ernsthaftigkeit unseres Vorgehens. An der Akribie der Wissenschaftler hatte ich ohnehin keine. Gleichzeitig regt sich vorsichtiges Unbehagen in mir. Was mag bei dieser Analyse wohl herauskommen? Will ich das wirklich alles wissen? Meine gut motorisierten Autos und zahlreichen Flugreisen; die großzügigen Wohnungen und Häuser, in denen ich gelebt habe und lebe; die Berge von Klamotten, Büchern, Nahrungsmitteln und die Armeen von Mülltonnen und gelben Säcken erscheinen vor meinem inneren Auge und grüßen ein wenig hämisch. *Mannomann*. Für einen Moment nötigt mir das Vorhaben nun doch Respekt ab.

Gut so, denke ich – und nehme auf den Schreck vor meiner eigenen Courage noch einen Keks.

Matthias Finkbeiner erläutert mir, dass es bislang keine Lebens-Ökobilanz (Life-Life Cycle Assessment) eines Menschen gäbe. Produkte, Dienstleistungen und Prozesse seien Gegenstand der Ökobilanzierung, nicht Menschen. Vor Jahren habe es einmal in Japan den Versuch gegeben, so etwas wie die Ökobilanzen von Menschen zu analysieren. Doch das dafür notwendige Datensammeln sei den Probanden derart auf die Nerven gegangen, dass man das Vorhaben nicht weiterverfolgt habe. Seitdem habe es keinen neuen Versuch gegeben, obwohl die damit zusammenhängenden Fragestellungen aus seiner Sicht ausgesprochen spannend seien.

Ich bin erstaunt und frage mich insgeheim nicht ohne einen Zug Überheblichkeit, wann denn die japanische Disziplin derart in die Knie gegangen ist, dass selbst die Dokumentation der eigenen Lebensführung nun schon ein schwieriges Unterfangen für sie darstellt. »Das wird kein Problem sein«, werfe ich mich in die Brust und verdränge für den Moment, dass mir schon das ordentliche Führen eines Fahrtenbuchs jahrelang massive Anstrengungen verursacht und meinen Buchhaltungs-Mitarbeitern nicht selten graue Haare beschert hatte.

Sodann übernimmt Marcel Görmer. Er erläutert mir, dass für den ersten Schritt drei Dinge präzise dokumentiert werden müssen: mein aktueller Lebensstil, die zentralen Lebens- und Verhaltensdaten meiner Vergangenheit und mein gesamter materieller Besitz. Ich nicke aufmerksam. Dann wirft er einige Grafiken und beispielhafte Excel-Tabellen an die Wand und erläutert mir, wie diese Daten von mir erfasst und anschließend von ihm weiterverarbeitet werden. Eigens für mich werde er Anpassungen an diesen Tabellen programmieren, die ich dann nach seiner genauen Instruktion befüllen solle.

So weit, so gut.

Im zweiten Schritt, da sind wir uns schnell einig, sollte ich dann meine Lebensführung so gut es geht ökologisch verbessern, um den Schaden meiner Restlaufzeit an der Umwelt möglichst gering zu halten. Statistisch betrachtet bleiben mir noch rund fünfunddreißig Jahre. Ich schlage vor, hier die Umweltverbände um Empfehlungen und

Unterstützung für die verschiedenen Lebensbereiche zu bitten, was den Wissenschaftlern entgegenkommt. Sie wollen mögliche Veränderungen beobachten und auf ihre Sinnhaftigkeit überprüfen, nicht unbedingt selbst Verbesserungsvorschläge erarbeiten. »Sonst untersuchen wir unsere eigenen Konzepte und kontrollieren uns am Ende quasi selbst – das geht nicht«, erklärt Finkbeiner. Ich vollziehe das nach. Wir verabreden, WWF und NABU beizeiten möglichst dazuzuholen, die praktischerweise ihre deutschen Zentralen ebenfalls in Berlin haben.

Bleibt noch Schritt drei: die aktive Wiedergutmachung des von mir verursachten – und demnächst in fünf Wirkungskategorien hoffentlich minutiös erfassten – Schadens an der Umwelt. »Wissenschaftlich völliges Neuland«, sagt Finkbeiner. »Es gibt noch keinen seriösen Ansatz, die Ökobilanz eines Produkts wieder auszugleichen, geschweige denn belastbare Überlegungen dazu, wie man die Lebens-Ökobilanz eines Menschen wieder ausgleicht.« Dies nun anzugehen sei spannend für ihn, werde aber wahrlich kein Pappenstiel. »Denken Sie in Jahren«, versetzt er meiner Ambition einen ordentlichen Leberhaken. Ich muss schlucken.

»Wie kann es sein, dass wir keine Idee haben, wie wir rückgängig machen, was wir an schädlichen Wirkungen jeden Tag in Gang setzen oder halten?« Ich bin immer noch irritiert.

»Die Zusammenhänge sind durchaus komplex«, erläutert er. »Nehmen Sie beispielsweise mal den Phosphateintrag: Wenn Ihr Hund«, ich hatte Emil, meinen Jagdhund, wohl unvorsichtigerweise und mit einigem Stolz erwähnt, »seine 300 Kilo Hundefutter zu einer Menge Hundehaufen verdaut hat, trägt er damit unter Umständen auf intensiv genutzten Flächen zum Überdüngungsproblem der Landwirtschaft und vielleicht sogar zu Grundwasserschäden bei, während der gleiche Haufen auf einem kargen Gebirgsboden oder in der Wüste ökologisch sogar vorteilhaft sein könnte.« Hundekacke fasziniert ihn nicht nur, sie bringt ihn auch ruckzuck in Rage. »Hier in Berlin ist Hundekot ökologisch ein Riesenproblem – mal ganz abgesehen davon, dass man ständig reintritt.« Sein Gesichtsausdruck passt zum Thema. Dann sinniert er einen Moment darüber, ob nicht das Einsammeln von Hundekot im Bereich der Eutrophierung ein Ansatz für eine Wiedergutmachung sein könnte. Der Satz hallt länger als für einen Satz üblich in meinem Ohr: Wenn ich auch nur einen Hauch Unachtsamkeit erlebt haben sollte – jetzt bin ich schlagartig wieder im Thema. Schweiß bildet sich auf der Innenseite meiner Handflächen, während ich eine wahrhaft beschis… Zukunftsperspektive vor meinem geistigen Auge aufziehen sehe.

»Wenn Sie da ein paar Tonnen einsammeln und ordentlich verwerten lassen, könnte das ein erster Ausgleich sein.« Finkbeiner findet ganz offensichtlich Gefallen an der Idee.

Ich starre ihn etwas konsterniert an und sehe mich, mit einem Schäufelchen bewaffnet, jahrelang Hundeexkremente beliebiger Form und Größe in Berlin einsammeln, was wohl das Ende meines Ehe- und Berufslebens bisheriger Prägung bedeuten dürfte. Ich muss schlucken. Vielleicht ist eine Kompensationszahlung doch gar keine sooo schlechte Idee, kommt mir in den Sinn. Allemal besser, als mit einer Million eingesammelter Kackehaufen ins Guinnessbuch der Rekorde zu kommen. Finkbeiner scheint meine Gedanken zu lesen und lacht. Nur um so schnell wieder ernst zu werden, dass sich keine rechte Erleichterung bei mir einstellen will.

»Gibt es denn nichts, was auch auf die Habenseite meiner Ökobilanz einzahlt?« Ich will nicht wehrlos erscheinen und berichte stolz, erst neulich gute 300 Kilo Müll im städtischen Wald von Aachen und Stolberg eingesammelt zu haben.

»Haben-Punkte gibt es in der Regel nicht, wenn wir Ökobilanzen erstellen, weil beinahe alles, was wir bei der Herstellung und Nutzung der Produkte und Dienstleistungen tun, nicht wünschenswerte Effekte auf die Umwelt hat. Da hilft es dann wenig, wenn Sie im Gegenzug ein paar Tüten Müll einsammeln.« Er denkt nach. »Wildschweinjagd allerdings«, überlegt er laut, »könnte bei den großen Überbeständen« – in Berlin sind Wildschweine mittlerweile innerstädtisch eine Plage – »unter Umständen doch Bonuspunkte bringen. Essen Sie die denn auch?«

Ich nicke und versuche ebenso euphorisch wie kurz, ihn auf Wildschweinjagd statt Kacke-Sammeln festzunageln – erfolglos.

Ein paar andere Ideen diskutieren wir gleichwohl noch. Ich frage, ob vielleicht – wie von den Kompensationsbörsen im Internet angeboten – Wiederaufforstung von Flächen ein Schritt sein könnte, meine vermutlich verheerende CO_2-Bilanz wieder auszugleichen.

»Grundsätzlich schon, denn der Waldboden und die Bäume können erhebliche Mengen Kohlenstoff aus der Atmosphäre verarbeiten und binden. Aber: Wenn Sie beispielsweise im Berliner Umland ein Stück landwirtschaftliche Fläche kaufen und wieder aufforsten würden, ginge dort eine hochproduktive Produktionsfläche für die Ernährungsindustrie verloren, die an anderer Stelle – Stand heute – neu entstünde. Im Zweifel durch die Rodung von Wald, womöglich einer größeren Fläche, weil an anderen Stellen unseres Globus die Effizienz landwirtschaftlicher Produktion nicht so hoch ist wie bei uns. Und selbst wenn dies vermieden bliebe, beispielsweise, weil nur Produktionsüberschüsse abgebaut oder eine genutzte Fläche hergenommen würden: Die Fläche, die Sie wieder aufforsten, würde, wenn alle Bäume gewachsen und viel Ihres Kohlendioxids in ihrem Holz gebunden hätten, ja womöglich auf lange Zeit nur für den Ausgleich Ihrer Lebens-Ökobilanz verbraucht sein. Nichts anderes dürfte darauf vorerst passieren. Damit hätten Sie also am Ende womöglich nur eine Verschiebung in Ihrer Bilanz erzeugt, von CO_2-Emission hin zu Flächenverbrauch – für die Ökologie also wäre nichts gewonnen.«

V.

Berlin verließ ich, wie ich gekommen war: mit dem Flugzeug und mit gemischten Gefühlen. Einerseits war ich froh, kompetente und professionelle Partner für mein Vorhaben gefunden zu haben. Das TU-Team hatte mich menschlich und fachlich überzeugt und mir in zwei Stunden ein Gefühl für ökologische Zusammenhänge vermittelt, das ich als wertvoll empfand. Andererseits wurde offenkundig, dass dieses Vorhaben – wir hatten uns auf »Life-LCA-Projekt« geeinigt – alles andere als ein Spaziergang werden würde. Das Datensammeln, sicher keine meiner Königsdisziplinen, machte mir dabei noch die geringste Sorge. Eher fragte ich mich, ob ich genügend Zeit, Energie und nicht zuletzt auch Geld für ein womöglich viele Jahre umfassendes Tun würde mobilisieren können – Matthias Finkbeiner hatte Letzteres nur zurückhaltend angerissen, gleichwohl aber erkennen lassen, dass es zumindest in Teilen auch meine Finanzierung für die wissenschaftliche Begleitung und Forschung in unserem Projekt brauchte. Zudem sah ich mich, nicht frei von der ein oder anderen Eitelkeit, als Deutschlands erster und einziger Profisammler für Hundekacke schon im Schutzanzug und mit Nasenklemme nächtens durch die Gassen der Umgebung streifend, um meine mutmaßlich desaströse Eutrophierungsbilanz ein wenig geradezurücken – ganz zu schweigen davon, dass ich noch nicht den Hauch einer Ahnung hatte, was mich in der ökologischen Optimierungsphase alles an Veränderung meiner bisherigen Lebens- und Konsumgewohnheiten erwarten würde.

Eutrophierung beschreibt den Eintrag von Nährstoffen in Ökosysteme. In der Ökobilanzierung ist die durch den Menschen bedingte (anthropogene) Erhöhung des Nährstoffgehalts von Gewässern durch im Wasser gelöste Nährstoffe, insbesondere Phosphor und Nitrate, gemeint, die sehr häufig mit nachteiligen Folgen für die Ökologie der Gewässer verbunden ist. Eutrophierung beruht also auf Nährstoffeintrag mit Nährstoffanreicherung im System. Sie erfolgt durch den Zufluss der Nährstoffe aus mit Phosphor und Stickstoff angereicherten Abwässern sowie durch den Eintrag aus intensiv benutzten (laufend gedüngten) landwirtschaftlichen Nutzflächen, etwa durch die Aufbringung großer Mengen Gülle. Die Eutrophierung eines Gewässers verursacht eine Erhöhung seiner Primärproduktion, oft am starken Pflanzen- oder Algenwachstum erkennbar, die zu einer hohen Sauerstoffzehrung und gegebenenfalls auch zum Sauerstoffmangel führen kann. Am Ende eines Eutrophierungsprozesses steht das »Umkippen« und die Zerstörung des jeweiligen Ökosystems.

Wieder zu Hause fasste ich unser Gespräch noch einmal ordentlich per E-Mail zusammen. Dann berichtete ich meiner Frau ausführlich das Erfahrene und Erlebte. Sie hielt den Kopf ganz leicht schief, stellte einige Verständnisfragen und wollte abschließend, mit kristallklarer Intonation, lediglich wissen, ob sie zu Erfassungs- oder später gar Veränderungsmaßnahmen mitverpflichtet sei, was ich mit ebenso beruhigendem Timbre verneinte. Sie nickte zufrieden, ließ sich dann alle Einzelheiten schildern und versprach ihre Unterstützung.

Kurze Zeit später erhielt ich von Marcel Görmer erste Maßgaben und Hinweise für das Datensammeln. Mittlerweile ging 2016 dem Ende zu, und der Jahreswechsel schien mir eine gute Gelegenheit, mit der notwendigen Dokumentation meines bisherigen und aktuellen Lebens zu beginnen. So schlimm sollte es nicht werden, hoffte ich und hatte die unwilligen japanischen Probanden längst aus meiner Erinnerung verdrängt.

Am Silvesterabend 2016/2017 fotografierte ich Punkt 24:00 Uhr Gas-, Strom- und Wasserzähler unseres Wohnhauses. Am nächsten Morgen, nach einem Frühstück mit meiner Frau und unserer jüngsten Tochter Miriam, dem letzten Kind, das noch zu Hause wohnte, setzte ich mich in meinem Arbeitszimmer an den Rechner und öffnete eine üppige Excel-Datei, die Marcel Görmer mir mit zahlreichen Erläuterungen gesandt hatte. Sie beinhaltete verschiedene Datenblätter für Nahrung, Kosmetika, Hygiene & Reinigung, Kleidung & Schmuck, Elektronik, Wohnen, Haushalt & Homeoffice, Hobby, Freizeit & Haustier, Gesundheit, Fortbewegung, Abfall, Energie & Wasser sowie ein Extradatenblatt für meine Hotelaufenthalte.

Ich klappte das Blatt für »Nahrung« auf, schrieb als Starttermin der Datensammlung »01.01.2017« in die passende Zelle und notierte in der ersten Reihe unter

»Genussmittel«: *Sekt*

»Herkunftsland«: *Deutschland*

»Produktion«: *konventionell*

»Menge«: *250*

»Einheit«: *ml*

»Anzahl Nutzer«: *1* (Meine Frau hatte pünktlich zum Jahreswechsel ihr eigenes Glas gefüllt, sodass die von mir getrunkene Menge zweifelsfrei festzustellen gewesen war.)

Und zuletzt unter »Art des Verpackungsmaterials«: *Glas*.

Ich kontrollierte die Eingabe noch einmal, zögerte einen Moment, skippte dann zur Spalte »Menge« zurück und ersetzte »*250*« durch »*450*«. Das neue Jahr und ein Life-LCA-Projekt sollte ich nicht mit einer Lüge beginnen …

Anschließend wiederholte ich das Prozedere für die einzelnen Bestandteile des Frühstücks: drei Tassen Kaffee (Genussmittel, Costa Rica, konventionell, in Papier und Alufolie vakuumiert), ein Ei (Tierprodukte/Milchprodukte, Deutschland, konventionell, Pappkarton), zwei Brötchen (Getreide/Teigwaren/Backwaren, genaue Bezeichnung »Aufbackbrötchen«, Deutschland, konventionell – aber aus was zum Teufel besteht die Plastikverpackung?), dazu 50 Gramm Marmelade,

50 Gramm Käse, 120 Gramm Wurst (ich weiß, ich weiß, aber meine Blutfettwerte sind ausgezeichnet). Ich brauchte erstaunliche fünfzehn Minuten und fühlte mich unangenehm an die Fahrtenbücher erinnert, die ordentlich zu pflegen mich an den Rand meiner mentalen Leistungsfähigkeit geführt hatte, ehe ich resignierend und wegen erwiesener Dokumentationsunfähigkeit wieder auf eine pauschale Versteuerung und ein damit deutlich teureres Versteuerungsmodell für den Dienstwagen gewechselt war.

Versauerung ist neben den Treibhausgas-Emissionen und der Eutrophierung eine der fünf häufigsten Schadensklassen der Ökobilanzierung. Sie beschreibt, wie sehr beispielsweise der zunehmende Eintrag von Schwefeldioxid, der Grundsubstanz der Schwefelsäure, aber auch von Kohlendioxid den pH-Wert von Oberflächengewässern und Böden für die Umwelt nachteilig verändert (eine steigende CO_2-Konzentration in der Atmosphäre hat nicht nur, wie der öffentliche Diskurs gelegentlich vermuten lässt, eine kritische Klima-, sondern auch eine kritische Umweltwirkung insgesamt).

Ein neueres Thema der Forschung ist die sogenannte **Ozeanversauerung.** Mit einem durchschnittlichen pH-Wert von 8,2 beispielsweise ist Meerwasser typischerweise leicht basisch. Dieser Wert ist über die vergangenen 200 Jahre auf 8,1 gesunken. Das scheint minimal, doch tatsächlich sind pH-Werte »logarithmisch gestaucht«, und so entspricht diese Veränderung einem Absinken des pH-Wertes um fast 30 Prozent. Bis zum Jahr 2100 wird der pH-Wert der Ozeane voraussichtlich um weitere 0,3 bis 0,4 Einheiten sinken und das Meerwasser so um 100 bis 150 Prozent saurer werden. Die Ozeanversauerung wird vor allem von CO_2 verursacht.

Diese Versauerung kombiniert sich mit der Erwärmung und der Eutrophierung gerade im Bereich großer Flussmündungen und menschlicher Küstennutzung. Viele maritime Tier- und Pflanzenarten werden diese dreifache Veränderung nicht überleben.

Am Ende des Neujahrstags 2017 hatte ich immerhin schon achtundzwanzig verschiedene Zeilen bei den Nahrungsmitteln und vier Zeilen bei den Mobilitätsdaten (Autofahrten zum Elternbesuch und zum Sport) gefüllt. Ich sortierte meine Kosmetikartikel, um Deo, Zahncreme und Duschgel nach verbrauchten Verpackungen abrechnen zu können, und bereitete unter den ein wenig argwöhnischen Blicken meiner Frau und meiner Tochter Miriam eine etwas differenziertere Müllsammlung als die übliche Trennungsarbeit vor: jeweils einen Eimer für biologischen Abfall, Restmüll, Glas, Papier, diverse Plastikverpackungen, Metall und einen für vorerst Undefinierbares. Außerdem stoppte ich nach dem Sport die Zeit beim Duschen (knapp drei Minuten), weil wir uns zu dritt eine Wasseruhr teilen und ich zu all meinem eigenen ökologischen Elend nicht auch noch die Duschexzesse meiner Jüngsten angerechnet bekommen möchte.

Die nächsten Tage machen aus Alltäglichkeiten Abenteuer. Unternehmerisch viel unterwegs, esse ich oft – allein oder mit geschäftlichen Kontakten – im Restaurant. Italiener mag ich besonders. Jetzt lerne ich sie vor meinen statistischen Anforderungen und Recherchen aus einer ganz neuen Perspektive kennen.

Frage an den Kellner: »Äh, entschuldigen Sie: Woher kommt der Kabeljau?«

Kellner (italienischer Herkunft, voller Enthusiasmus): »Aaahh – kommte frisch vomme Grille!«

Ich (um Marcel Görmer auch ordentlich das Herkunftsland eintragen zu können): »Nein, nein, ich meine: Wo wurde der gefangen?«

Kellner (etwas irritiert): »In de Meere!«

Ich: »Ja, ja, klar – in welchem?«

Italiener (jetzt misstrauisch): »Isse was mit de Fis nich in Ordnung?«

Ich: »Doch, doch: Ich muss nur wissen, wo der gefangen wurde, damit ich mir das notieren kann.« Ich zeige auf meinen Notizzettel.

Kellner (jetzt strahlend): »AAAAAhhhh – du bisde Tester von die Mischelin?!«

Ich (zunehmend dümmlich lächelnd): »Nein, nein. Ich schreib nur auf, was ich alles esse.«

Kellner (macht einen Schritt vom Tisch weg, um mich prüfend anzusehen, dann mit Kennerblick und echter Anerkennung): »Abba – biste du nich zu dick'e!«

Ich (den mittlerweile nur noch handwarmen Fisch im Blick): »Danke, ich wollte nur wissen, wo und wie der gefangen wurde.« (»Biologisch/nachhaltig« oder »konventionell« – ich frage mich, ob das Life-LCA-Projekt eine für mich lebensbedrohende Unterversorgung auslösen könnte).

Kellner (ratlos): »Isse Fis aus der Meer – ganz frisch!«

Ich überlege kurz, ob ich das Thema »Schleppnetz« oder »biologisch/nachhaltig« noch anschneiden sollte, entscheide mich aber dagegen und lasse mir den auf Zimmertemperatur erkalteten Fisch reichen.

Kurze Zeit später kommt der Chef des Restaurants an meinen Tisch. Der Kellner, kurz an der Theke mit ihm im Gespräch, scheint ihn alarmiert zu haben. Sein Blick ist besorgt.

»Mit dem Fisch war etwas nicht in Ordnung?«, fragt er und runzelt die Stirn.

»Der Fisch war prima«, sagte ich. »Ich wollte nur wissen, wo der herkommt.« Ich rudere leicht mit den Armen und hoffe, etwas italienisch rüberzukommen, um nicht meine Lebensstil-Statistik mit einem Hausverbot zu beginnen. Den Chef überzeugt das nur begrenzt. Er nimmt den leeren Teller. »Großmarkt«, sagt er im Weggehen. »Hab ihn heute Morgen selbst geholt.«

Zum Versuch, mit einer Küchenwaage bewaffnet die Mengengewichte der verschiedenen Restaurantspeisen präzise zu erfassen, kommt es in Folge meiner frühen Restauranterfahrungen erst gar nicht. Stattdessen stelle ich zu Hause die ein oder andere Portion einfach nach, um das ungefähre Gewicht verschiedener Komponenten und Beilagen zu ermitteln und ordentlich dokumentieren zu können. Das hat Folgen. Bald wiege und messe ich wie ein Zwangsgestörter, zunehmend heimlich, um Familie und Freunde nicht Excel-Zeile für Excel-Zeile in immer größere Irritation zu treiben. Eine Füllung Pulver für die Kaffeemaschine (je Tasse): 24 Gramm. Durchschnittliche Menge Honig für das Joghurt: 40 Gramm (klar: viel zu viel). Durchschnittliche Portion Müsli: 130 Gramm. Menge Milch dafür: 255 Milliliter.

Getränke machen es mir deutlich einfacher. Flaschen und Gläser haben Kennzeichnungen und Maßangaben. Hier ist es eher die absolute Menge, die mich verwirrt. Bier und Wein fließen reichlich, obwohl ich mich im Vergleich zu einigen Kollegen und Freunden eher als zurückhaltenden Alkoholkonsumenten verortet hätte. Regelmäßig passe ich die Gesamtwerte in den Spalten für Genussmittel an und tröste mich damit, schließlich und endlich hier ja im Auftrag der Wissenschaft – Verhaltensänderungen während der Erfassungszeiträume waren mir streng untersagt, um die Ergebnisse nicht zu verfälschen – zu trinken.

Drei Monate läuft die Erfassung. Während ich, um im Mehrpersonenhaushalt die richtigen Teiler für die Görmer'sche Statistik zu ermitteln, meinen Anteil an einer durchschnittlich von uns verbrauchten Rolle Toilettenpapier durch sorgfältiges Zählen der von mir benutzen Blätter (vor dem Gebrauch) ausrechne, fallen mir die von Matthias Finkbeiner erwähnten Japaner wieder ein, die mir über die Distanz in ihrer Datensammel-Verweigerungshaltung zunehmend sympathischer werden. Erste Krisen zeigen sich. Der Materialmix vieler Verpackungen lässt mich mehrfach am Lehrstuhl nachfragen, was denn hier PE, PET, PTT, TEP, TNT oder Gott weiß was für ein Zeug ist. Außerdem stoße ich an Grenzen der Mülllagerung. Als ich am Ende des ersten Monats den Bergen mit der Haushaltswaage zu Leibe rücken will, präsentieren sich gerade Quarkbecher und Hundefutterdosen aus den gelben Säcken in einem ausgesprochen schwierigen Zustand. Meine Frau verweist mich mit den verschimmelten Haufen rigoros des Hauses, und ich trenne und wiege die Müllsorten im Februar-Nieselregen im Garten.

Parallel zur vollständigen Dokumentation meines Lebensstils rekapituliere ich für das Finkbeiner-Team mein bisheriges Leben in den wesentlichen Kategorien. Es beginnt mit dem Wohnen: Wie groß waren die Wohnungen, in denen ich gelebt habe, wie groß – in Personen – der jeweilige Haushalt? Wie wurde geheizt, gekocht, woher kam der Strom, was waren in etwa die Baujahre der Häuser? Dazu meine Mobilität: welche Fortbewegungsmittel, welche Autos, welche Wegstrecken? Ich bin ein im Ruhrgebiet geborener Mann und kann alle Autos und Motorräder aus dem Kopf mit Laufleistungen, Durchschnittsverbrauch und Reifenmaß herunterschreiben, muss aber für die Bereiche Konsum, Freizeit und Haushaltsgröße (in Personen) nachrechnen – oder besser: meine Frau fragen. Sie hat die Geburtsjahre unserer Kinder im Kopf, ich dafür das Zulassungsdatum meines ersten Motorrads, dazu den Hubraum, die bevorzugte Benzinsorte und den Ölverbrauch nach Jahreszeiten.

Ich notiere alle wesentlichen Episoden samt den jeweiligen Veränderungen in meiner Lebensführung, in meinem Lebensstil. In meiner Jugend habe ich täglich Sport gemacht, lange geduscht und den Rest des Tages (gefühlt) mit Essen zugebracht, im Studium weniger Sport gemacht, dafür den Alkoholkonsum gesteigert. Als berufstätiger Erwachsener steigerte ich mich zunehmend in einen Kleidungsfetisch, während ich parallel dazu die Menge der ausrüstungsintensiven Freizeitaktivitäten auf die Spitze trieb: Joggen, Radfahren, Tennis, Jagd, Kochen, dazu ein Porsche-Oldtimer, Europaletten voller Bücher, das meiste garniert mit einer ins Groteske gesteigerten Anzahl an Elektrogeräten, mit denen eine Marsbesiedelung ein höchst komfortables Unterfangen gewesen wäre: Pulsuhren, GPS-Sender und Ortungsgeräte, Nachtsicht und Entfernungsmesser, vier Varianten Mixer und Pürierer, Gastrogrill und Konvektomat, Mikrowelle, zwei Geschirrspülmaschinen, Entsafter, Haushaltsmaschine, Eismaschine, Fritteuse, Toaster, Sandwichmaker und, und, und …

2018 fielen weltweit 49,8 Millionen Tonnen **Elektroschrott** an. Das entspricht dem Gewicht von circa acht großen Pyramiden in Gizeh. Er speist sich zum Beispiel aus rund 1,5 Milliarden Handys und

Smartphones, die jedes Jahr verkauft werden – fast drei Viertel von ihnen nicht etwa, weil das Altgerät kaputtgegangen ist, sondern weil es eine Modellneuerung gibt und das alte Mobiltelefon nicht mehr attraktiv genug ist. Ein großer Teil des Elektroschrotts landet auch in Deutschland noch im Restmüll, obwohl es flächendeckend Rücknahmeverpflichtungen und Wertstoffhöfe gibt, wo er kostenlos abgegeben werden kann. Das ist doppelt umweltschädlich. Zum einen landet Schrott auf illegalen Deponien insbesondere in Asien und Afrika (allein aus Deutschland etwa 200 000 Lkw-Ladungen jährlich), zum anderen gehen große Rohstoffmengen verloren, die unter erheblichen Umweltschäden gefördert und nach Deutschland importiert werden müssen. Würden wir stattdessen unseren Elektroschrott vollständig recyceln, würde dies Rohstoffeinfuhren nach Deutschland im Wert von 90 Milliarden Euro sparen – jährlich.

Die Rückwärtsbetrachtung auf meine verschiedenen Lebensphasen kostet mich drei, vier Zwölf-Stunden-Tage. Dann geht es an den letzten Schritt der Ist-Aufnahme: Die vollständige Erfassung meines gesamten materiellen Besitzes. »Besitzstandserfassung« heißt die harmlose Excel-Datei, die ich im Anhang einer weiteren TU-E-Mail finde und die ich zunächst ohne großes Nachdenken – eine meiner Stärken – zur Kenntnis nehme.

Ich reserviere mir einen Samstag Ende Februar für die häusliche Inventur. Für jedes Ding in meinem Besitz habe ich, nach verschiedenen Kategorien wie Kleidung, Küchenartikel, Wohnen, Möbel, Hobby, Werkzeug oder Technik sortiert, festzuhalten, woher der jeweilige Gegenstand stammt, aus welchen Materialien er (sofern ich dies einschätzen kann) besteht, wie er – insbesondere bei der Kleidung – produziert wurde und wie lange ich ihn voraussichtlich oder üblicherweise nutze, ehe er entsorgt oder durch eine entsprechende Neuanschaffung ersetzt wird.

Im Geiste gehe ich einmal kurz durch unser Haus, ungefähr 160 Quadratmeter, von meiner Tochter, meiner Frau, unserem Hund Emil und mir genutzt. Die Aufgabe erscheint mir nicht ganz ohne, aber machbar. Also starte ich Samstagmorgens gegen neun gut gelaunt im Schlafzimmer und öffne die erste meiner Kommoden, um mit den Socken zu beginnen – wie gesagt: kein guter Start.

Zwölf lange und mental mich zunehmend ergrauende Stunden später klappe ich die Görmer'sche Excel-Tabelle zu, fluche eine Zeit lang leise vor mich hin, stürze mir dann ein Bier nahezu auf ex herunter. Ob es nun am Staub all der Schlafzimmerwinkel, in die ich vorgedrungen bin, oder an der entnervenden Notiererei liegt: Es tut jedenfalls richtig gut und lässt mich für den Moment vergessen, dass fernab meiner ursprünglichen Zeitplanung dieser Samstag nicht mehr an Ergebnis brachte als die Inventur meiner Kleidung und der Badezimmerartikel. Bei deren Sichtung finde ich vier Nagelscheren, vier verschiedene Sorten Rasierschaum, elf Waschlappen (die ich seit den Kleinkindtagen meiner Jüngsten nicht mehr benutzt habe), zwei Elektro- (beide defekt) und fünf Nassrasierer sowie absurde Mengen an Duschgel, Shampoo und, ich bin sprachlos, Gesichtslotionen, die ich offensichtlich regelmäßig kaufe, allenfalls aber, dem Füllstand der vielen Flaschen und Flakons und meinem knittrigen Gesicht nach zu urteilen, im Monatsabstand benutze. Hinzu kommen wahllose Mengen an Tabletten, Säften, Sprays und Pflastern, mit der meine Frau und ich den Großraum Aachen auf Jahre hinaus medizinisch versorgen könnten.

Es hilft also alles nichts: Am Sonntagmorgen geht es weiter. Meine Frau assistiert eine Zeit lang, was die Inventur etwas schneller, keineswegs aber lustiger gestaltet. Wir arbeiten uns durch das Wohnzimmer, das äußerlich betrachtet noch überschaubar bestückt scheint, in den Schränken und Sideboards aber Armeen von Gläsern, Flaschen, Geschirr und Elektrogeräten insbesondere für die Fernseh- und Hi-Fi-Ausstattung beherbergt. Außerdem Mengen an Büchern und Zeitschriften, Kaminbestecke, Anzünder, einen Überseecontainer teils geschmacksarmer und längst unbenutzter Weihnachtsdekoration, etliche Bilderrahmen diverser Materialien, Lampen, Decken, Kissen, Kunst aus Zufallsfunden und Geschenken, dazu ein halbes Dutzend originalverpackter »Must haves« wie einen Rumtopf und ein etwa 2000-teiliges Maibowlen-Set, das uns irgendwann irgendwer in, wenn ich mir das Design der chromgefassten Henkelgläser genau anschaue, eher feindlicher Absicht geschenkt haben muss.

Auch der Sonntag hinterlässt meine Inventarbögen unvollendet. In einem Zustand großer Demut vor den japanischen Probanden, die sich dereinst diesem Datensammeln-Aufwand verständlicherweise beizeiten entzogen hatten, und mit tiefer Irritation über die offenkundige Konsumsucht, die mich (und wohl zeitweise auch die Meinen) zu derartigen Besitz-Exzessen getrieben hat, schlafe ich früh ein. Dabei grübele ich noch im Halbschlaf, wo all das unnütze Zeugs in meinem, unserem Leben wohl hergekommen sein könnte und was es an Unsummen Geld gekostet haben mag. Es sind höchst eigenwillige Gefühle von Sinnleere, die mich in den Schlaf begleiten. Prompt träume ich, ich sei als neues Maskottchen einer völlig irren Berliner Warenhauskette im Gespräch, verliere aber beim Casting gegen einen im vollen Jagdornat auftretenden Japaner, der, mit einem meiner Maibowle-Gläser lässig umherschlendernd, in der Badezimmerabteilung des Warenhauses das Handtuch- und Waschlappensortiment mit leichtem Akzent, aber sehr kompetent erläutert. Ich suche währenddessen die Elektroabteilung auf, um mit Hi-Fi-Fachkompetenz gegen ihn zu punkten, verpasse aber im Aufzug die richtige Etage und bin plötzlich ganz allein bei den Gartenartikeln und der Grillausstellung. Ich erwache etwas verschwitzt und mache mir gedanklich eine Notiz, unser kleines Gartenhäuschen bei der Inventur bloß nicht zu vergessen.

Die kommenden beiden Wochenenden wiederholt sich das Schauspiel. Erstmals ist auch die Geduld meiner Frau (im Umgang mit mir ansonsten durchaus langmütig) ernsthaft herausgefordert. Statt gemeinsamer Aktivität grabe ich mich durch die Tiefen unserer hinter der Küche liegenden Wirtschaftsräume, um Reinigungsmittel, jedes nur erdenkliche Hundezubehör, Regimenter von Leuchtmitteln und Ersatzglühbirnen, Werkzeugkästen, Bohrmaschinen, Spanngurte, Einmachgläser, Wasserwaagen, Schuhputzartikel (sechsundvierzig verschiedene

Cremes, Lotionen, Sprays und Reinigungschemikalien für jede nur denkbare Art von Schuhen – hier vermute ich allerdings ganz wesentlich Beiträge meiner Frau –, plus all die Bürsten, Lappen und Schwämme) und die Topf- und Pfannenausstattung einer Großküche in meine Listen einzutragen.

Ich durchsuche beide Autos und finde weitere Bücher, CDs, Feuerzeuge, Stifte und Taschenlampen, Regenschirme, Ersatzbrillen, Eiskratzer, gefühlt eine dreistellige Zahl von Warnwesten, Unmengen mir unbekannter Schlüssel, drei abgelaufene Verbandskästen und einige längst vermisste Kleinigkeiten, beispielsweise einen Schnuller, die Brieftasche eines Freundes und 72 Cent in Münzen, außerdem ein Taschenmesser und ein angebissenes, stark ergrautes Milky Way. Im Gartenhäuschen salutiert eine Armee diverser Autopflegeartikel, die in Summe wahrscheinlich ein halbes Monatsgehalt gekostet haben und die sämtlich nicht mehr als ein- oder zweimal benutzt worden sind – so ziemlich alle Flaschen, Spraydosen und Tuben für die Reinigung und Pflege jedes erdenklichen Materialmix sind mehr als halb voll. Die Schneeketten sind unbenutzt, die beiden Tarnnetze (für die Jagd), die Klappstühle und der metallene Reservekanister auch. Ich finde Drehmomentschlüssel, zwei Fünf-Liter-Kanister Synthetiköl und mir rätselhafte Elektroartikel, und könnte mit der gesamten Werkzeug- und Autoausstattung mutmaßlich einen eigenen Formel-1-Rennstall betreiben.

Am Sonntag das dritten Inventurwochenendes wähne ich mich bereits mehrfach am Ziel. Ich vergesse jedoch den Dachboden (ein Albtraum aus alten Akten, abgelegtem Kinderspielzeug, Kartons voller Fotos und drei Regalen voller Bücher), meine Schreibtischschubladen und auch den Garderobenschrank, sodass ich unfreiwillig in die Verlängerung gehe. Doch irgendwann ist es tatsächlich vollbracht. Ich speichere die Tabellen, atme mehrfach durch, öffne das obligatorische Bier danach und zähle überschlägig knapp 16 000 verschiedene Dinge, die mein Leben bevölkern – jetzt kenne ich sie alle einzeln.

Ich verdränge den Gedanken, dass dies gewiss nicht die erste Ausstattungsreihe ist, die ich mein Eigen nenne, und beschließe, nie wieder etwas zu kaufen.

In den nächsten Tagen tauschen Marcel Görmer und ich etliche E-Mails aus. Er überprüft meine Angaben und bittet an verschiedenen Stellen noch um Ergänzung: Ist die Munition für die Jagd verbleit oder bleifrei? Wie steht es um die Teppiche (habe ich prompt vergessen – also Quadratmeter ausmessen und Hersteller plus Materialmix heraussuchen)? Wie groß sind die Koffer, die ich angegeben habe, und aus welchem Material bestehen sie (keine Ahnung)? Ich zähle und wiege hier und da noch einmal nach, sortiere, recherchiere, dokumentiere – und irgendwann ist er zufrieden.

Jetzt kennt er zumindest mein äußeres Leben besser als jeder andere.

VI.

Am 19. Juni 2017 treffen wir uns erneut an der TU in Berlin. Ich habe zwischenzeitlich WWF und NABU für eine Mitarbeit gewinnen können, auch weil ich mir von ihnen Expertise für die in Schritt zwei notwendige Verbesserung meines Lebensstils – zumindest unter ökologischen Gesichtspunkten – erhoffe. Uwe Buse ist zugegen, ein Redakteur des Nachrichtenmagazins *Der Spiegel*, der das Projekt seit einigen Wochen begleitet. Er hat mich bereits zu Hause in Breinig besucht und ist nun – wie alle – gespannt, was mein bisheriges Leben an Umweltwirkung erzeugt hat. Mir schwant nichts Gutes.

Marcel Görmer hat eine Präsentation vorbereitet, zweiundachtzig Seiten lang. Ich zucke etwas. Matthias Finkbeiner, den ich von der Seite unauffällig beobachte, hat ein – wie mir scheint – leicht diabolisches Zucken um die Mundwinkel. Uwe Buse spitzt den Bleistift. Alexander Liedke vom WWF und Danny Püschel vom NABU zeigen sich routiniert interessiert. Annekatrin Lehmann, eine Art Lehrstuhl-Supervisor im bisherigen Projekt, lächelt freundlich. Oder ist es Mitleid? Das Jüngste Gericht stelle ich mir atmosphärisch ähnlich vor. Meine Körpertemperatur nähert sich Fegefeuer-Niveau. Finkbeiner scheint das zu ahnen. Er zeigt auf die Kekssammlung, die den riesigen Konferenztisch beinahe flächig verziert, und ermuntert mich: »Greifen Sie nur zu! Die gehen ökobilanzmäßig auf uns!« Alle lachen, nur ich nicht. Ich nehme stattdessen lieber reichlich, doch die Spannung bleibt.

Nach einigen einleitenden Erläuterungen zu Ökobilanzen im Allgemeinen und zum methodischen Vorgehen, zum Datenpool, zu den Schwierigkeiten bei einzelnen von mir genutzten Waren und Produkten und zu der statistischen Genauigkeit der Arbeit (die zu erwartende Fehlertoleranz liegt unter zwei Prozent, was mir frühzeitig jede

Ausflucht verbaut), gibt Marcel Görmer uns zunächst ein paar Orientierungspunkte zur Einordnung der gefundenen Ergebnisse. Demnach liegt der CO_2-Ausstoß, der nach den Beschlüssen der Vereinten Nationen und der Klimakonferenzen von Tokio und Paris pro Mensch und Jahr nicht überschritten werden darf, um unsere globalen Klimaziele zu erreichen, bei zwei, besser sogar bei 1,5 Tonnen. Der Durchschnittsdeutsche emittierte im Jahr 2016 etwas über zwölf Tonnen, der durchschnittliche Nordrhein-Westfale – je nach Berechnungsweg – etwa 13 bis 14 Tonnen. Ich hingegen komme, die Grafik ist eindringlich, in meinen neunundvierzig Lebensjahren auf bislang 1 147 Tonnen, das sind 23,4 Tonnen pro Jahr – gerechnet vom Tag meiner Geburt an.

Ich schlucke. Das ist eine enorme Menge; vor allem, wenn ich an meine materiell und mobilitätsseitig doch überschaubare Kindheit und Jugend einschließlich der gewiss nicht opulenten Lebensbedingungen im elterlichen Haushalt und in der Studentenbude denke – Lebenssituationen, die mich bis dato immerhin bald ein halbes Leben begleitet haben. Das lässt gar nichts Gutes für die Bilanz als Erwachsener erahnen.

Und in der Tat, es kommt noch dicker: Bedenkt man, dass ich in den ersten sechzehn Lebensjahren nach Einschätzung der Wissenschaftler kaum auf die Hälfte meiner Lebensaktivitäten und Ressourcenverbräuche als Erwachsener gekommen sein dürfte, werden die aktuellen Werte noch verheerender. 27 bis 28 Tonnen CO_2 pro Jahr sind mein aktueller Fußabdruck, trägt Marcel Görmer nüchtern vor. Ich emittiere so viel klimaschädliches CO_2, wie unter globalen Gesichtspunkten als Ressource eigentlich mehr als einem Dutzend Menschen zur Verfügung stünde.

Oha.

Mir war klar, dass ich nicht gerade gut abschneide. Aber sooo schlimm hätte ich es nun auch wieder nicht erwartet … Da hilft auch kein Keks.

Jeweils gut 40 Prozent dieser Emission sind meiner bisherigen häuslichen Energiegewinnung (vier Fünftel dem Erdöl-, ein Fünftel dem Strom- und Erdgasverbrauch) und der Mobilität geschuldet, zehn Prozent gehen auf Kosten meiner bisherigen Ernährung, natürlich mit mutmaßlich sehr diversen Werten in unterschiedlichen Wohnungen, Häusern, Zeiten und Autos der Vergangenheit. Der Rest meiner Kohlendioxid-Schäden verteilt sich auf meine Hobbys, mein Freizeitverhalten und meine bisherigen Haustiere, vor allem auf meine jeweiligen Hunde, die sich gut und gern 300 Kilo fleischbasiertes Hundefutter im Jahr genehmigten. Macht immerhin zwei Prozent meiner Jahres-CO_2-Bilanz, aber praktisch so gut wie nichts gegenüber jenen Fleischbergen, die ich in meinem Leben bislang verzehrt habe – sie allein summieren sich auf 70 Tonnen CO_2.

Flugreisen und dicke Autos prägen meinen mobilitätsabhängigen CO_2-Fußabdruck. Ich bin über 1,25 Millionen Kilometer Auto gefahren, also beinahe zweimal zum Mond und zurück, und unzählige Male geflogen, meist zu Zielen innerhalb Europas, ein paarmal in die USA und in den Nahen Osten. Doch das von mir einst so heiß geliebte Auto beherrscht diesen Teil der Bilanz ganz zweifelsfrei: Über 70 Prozent meiner aus der Mobilität stammenden Emissionen hat es verursacht.

Sodann geht es Schlag auf Schlag. Versauerungspotenzial, also beispielsweise die Schwefeldioxid-Emission, die den sauren Regen begünstigten und die pH-Werte der Ökosysteme empfindlich nach unten drücken: 4,928 Tonnen, mehr als eine Lkw-Ladung. Energiegewinnung hat auch hier einen Anteil, aber nur einen kleinen, gerade einmal zehn Prozent. Die beiden wesentlichen Treiber mit jeweils rund 40 Prozent sind auch hier Mobilität – und, ich bin tief beeindruckt: Ernährung. Fleisch und die von mir so gern konsumierten Milchprodukte, vor allem Quark, Käse und Sahne, schlagen mächtig ins ökologische Kontor. Flächenverbrauch und Düngung, Tierfutter, Transport, Kühlung – die vielen Kilo Käse liegen nicht nur im Magen schwer, wie ich – unschwer – selbst erkennen kann. Ich rutsche etwas tiefer in den Sessel, Marcel Görmer hingegen kommt jetzt erst so richtig in Fahrt. Die Farbe der Balken und Diagramme wechselt, meine Gesichtsfarbe auch. Finkbeiner nickt, Uwe Buse macht sich Notizen, und selbst die Umweltexperten von WWF und NABU sind beeindruckt. *Gnothi seauton*, »Erkenne dich selbst«, steht am Eingang des Apollotempels von Delphi, und ich denke: Na, da hat er leicht reden, der antike Grieche. Er hatte weder Autos noch Zentralheizung.

Eine Pause täte mir gut, doch da sind wir schon beim Eutrophierungspotenzial, also vor allem meinem Phosphat- und Nitrateintrag in die Umwelt. »Phosphate sind Stoffwechselendprodukte«, erläutert Finkbeiner den Neuen in unserer Runde sein, wie ich mittlerweile vermute, Herzensthema, und Uwe Buse schaut interessiert vom Notizblock auf. Brüder im Geiste?, rätsele ich und sehe wieder in Varianten Hundekacke vor meinem inneren Auge aufblitzen. »Sie liefern wichtige Komponenten für Pflanzenwachstum und finden sich daher in Düngemitteln«, ergänzt er, waren aber früher auch wesentliche Komponenten in Reinigungs- und Waschmitteln. Ich komme auf weit mehr als eine Tonne Emission, was locker ausreichen würde, einen Badesee in kurzer Zeit in eine faulige Kloake aus Algen und Abgestorbenem zu verwandeln.

Ich dämpfe das Unwohlsein mit ein paar weiteren Keksen (keine Sorge, bis heute hat mich mein Life-LCA-Projekt eher abnehmen lassen), während Matthias Finkbeiner am Beispiel der Phosphate erklärt, dass manche schädliche Emission hier in Deutschland oder Mitteleuropa an anderer Stelle des Planeten ökologisch durchaus anders zu bewerten wäre. »In der Wüste hätten wir Ihr Phosphat gut gebrauchen können, um in einer kargen Umgebung Wachstum zu ermöglichen«, sagt er, »aber in Ruhr und Rhein sind diese Eutrophierungspotenziale nur von Nachteil.«

Die nächste halbe Stunde arbeiten wir uns noch durch bodennahes Ozon, meinen Wasserfußabdruck (826 000 Liter) und die Toxizität, quasi die Lebensgiftigkeit meiner Umweltwirkungen. Die Experten kommen im Diskurs ordentlich in Schwung, die Keksvorräte sinken. Ich grübele. So abstrakt manche Zahl zu sein scheint: 1 143 Tonnen Kohlendioxid, das ist als Trockeneis ein Güterzug von deutlich mehr als einem Kilometer Länge. Ein riesiger Zug also, voll beladen nur mit den zum Feststoff gefrorenen CO_2-Emissionen meines bisherigen

Lebens, all dem verbrannten Erdöl, dem Gas, der Kohle. Ein ökologisches Desaster. Ob das überhaupt jemals wiedergutzumachen ist?

Marcel Görmer scheint solche Gedanken vorausgeahnt zu haben. Zum Ende seiner Präsentation skizziert er kurz einige vorsichtige Gedanken für meine angedachten Wiedergutmachungsinitiativen. Es beginnt mit einem weiteren Rechenbeispiel: Würde ich eine bislang bewirtschaftete Fläche von etwa 115 000 Quadratmetern, also 11,5 Hektar, mit Buchen und Eichen wieder aufforsten, bräuchten die Bäume des entstehenden Waldes etwa achtzig Jahre, um das bislang von mir freigesetzte Kohlendioxid wieder zu binden – und da kommt ja durchaus noch was dazu. Gleichwohl …

Ich melde mich zaghaft zu Wort. »Noch achtzig Jahre, Herr Görmer«, und ich kann spüren, dass meine Ökobilanz Spuren in mein Gesicht gefräst hat. »Schauen Sie mich an: Das schaffe ich nicht.«

Zu meiner überschaubaren biologischen Restlaufzeit – die Statistik lehrt mich: vierunddreißig Jahre, abzüglich eines unbekannten Abschlags für alle gesundheitlichen Jugendsünden und den Stress des kapitalistischen Lebensstils – gesellt sich im Wiederaufforstungskonzept ein zweites Problem: eine die Wiedergutmachung womöglich ins Leere laufen lassende (reine) Verlagerung meiner Umweltwirkung.

Finkbeiner rekapituliert für alle noch einmal: »Wenn Sie eine bestimmte Fläche, die heute weniger ökologischen Wert hat, wieder aufforsten, bindet der wachsende Wald irgendwann die CO_2-Emissionen Ihres Lebens. Das ist für die Ökologie des Lebenssystems Erde zweifelsfrei ein Gewinn. Diesen Teil Ihrer Ökobilanz hätten Sie also wieder ausgeglichen. Doch im Gegenzug ist jetzt die Fläche, die Sie dafür genutzt haben, quasi als Ausgleichsfläche für den Ausgleich Ihrer Bilanz reserviert, vielleicht eine Zeit lang nur, vielleicht aber auch für sehr lange. Wird sie in dieser Zeit angetastet, wird zum Beispiel im aufgeforsteten Wald genau dieses Holz eingeschlagen, reißt man nachträglich Ihre Ökobilanz jedenfalls in Teilen wieder auf. Mit anderen Worten: Die CO_2-Emissionen haben Sie insoweit lediglich in einen Flächenverbrauch getauscht. Wirklich viel gewonnen wäre nicht.«

Wir diskutieren lebhaft. Was wäre denn dann die Alternative? Eine bereits »verbrauchte« bewirtschaftete Fläche aus der Nutzung nehmen und der Natur zurückgeben? Oder, wenn nicht durch Wiederaufforstungen, dann das CO_2 anders binden? Und wie das Schwefeldioxid, das Phosphat?

»Bis heute existiert kein wirklich anerkanntes Verfahren, eine Ökobilanz wieder ins Positive zu drehen – wir werden uns also etwas einfallen lassen müssen.« Finkbeiner klingt durchaus optimistisch.

Ich nehme noch einen Keks.

VII.

Der nächste Schritt ist allerdings erst einmal ein anderer: Es gilt, mein Leben so weit wie möglich ökologisch verträglicher zu gestalten. Auf diese Weise reduziert sich der weiter drohende Schaden bis zum Ende meines Lebens jedenfalls etwas, vielleicht sogar deutlich. Wobei die Frage danach, was an Schadensreduzierung »möglich« ist, jetzt auch die Umweltverbände lebhaft mitdiskutieren lässt. 27, beinahe 28 Tonnen CO_2-Emissionen pro Jahr, die Konsequenz meines aktuellen Lebensstils, sind jenseits von Gut und Böse, das ist keine Frage. Aber: Was ist ein realistisches Ziel? Halb so viel? Ein Drittel davon, ein Viertel, ein Zehntel? Gar keine Emissionen mehr? Mit Schnappatmung zur grünen Null?

Alle lachen, als ich vorsichtig nachfrage, wie es denn um die halbe Tonne Kohlendioxid steht, die ich pro Jahr allein durchs Atmen produziere. Dabei war die Frage durchaus ernst gemeint. Und wie viel Zeit werde, will, muss ich haben, um mein – nennen wir es optimistisch – »Optimierungsziel« zu erreichen? Zwei, besser 1,5 Tonnen CO_2-Emissionen pro Mensch und Jahr fordern die Nachhaltigkeitsziele der Vereinten Nationen, um die Erderhitzung möglichst unter zwei Grad Celsius zu halten. Zu Schwefeldioxid, Phosphat und Ozon schweigen sie. Auch zum Wasserverbrauch, zur Müllproduktion, zu Ressourcenverbrauch, Naturschutz und zu meinem Einfluss auf das Artensterben. Wie schnell kann ich etwas verändern? Wie lange ist es nur Umgewöhnung, wo beginnt der Luxus-, wo der Komfortverzicht? Wo wird es so richtig ungemütlich? Heißt es nur Umgewöhnung oder auch echte Einschränkung? Was ist mit den Aspekten, die mein Unternehmertum berühren, vor allem den Reisen? Muss ich umziehen, in ein kleineres Haus? Und esse ich demnächst meine wahrscheinlich vegane Pizza ohne meinen heiß geliebten Käse? Fahre ich durch den dauerfeuchten Herbst und Winter der Nordeifel künftig nur noch mit dem Fahrrad, eine etwas moderige Geruchsspur hinter mir herziehend, weil für das Wäschewaschen das Ökobudget nicht mehr ausreicht?

Ich mache den Rücken gerade und ziehe das Gespräch an mich. Das Ziel, so formuliere ich insbesondere in Richtung WWF und NABU, sei, meinen aktuellen Lebensstil konsequent und dauerhaft so zu verändern, dass mein Leben ökologisch verträglicher werde. Ich sei bereit, dafür alles zu tun, solange mich das nicht unter eine Brücke, in die Arbeitslosigkeit oder durch Hygienemängel an den Rand der Gesellschaft bringe. Auch der Erhalt meiner Ehe verdiene ein gewisses Maß an Aufmerksamkeit, ergänze ich schnell, als Matthias Finkbeiner vorschlägt, die aus der häuslichen Wohnfläche resultierenden Umweltwirkungen durch den Einzug einer möglichst kinderreichen Großfamilie künftig mir nicht mehr – wie aktuell – zu einem Drittel, sondern vielleicht, wenn nur genügend neue Mitbewohner einziehen, nur noch zu einem Zehntel anteilig anzulasten. Und den Hund, immerhin auch mit zwei Prozent CO_2-Emissionen an Bord, könne ich als Jäger durchaus – bitte mit bleifreier Patrone – kurzerhand erschießen. Zwei Prozent Einsparung von jetzt auf gleich sein ja nun nicht zu verachten. Finkbeiner ist jetzt in eine ausgesprochen kreative Phase gekommen.

Uwe Buse macht sich fleißig Notizen.

Als wir – ich hoffe: wieder – ernst werden, geht die Frage an die Umweltverbände: Welche Konzepte für eine nachhaltige Ernährung, für ein nachhaltigeres Wohnen und für möglichst umweltverträgliche Mobilität haben sie parat? Alexander Liedke und Danny Püschel zögern etwas. Konzepte, Hinweise und Ideen, so berichten sie dann, gäbe es zur Genüge. Allerdings kaum ein Konzept, das für jedermann gleich gelte und ohne Prüfung im konkreten Einzelfall stets und immer zielführend sei. Vieles, so die beiden weiter, laufe auf eine Reduzierung von gewohnten Standards hinaus, zum Beispiel auf kleinere Wohnflächen, weniger Flugreisen, auf den Verzicht von Kreuzfahrten oder Wochenendtrips zum Shoppen quer um den Globus. Weniger

Fleisch, nachhaltige Produkte, bewusster Konsum. Suffizienz statt Effizienz.

Na gut, denke ich. Nicht überraschend. Nun geht es also ans Eingemachte.

Wir verabreden zum weiteren Vorgehen, dass ich Vorschläge mache, welche Veränderungen ich mir in den verschiedenen Lebensbereichen entlang dieser gedanklichen Linie vorstellen könne. WWF und NABU wollen dies dann mit eigenen Überlegungen und Ansätzen ergänzen und auch jeweils intern Austausch betreiben, um mich konzeptionell bestmöglich zu unterstützen. Sie verhehlen nicht, dass manches – wie etwa Holz als Brennstoff, die Jagd oder der Verzicht auf solche Güter und Produkte, deren Herstellung in den ärmeren Regionen der Welt Lebensgrundlagen schaffe – durchaus auch in der Umweltpolitik kontrovers diskutiert werde. Gleichzeitig haben sie erste konkrete Hilfestellungen parat: spezialisierte Energieberater, die mir helfen können, meine häusliche Situation auf Energieeffizienz und Verbesserungspotenziale zu untersuchen. Abgestimmte Ernährungskonzepte, Mobilitätshinweise, zudem Apps und Listen beispielsweise für den Inhalt der gängigsten Nachhaltigkeitssiegel oder nachhaltigen Fischfang.

Ich notiere mir alles und verspüre zunehmende Neugier auf die Veränderung. Bei aller Unsicherheit über die Ergebnisse hat es durchaus einen Reiz, mein Leben an allen Ecken und Enden einmal aus einer ganz neuen Perspektive auf den Prüfstand zu stellen. Es umzugestalten, vielleicht ein Stück weit neu anzufangen. Ich bin gespannt, was dabei herauskommt. Matthias Finkbeiner und sein Team, so stellen wir Aufgaben und Rollen klar, werden die Veränderungen anschließend untersuchen und dann mit gewohnter Akribie festhalten, was die erarbeiteten und umgesetzten Maßnahmen meinem Fußabdruck gebracht haben.

Als unser Meeting endet und ich mich auf den Rückweg mache, bin ich nachdenklich, motiviert und gut gestimmt. Ich stöpsele mir meine Kopfhörer ins Ohr und starte den Zufallsgenerator aller vorhandenen Musiktitel auf dem Smartphone. Nach einigen Takten muss ich erst grinsen, dann denke ich: Das kann kein Zufall sein. Denn in meinem Ohr rumort die Band Silbermond und singt: »Eines Tages fällt dir auf,/Dass du 99 % nicht brauchst …«

Das nächste Wochenende nutze ich, die Präsentation, die Marcel Görmer erstellt hat und die minutiös Auskunft gibt über mein Leben als ökologischer Rüpel, Punkt für Punkt durchzuarbeiten. Die großen Potenziale liegen natürlich in der energetischen Situation unseres Wohnhauses, in der Mobilität, der Ernährung und den Schwerpunkten in meinem Konsumverhalten, zum Beispiel der Kleidung. Doch auch Abfall, Elektronik und ganz banale Freizeitfragen wie ein Saunabesuch oder die sommerlichen Grillabende stehen auf der Prüfliste.

Ein wenig Systematik beim Arbeiten, das wird schnell deutlich, tut not. Also beginne ich mit dem Haus. Es braucht Wärme für Heizung und Warmwasser, Gas zum Kochen und Strom für alle elektronischen Geräte. Da bei uns auch die Heizung mit Erdgas betrieben wird, sind es letztlich nur zwei Energieträger, Gas und Strom, die ich mir genauer anschauen werde. Außerdem wollen alle Verbraucher untersucht und natürlich die bauliche Situation auf Verbesserungsmöglichkeiten hin abgeklopft werden.

Der NABU empfiehlt mir auf meine Nachfrage hin aus seinem Netzwerk einen Spezialisten gerade für Altbauten aus dem nahe gelegenen Düren. Ich kontaktiere und engagiere ihn per Telefon. Es ist ein freundlicher Herr mit grauer Hose, beigefarbenem Hemd, Aktentasche und Klemmbrett, der eine gute Woche später zum Hausbesuch erscheint. Er tätschelt ausgiebig Emil, den das freut. Dann besichtigen wir Küche, Wohn- und Schlafzimmer, beide Bäder, das Kinderzimmer unserer Jüngsten, den Dachboden und die beiden hinter der Küche gelegenen Wirtschaftsräume. Dort nimmt er die Heizungsanlage ganz genau unter die Lupe. Sie ist ein vergleichsweise originelles Konglomerat verschiedener Komponenten samt der jeweiligen Zu- und Ableitungen und diverser Ausdehnungs-, Reserve- und Überlaufgefäße wohl verschiedener Epochen, wie dies für ein altes Haus nicht ganz ungewöhnlich ist. Selbstverständlich ist sie über verschiedene Dekaden teils verbessert, teils erneuert und so konfiguriert worden, dass sie einem Fritz-Lang-Stummfilm aus den Zwanzigerjahren gut zu Gesicht gestanden hätte. Ich habe längst aufgegeben, sie verstehen zu wollen. Meine Frau bedient sie mit Routine, wenn sie – wozu sie neigt – Störungen vermeldet. Ansonsten führen sie und ich eine friedlich-desinteressierte Koexistenz.

Der Energieberater erläutert mir, dass das verwirrende Ensemble in den wesentlichen Komponenten durchaus noch zeitgemäß und technisch in Ordnung sei, allerdings eine ganze Reihe von Verbesserungen vertragen könnte. Die Heizung ist auf maximale Leistung eingestellt, an einigen Zu- und Abläufen schlecht isoliert und in ihren Pumpsystemen überdimensioniert, was dazu führt, dass die Elektropumpen für die Heizkreisläufe mit viel zu viel Strom zu viel Wasser viel zu schnell durch das Heizungssystem pumpen. Von Effizienz keine Spur. Er erläutert mir die Zusammenhänge kompetent und verständlich. Dann zeigt er mir mit einer speziellen Wärmebildkamera das Haus von innen und außen, die Fenster und die Fensterrahmen, die Eingangs- und Terrassentür. Wir können mehr als deutlich erkennen, wo die energetischen Schwachpunkte liegen, und arbeiten uns Wand für Wand durch das alte Bruchsteingemäuer. Wir begutachten die Elektrogeräte und die Beleuchtungen, das Dach, die Isolierung zum Dachboden, die Dachrinnen, einige außen liegende Zuleitungen und zum Schluss auch noch das Gartenhäuschen, das ein wenig windschief und knarzend daherkommt. Der graue Herr stets vorweg, ich hinterher.

Nach einer Dreiviertelstunde gibt es einen Kaffee mit viel Milch und Zucker für den geschätzten Gutachter, ein Wasser für mich und ein paar weitere Streicheleinheiten für den Hund. Meine Frau gesellt sich dazu. Seit ich ihr von der Finkbeiner'schen Wohngemeinschaftsidee und Emils Fußabdruck berichtet habe, ist sie spürbar aufmerksamer auf mein Green-Zero-Vorhaben geworden, und so präsentiert uns der Gutachter seine Erkenntnisse und Beobachtungen gemeinsam.

Ganz offenkundig sind Haus- und Terrassentür wie auch die Fenster nur einfach verglast und vergleichsweise mäßig in die massiven Bruchsteinmauern eingefügt. Der Anschluss der Rahmen an das Mauerwerk schaffe, so erläutert er, Wärmebrücken, die jedem modernen baulichen Standard spotten. Dadurch sind die Energieverluste hoch, und hier liegt, wie ich unter der Anleitung des Beraters zunehmend mutig selbst schlussfolgere, auch die Ursache für die winters oft merkwürdige Warm-Kalt-Verteilung im Haus, die bei strengem Frost den Sofaaufenthalt durchaus ungemütlich werden lassen kann. Ist schon das unverkleidete Mauerwerk, mag es auch noch so dick sein, energetisch eher ein Leichtgewicht, wird durch die schlechte Verarbeitung der Fenster und Türen und ihre längst überholte Isolierungsleistung jede Öffnung in der Wand zum energetisch schwarzen Loch.

Unser Dach ist ebenfalls alt, aber doch halbwegs ordentlich gedämmt und ohne wirtschaftlichen Ruin ohnehin nicht angemessen zu verbessern. Allein die historischen Dachziegel tauscht man, wie meine Frau, selbst für einen Bauträger für Altbauten und Denkmalimmobilien tätig, einwirft, wohl mancherorts schon gegen Seltene Erden oder großzügigen Goldschmuck. Dafür aber könne der alte Holzkamin modern eingefasst und reaktiviert werden. Der Energieberater streicht beinahe liebevoll über seine voluminöse Ummantelung und verspricht mir bei einer ordentlichen Einkofferung der Brennstelle eine hervorragende Heizleistung, die bei umgekehrten Temperaturspitzen die Heizung unterstützten könnte. Die Feinstaubentwicklung sollte überschaubar bleiben, schlussendlich entscheide dies der Schornsteinfeger.

Mit den Elektrogroßgeräten ist er grundsätzlich einverstanden. Sie sind vergleichsweise neu und energieeffizient. Für die Beleuchtung empfiehlt er, wo sie noch fehlen, Energiesparlampen. Dann widmet er sich kopfkratzend der Heizung selbst. »Etwas eigenwillig« findet er die Gesamtkonzeption, die er zum einen durch moderne Thermostate, vor allem aber durch deutlich verbrauchsärmere Pumpen und einige zusätzliche Steuereinheiten mit für mich kaum verständlichen Bezeichnungen für stark verbesserungsfähig hält. Hinzu kämen Ummantelungen der teils offen liegenden Zuleitungen ins Heizungssystem und der Austausch einiger altmodischer gusseiserner Radiatoren, deren Verwertung beim Altmetallhändler meiner sicheren Einschätzung nach eine Baisse am deutschen Rohstoffmarkt auslösen muss.

Ich mache mir fleißig Notizen. Zusätzlich, führt er Kaffee schlürfend aus, böte sich eine vorsichtige Überprüfung der Dachdämmung im Bereich unseres winzig kleinen Dachspeichers an. Mit einem Regenwasserkanister sparen wir, natürlich, kostbares Frischwasser im Garten. Ein Kanister kann vergleichsweise einfach an eines der Fallrohre angeschlossen werden. Dämmungen im Außenbereich untersagt uns der Denkmalschutz, ebenso eine, der Berater zuckt ein wenig bedauernd mit den Schultern, von mir eigentlich geplante Photovoltaikanlage und eine Erdwärmebohrung für eine Wärmepumpe. Das trifft mich schwer, hatte ich doch in der Vorbereitung seines Besuchs tatsächlich chinesische und deutsche Photovoltaikanlagen in ihren Ökobilanzen miteinander verglichen und mich – fachlich irgendwann überfordert – durch seitenlange wissenschaftliche Abhandlungen gequält, nur um in der Zusammenfassung sogar für mich verständlich nachzulesen, dass das deutsche Modell ökologisch sinnvoll, vom chinesischen hingegen wegen seiner enormen Umweltwirkungen im Herstellungsprozess abzuraten wäre.

Nun gut, denke ich, keine Eingriffe in das – zugegebenermaßen sehr schöne – historische Erscheinungsbild unserer Straße durch schimmernde Fotozellen. Aber keine Bohrung nach Erdwärme im Denkmalbezirk? Denkmalschutz auch unterirdisch? Die Abwägungsprozesse des deutschen Baurechts erschließen sich mir jedenfalls nicht spontan.

Unterstützung insbesondere für **energetische Sanierungsmaßnahmen** können Eigenheimbesitzer an verschiedenen Stellen erhalten. Die Kreditanstalt für Wiederaufbau (KfW) fördert Maßnahmen rund um die Sanierung und den Kauf eines Eigenheims. Wer sein Dach oder die Heizung modernisiert, Dämmungen vornimmt oder neue Fenster einbaut, kann einen anteiligen Zuschuss bezogen auf die Gesamtkosten erhalten. Zusätzlich gibt es gegenüber dem Markt verbilligte Kredite für Sanierungen oder Neubauten. Mit dabei ist immer ein Tilgungszuschuss, der den Kredit noch günstiger macht. Anträge bei der KfW müssen vor Beginn der Bautätigkeiten gestellt werden, in der Regel durch einen bestellten Energieberater.

Das Bundesamt für Wirtschaft und Ausfuhrkontrolle (BAFA) vergibt Zuschüsse für die Nutzung erneuerbarer Energien. Gefördert werden bis dato unter anderem Biomasse-Heizungen, Solarthermie-Anlagen, Wärmepumpen, Blockheizkraftwerke (BHKW) und Brennstoffzellen. Auch hier müssen meist vor Beginn der Maßnahme die entsprechenden Förderungen beantragt werden, wobei durchaus Kombinationen der Programme von KfW und BAFA möglich sind. Daneben bieten zahlreiche Landesbanken mit teils unterschiedlichen Schwerpunkten ebenfalls Förderungen an.

Mit seinem Klemmbrett und meinen Notizen vor uns zücken wir jetzt den Taschenrechner. Er ist ein echter Stimmungskiller: neue Fenster, neue Haustür, alles aus Holz und im Zweifel wegen der altertümlich-typischen Bemaßung als Sonderanfertigung, dazu aus nachhaltiger Produktion und vom örtlichen Handwerker – manch einer kauft dafür einen gut ausgestatteten Kompaktwagen. Dann die Überarbeitung der Heizungsanlage, der Austausch von Pumpen und Radiatoren, diverse Dämmungen und Isolierarbeiten, außerdem eine Verglasung der Kamin-Feuerstelle, Wassertank im Garten – ich addiere alles zweimal und setze es zu der vom Energieberater erwarteten Ressourceneinsparung in Relation, um den Zeitpunkt der Amortisation meiner Investition auszurechnen. Der Herr in Grau und Beige tut Gleiches. Das Ergebnis schwankt ein wenig, aber nach mehrmaliger Überprüfung sind wir beide sicher, dass ich selbst unter Ausnutzung möglicher Zuschüsse aus verschiedenen Fördertöpfen für energetische Gebäudesanierungen und bei pedantischer Beschaffung und Kostenplanung noch etwa 170 Jahre in unserem Haus leben müsste, um durch Energieeinsparung investitionsseitig ins Plus zu kommen.

Ich bin neunundvierzig. Das wird knapp.

Macht das Sinn?

Natürlich – wir sind uns zu dritt auch unausgesprochen einig – macht es Sinn. Unser Haus, eine ehemalige Hofanlage im vom Kupferbergbau geprägten Stolberger Vorort Breinig, wurde 1851 erbaut und hat seither Generationen von Familien und Angestellten verschiedener landwirtschaftlicher Betriebe als Wohnstatt gedient. Es wurde mit dem hiesigen Blaustein aus einem nur wenige Hundert Meter entfernt liegenden Steinbruch, Eichenbalken aus den umliegenden Wäldern und nahezu ohne Bauchemie errichtet, erweitert und – zuletzt 1979 – umfangreich saniert. Ökologisch ist es, wie Marcel Görmer mir erläuterte, mehrfach »abgeschrieben«: Der Fußabdruck, den es mit seiner Herstellung und Modernisierung verursacht hat, ist auf etliche Generationen und eine mittlerweile mutmaßlich dreistellige Anzahl von Menschen verteilt. Es ist ein Denkmal. Es nun – behutsam und nachhaltig – weiter zu modernisieren, energetisch effizienter zu gestalten. Es fit zu machen für die Zukunft ist keine Frage allein von Ökonomie. Es scheint meiner Frau (die das Haus hegt und pflegt, dass ich neidisch werden könnte) und mir eine Frage von Verantwortung für etwas, das uns von Generationen vorher überantwortet wurde und das wir für kommende Generationen zu erhalten haben. Wenn ich schon mein eigenes Haus nicht nachhaltig gestalte, nicht sorgfältig bewahre – wie sollte mir dann überhaupt irgendetwas jenseits dessen gelingen?

VIII.

Nach der Begutachtung machen meine Frau und ich uns daran, unseren Strom- und unseren Gasliefervertrag aus der Buchhaltung zu kramen. Wie werden als Teil des Maßnahmenpakets, so das Ziel, auf Ökostrom und Ökogas wechseln. Doch das ist leichter gesagt als getan. Denn zum einen gilt es, die Kündigungsfristen unserer Versorger zu beachten. Zum anderen ist das Angebot verwirrend: Nicht immer ist der Zusatz »Öko« auch gleichbedeutend mit einem nachhaltigen Produkt. Wirklich erneuerbare Energiequellen sind nur Solarstrom, Wind- und Wasserenergie sowie die Geothermie, hier soll »Öko« wirklich öko sein. Doch die Menge der Mogelpackungen ist groß. Wir vergleichen und beratschlagen, entscheiden uns dann für einen mehrfach zertifizierten Anbieter und nehmen etwas ernüchtert zur Kenntnis, dass der nächste Termin für einen Wechsel leider auch der Jahreswechsel ist.

Nachdem die Energiebeschaffung als optimierungsfähig auf die Maßnahmenliste kommt, geht es an den Verbrauch. Ich drehe eine Runde durch das Haus und notiere alle Lampen und Leuchtmittel, die wir gegen Energiesparleuchten austauschen können. Die Mehrfachstecker will ich gegen schaltbare austauschen, um keinen Ruhemodus bei den Geräten mehr zu akzeptieren, der natürlich auch Strom verbraucht. Allein der Fernseher mit seiner Kabelfernsehen-Konsole macht mich nachdenklich. Lohnt das wirklich?, frage ich mich. Schließlich ist das Hochfahren beider Systeme wahrscheinlich recht energieintensiv. Ich versuche es zu recherchieren. Das Ergebnis bleibt unklar. Unser Fernseher ist ein moderner Flachbildschirm und verbraucht etwa 0,2 Watt im Stand-by-Modus. Wie viel Startenergie er benötigt, ist nicht herauszufinden. Ich bleibe unentschlossen, nehme aber zweifelsfrei »Fernsehstecker bei längerer Abwesenheit ziehen« auf meine Optimierungsliste.

Der letzte Teil der häuslichen Durchsicht und Überlegungen ist mein eigenes verbrauchsbezogenes Verhalten. Duschen, Waschen, Kochen – trotz energieeffizienter Geräte und echtem Ökostrom liegt ein erhebliches Potenzial mutmaßlich darin, wie ich im Detail mit den Ressourcen umgehe. Also beobachte ich mich noch einmal ganz genau: Wie lange läuft wofür das Wasser? Nutze ich die Energiesparprogramme an der Wasch- und Spülmaschine? Koche ich mit Deckel oder ohne? Wie lange läuft welches Gerät unbenutzt, wie halte ich es mit der Beleuchtung in den gerade nicht genutzten Räumen und Ecken? Ein Stück Aufmerksam- und Achtsamkeit traue ich mir durchaus zu, und so bleibt ein sportlicher Vorsatz, ab sofort bei allen Ressourcen genau hinzusehen, ob es nicht noch Luft – in diesem Fall: nach unten – für Verbesserungen gibt.

Ich dokumentierte die Vorhaben und Aufgaben zum Haus für die Expertendiskussion sorgfältig. Zwei Tage später ging es an den nächsten Punkt: die Mobilität. Sie hatte ähnliche Anteile an meinem Fußabdruck wie die häusliche Energieversorgung. Durchaus also Grund zum Optimismus, vernünftige Verbesserungen mit ein wenig Akribie hinzubekommen. Doch offenkundig wurde auch, dass es nunmehr Schritt für Schritt ans tief in mir Eingemachte ging. Es war das eine, Geld für die Optimierung der Heizung einzuplanen (was ich zumindest als Investition ansehen konnte), aber etwas ganz anderes, das eigene Reise- und Mobilitätsverhalten grundlegend zu verändern.

Was soll's, machte ich mir Mut und ging gleich gefühlt nicht nur »in die Vollen«, sondern auch zum beruflich wie privat tatsächlich kniffeligsten Punkt: Wie wollte ich es zukünftig mit dem Fliegen halten? Ein kategorisches »Nein«, eher ein »Vielleicht«, »in Ausnahmen« oder »unter Umständen«? Es gibt gute Gründe für einen Flug, jedenfalls für einen dienstlichen: ein wichtiger Kunde, die Effizienz einer Dienstreise, der – so traurig es ist – oft nicht zu leugnende Preisvorteil gegenüber einer Bahnfahrt, das Reiseverhalten meiner unternehmerischen Mitstreiter, ja, die praktische Unerreichbarkeit manches Ziels mit anderen Verkehrsmitteln, wollte ich nicht wie einst Marco Polo nur noch als Legende in der Erinnerung der Besten und meiner Kinder existieren, weil der USA-Trip nun Monate in Anspruch nahm. Andererseits: Mir schwante, dass ich mir beizeiten schon eine mich und jedermann überzeugende Begründung für das Fliegen hinbasteln würde, nur um bequemer unterwegs zu sein.

Also – was tun?

Fliegen ist ökologisch betrachtet – wie das Kreuzfahren auch – eine ziemliche Sauerei. Der CO_2-Ausstoß je zurückgelegtem Kilometer ist naturgemäß deutlich höher als bei der Fortbewegung am Boden (es sei denn, ein einzelner Fahrer nutzt einen sehr verbrauchsintensiven Pkw), der Schwefeldioxid-Ausstoß ebenfalls. Hinzu kommen die klimawirksamen Kondensstreifen und gigantische Mengen Kerosin, die beim sogenannten Fuel Dumping – dem Ablassen von Kerosin in der Luft, um zum Beispiel die Maschine für eine Landung leichter zu machen – direkt in die Atmosphäre geleitet werden. Bei einem Jumbojet sind dies gern mal 30 bis 50 Tonnen Treibstoff: Eine Menge, mit der wir eine geräumige Badewanne einige Hundert Male füllen können – völlig sinnlos gefördert, raffiniert, transportiert, getankt und in die Atmosphäre entlassen, in der sie, um der technologischen Groteske die Spitze aufzusetzen, auch noch fatale Schäden anrichten.

Ich komme auf einige Hundert Flüge in meinem bisherigen Leben. Von einigen Turbulenzen abgesehen mochte ich das Fliegen durchaus, jedenfalls das Drumherum. Flughäfen hatten oft eine Vorfreude und spannende Ferne vermittelnde Atmosphäre, und ich bin bis heute zutiefst fasziniert davon, nach ein paar Stunden in einer etwas surrealen Blechbüchse irgendwo auf dem Planeten, womöglich sogar in einer ganz anderen Zeit- und Klimazone auszusteigen, um unbekanntes geografisches, soziales und ethnisches Terrain zu erkunden. Der Moment, in der Flugzeugtür zu stehen und mit einem Mal all die unbekannten Gerüche aufzunehmen, das neue Licht, vielleicht den warmen Wind, wo ich eben noch im winterlichen Kölner Nieselregen Schal und Mütze strammziehen musste: darauf verzichten? Ich grübelte. Einerseits schien es mir kaum denkbar, privat wie beruflich meinen eigenen Wirkungskreis faktisch so deutlich einzuschränken. Andererseits bestand und besteht kein Zweifel, dass ein einziger Flug in die USA oder nach Asien – was auch immer ein guter Grund für ihn sein mochte – meine Jahres-Ökobilanz ruinieren würde. Und ebenso wenig konnte ich leugnen, dass der planetare Preis für meine dienstliche Bequemlichkeit oder mein privates Urlaubsreise-Hochgefühl bis dato unerträglich hoch war. Tonnen von giftiger Umweltwirkung nur für mein Vergnügen, meinen beruflichen Erfolg, mein Ansehen, meine Eitelkeit, Bequemlichkeit? Um mitreden zu können? Um alles gesehen zu haben, was man gesehen haben musste? Letztlich eine beliebig dehnbare Kategorie.

»Richtig oder gar nicht« war – und ist – meine recht schlichte Art, die Dinge anzugehen und dann gegebenenfalls zu betreiben, die ich ernsthaft in den Blick nehme. Halbheiten mochte ich selten. Sie liefern selten befriedigende oder gar beglückende Ergebnisse. Aus welchem Grund also, fragte ich mich, sollte ich jetzt plötzlich – vor meinen selbst gefundenen Ansprüchen – halb gare Kompromisse machen? Um den latenten Selbstbetrug fortzusetzen? Um Ausnahmen zu erfinden, nur um am Ende die Ausnahme doch wieder zur Regel zu machen?

Schlussendlich gab es nicht viel mit mir selbst zu diskutieren. Mein Fußabdruck war der eines verantwortungslosen Öko-Rüpels. Da brauchte ich mir nun nicht weinerlich irgendetwas herbeizufabulieren, um die nächste Fernreise doch noch buchen zu können. Fliegen war zu streichen. Noch während ich es auf meine To-do- oder besser: Not-to-do-Liste schrieb, ärgerte mich meine eigene Zögerlichkeit darüber derart, dass ich gleich noch für alle kurzen Strecken bis etwa einem Kilometer »nur zu Fuß« notierte. Ein Entschluss, der mir angesichts der Regenhäufigkeit im Rheinland in einer mich mit mir selbst wieder versöhnenden Weise heroisch erschien.

Die wirklichen Herausforderungen allerdings lagen genau zwischen dem Weg zum Bäcker und dem nach Boston. Die Analyse meines – insoweit recht typischen – Mobilitätsverhaltens bis zum Bilanzierungsstichtag ergab, dass ich die meisten Strecken in einer Distanz zwischen fünf und 15 Kilometer absolvierte. Der Weg ins Büro: 14 Kilometer. Meine Eltern besuchen: 15 Kilometer. Fitnessstudio oder Sportplatz: sieben Kilometer. Lieblingsrestaurant, Kino oder beste Freunde: etwa 13 Kilometer. Machte hin und zurück meist eine Tour von 20 bis 35 Kilometern, leider durch das doch einigermaßen profilierte Tal der Inde zwischen Stolberg-Breinig und Aachen. Mit dem Mountainbike verhieß das schweißtreibende Routen, nicht zu denken an den malträtierten Hintern und das an feuchten Tagen eingesaute Businessoutfit. Also der Bus? Ich studierte die Fahrpläne und stellte überaus ernüchtert fest, dass die Strecke ins Büro, die selbst bei mäßigen Verkehrsbedingungen mit dem Auto nicht mehr als 25 Minuten beanspruchte, zwischen einer Stunde 15 Minuten und eineinhalb Stunden erfordern würde. Mehrere Etappen hintereinander würden dadurch mehr oder minder unmöglich, wollte ich nicht meine Mitmenschen mit nächtlichen Besuchen an meinem Optimierungsvorhaben teilhaben lassen.

Ich stellte den Punkt zurück und widmete mich den innerdeutschen Reisen, die ich nach einigen traumatischen Erfahrungen mit der Deutschen Bahn seit Dekaden stets in gut motorisierten Autos absolviert hatte. Wir besaßen zwei. Einen mit Diesel zu betankenden Jaguar SUV und einen kleinen, zweisitzigen Suzuki-Benziner primär für die Fahrten mit Hund, Waffe, Ausrüstung und gegebenenfalls Erlegtem ins oder aus dem nahen Revier.

Für die Langstrecke war der Umstieg auf die Bahn alternativlos. »BahnCard kaufen« kam auf die Arbeitsliste. Ich machte mir Mut und war sicher, dass die Bahn 2018 eine ganz andere Performance an den Tag legen würde als bei einigen meiner gründlich missglückten Testfahrten Jahre zuvor.

(Hoffen und Harren macht manchen zum Narren …)

Ich komme auf die Bahn zurück.

Das ist unvermeidlich.

Blieben die vermaledeiten Kurzstrecken sowie die Fahrten im Jahr, die nur mit dem Auto zu erledigen waren: Krankentransporte von Familienmitgliedern in spezielle Kliniken, Touren mit Transportgut, Urlaubsreisen mit Hund, Gepäck und auch mal Jagdausrüstung samt Waffen, von denen allemal die Letzteren mit dem Zug nicht zu leisten sind, ohne am nächsten Bahnhof von einem vergleichsweise wortkargen SEK-Trupp erwartet zu werden.

Ich favorisierte dafür einen Umstieg vom Jaguar auf einen kleinen Hybrid, vielleicht eine Empfehlung aus der VCD-Auto-Umweltliste, oder gar ein reines, möglichst kompaktes Elektroauto. Meine Frau, sonst in allem kooperativ, widersprach energisch. Fünf Kinder, Hund, mehrere schwer kranke Eltern, etliches, was hin und her transportiert werden will, und dann ein ästhetisch höchst zweifelhafter Kleinwagen ohne Beinfreiheit im rückwärtigen Teil und gleichzeitig auch noch mit wenig Stauraum? Sie schüttelte entschieden den Kopf. Meist kein gutes Zeichen. Ich argumentierte, in Ausnahmesituationen sei ein größerer Mietwagen ja durchaus eine Option, doch die beste aller Ehefrauen versteifte sich hartnäckig. Und selbst meine euphorischen Hinweise anlässlich der Begegnung mit möglichen Kaufkandidaten im Stadtverkehr, also solchen Autotypen, die im Zuge der Veränderung infrage kämen, brachten keine Besserung.

Ich konsultierte die VCD-Liste und las mich durch etliche Foren zum Thema Automobilität und Umwelt/Nachhaltigkeit. Wo Matthias Finkbeiner mir den gebrauchten, zwanzig Jahre alten Drei-Liter-Lupo als Erstwagen empfohlen hatte, entsponnen sich verbissene Diskussionen um Erdgas- oder Wasserstoffautos, Elektromobilität oder hybride Varianten. Der Diskurs erreichte mancherorts epische Ausmaße, da beim E-Auto mit Ökostrom oder dem Wasserstoff-/Brennstoffzellenantrieb gegenüber konventionellen Verbrennungsmotoren zwar ein »sauberer« Betrieb möglich ist, dieser aber leider mit einer signifikant schlechteren Ökobilanz der Herstellung solcher Autos erkauft wird. Rechnete sich das jetzt oder nicht?

Ich bevorzugte Wasserstoff, stellte aber fest, dass die Autos unerschwinglich waren und das Tankstellennetz für Wasserstoff den Begriff »Netz« schlicht nicht verdiente. Elektroautos würden den jährlichen Urlaubsfahrten in die Alpen Expeditionscharakter verleihen, und Erdgasantriebe ließen keinen grundlegenden Vorteil gegenüber dem herkömmlichen Verbrenner erkennen. Also doch den alten SUV mit großem Dieselmotor weiterfahren? Ausgeschlossen. Seine Ökobilanz auch im laufenden Betrieb war verheerend. Also die Scheidung einreichen und einen gebrauchten Lupo suchen? Der besten aller Frauen den SUV schenken und einen dritten Wagen in den Hof stellen?

Alles wenig überzeugend.

Am Ende sollte es ein Benziner-Hybrid werden, mit fünf normalen Sitzplätzen und genügend elektrischer Reichweite für die lokalen Fahrten, einem Verbrennungsmotor für die unvermeidlichen längeren Strecken insbesondere der Ehefrau, die Krankentransporte und die Urlaubsfahrten. 120 PS und 45 elektrische Kilometer Reichweite versprach der Katalog des Herstellers, erwachsene Sitze auf der Rückbank und einen erkennbar großzügigen Kofferraum für Emil.

Die Gefährtin war glücklich, und ich brachte derweil mein altes Mountainbike zur Inspektion, insgeheim dann durchaus doch noch die aus alten Zeiten kommende Frage wägend, ob ich mit den vierrädrigen 120 PS überhaupt noch würde Richtgeschwindigkeit erreichen können. Schließlich würde der Neue mit seinen großen Akkus alles andere als ein Leichtgewicht sein. Manches meiner früheren Autos hatte nicht nur kaum die Hälfte gewogen, sondern auch 120 PS nicht bloß insgesamt, sondern an jedem einzelnen Rad geleistet – ich hatte langsames Fahren stets als nervenzerfetzende Herausforderung für meine innere Unruhe und Ungeduld empfunden. Und ausgerechnet ich sollte jetzt mit einem asiatischen Designmonster wahlweise behutsam durch die Gegend stromern oder mit verbrauchsoptimierten 105 Stundenkilometern in den Urlaub schippern? Auch Geschwindigkeit hat Suchtpotenzial.

Ich überlegte, wenigstens das Rauchen wieder anzufangen.

Gleichwohl: In Sachen Mobilität stand meine Optimierungsliste ohne Änderungen am Beziehungsstatus.

Blieb als letztes Schwergewicht der Veränderung meine Ernährung. Ein sensibler Punkt. Denn ich esse für mein Leben gern – und gut! Essen hat seit Generationen einen hohen Stellenwert in meiner Familie, sowohl in Fragen der Ernährung als auch des Beisammenseins. Schon zu Zeiten meiner Großmütter waren Sonn- und Feiertage, ungeachtet der einfachen Verhältnisse, in denen wir alle lebten, kulinarische Festtage.

Meine Großmütter und meine Mutter waren Spitzenköchinnen. Zu jedem Zusammenkommen gab es ausnahmslos Mehr-Gänge-Menüs, oft Braten, Geflügel oder Fisch, beste Gemüsesorten, Kuchen, Cremes und Puddings, Gebratenes, Gedämpftes, Geschmortes und Kandiertes, Eingelegtes und Eingekochtes, Pasteten, Geselchtes, selbst gemachte Soleier, Rumtopf und Bratheringe, Marmeladen und Gelees, Berge von Keksen und Plätzchen – Essen (und Trinken) war allen in der Familie heilig, ganz gleich, wie groß in anderen Themen und Lebenselementen die Unterschiede sonst auch waren. Essen verband uns. Es gab wie in allen Familien und Beziehungen schwierige Zeiten, aber wenn meine Mutter die Martinsgans, Maultaschen oder einen liebevoll eingelegten Sauerbraten auftischte, mit einem guten Schluck Rotwein dazu, den mein Vater aus den Tiefen unseres Kellers holte, war für den Moment alles andere vergessen. Die Stimmung stieg, und beim Dessert und dem Digestif gab es nur noch zufriedene Gesichter.

So sozialisiert wohl kein Wunder, dass ich ein ausgesprochen leidenschaftlicher Hobbykoch wurde. Ich kann Tage in der Küche verbringen und stundenlang an einer Pastete oder einem Fünf-Gänge-Menü für Freunde oder Familie herumwerkeln, ohne dass es mir zu viel wird, stets begleitet selbstverständlich von einem leckeren Schluck Bier oder Wein, je nach Jahreszeit, Anlass und Speisenfolge. Von daher spürte ich durchaus Unbehagen bei der Vorstellung, womöglich unter Genussaspekten lieb gewonnenes nun aus dem Leben streichen zu müssen, ganz abgesehen davon, dass ich mit vegetarischer oder veganer Kost wenig Erfahrung hatte. Und: Was würde ich den Freunden künftig überhaupt noch kochen oder vorsetzen dürfen? Nur Salat? Trostlose Gemüsemischungen mit Vollkornnudeln und wässriger Kräutersoße? Pizza ohne alles? Eifrei paniertes Sellerieschnitzel mit Bärlauchpaste an Steckrübenstampf ohne Milch und Butter? Dazu einen trüben, ungeklärten Biowein in Obstessig-Güte, oder schlimmer noch: alkoholfreies Pils aus der Flasche? Ich zeigte psychosomatisch bedingte Unterzuckerungssymptome.

Ich beruhigte mich mit einer zweigleisigen Strategie: Auf der einen Seite plante ich solche Veränderungen, die unerlässlich sein würden, wenn ich in Sachen meines laufenden Fußabdrucks wirklich vorankommen wollte. Das betraf grundlegend Fleisch, Fisch und Milchprodukte. Auf der anderen Seite standen solche Bedingungen, die eher grundsätzlich mein Einkaufs- und Auswahlverhalten betrafen, wie zum Beispiel eine Umstellung auf saisonale, regionale und biologisch produzierte Produkte, andere Warengruppen, meine Beschaffungs- und natürlich die Fahr- und Transportwege, um die jeweiligen Lebensmittel überhaupt ins Haus zu bekommen.

Ich durchsuchte verschiedene Portale und Plattformen im Internet und hoffte auf eine entsprechende Anleitung, wie nicht nur ein ernährungsphysiologisch, sondern auch ökologisch-nachhaltig optimierter Ernährungsmix aussähe. Um ihn herum würde ich mir dann meinen eigenen Ernährungsplan bauen. Doch wie so oft gab es zwar ein enormes Angebot an Hinweisen, an mehr oder minder schlauen Tipps, Ratgeberseiten und Warenkörben, aber kein wirklich integriertes Konzept, von radikalen Lösungen noch jenseits veganer Ernährungsvorstellungen einmal abgesehen. Also brauchte es ein Konzept im Eigenbau.

Wildbret, also Fleisch der heimischen Wildarten, gilt wegen seines naturbedingt geringen Fett- und seines hohen Eiweißanteils als ernährungsphysiologisch besonders wertvoll. Darüber hinaus werden Wildtiere natürlich keiner Medikamentierung und keiner Mastfütterung unterzogen, wie dies bei Fleisch aus industrieller Produktion der Fall ist. Dadurch ist die Fettsäurezusammensetzung des Wildfleischs deutlich günstiger. Nachteil der Wildfleischnutzung ist natürlich, dass es wegen der jagdlichen Schonzeiten wesentlich nur im Herbst und Winter frisch verfügbar ist. Dafür ist es beinahe flächendeckend regional erhältlich. Auf der Internetseite wild-auf-wild.de informiert der Deutsche Jagdverband über die nächstgelegenen Bezugsquellen. Darüber hinaus geben die örtlichen Jagdverbände und -gemeinschaften Auskunft.

Die größten Wildbret-Mengen in Deutschland stammen von Wildschwein, Rotwild (Hirsch und Hirschkühe sowie Kälber) und

Reh. Alle drei Wildarten haben dank milder Winter, guter Futtersituation und der Abwesenheit natürlicher Feinde große, sich – wie bei den Wildschweinen – steigernde Bestände. So wurden im Jahr 2018 in Deutschland rund 837 000 Wildschweine erlegt. Gegenüber den Sechzigerjahren hat sich die Strecke damit verzehnfacht. Jagdverbände und Wildbiologen erwarten eine weitere Steigerung der Wildschweinpopulation.

Vergleichsweise einfach zu decken – hier bin ich fraglos privilegiert – war mein Fleischbedarf. Als Jäger in einer Region mit großen Überbeständen vor allem an Wildschweinen, aber auch an Rehen und Rotwild (Rotwild sind Hirsch und Hirschkuh, große, teils imposante Tiere, Rehe die deutlich kleineren Cerviden mit einem Gewicht meist um 20 bis 25 Kilo, wo ein Hirsch gern auch einmal 120 Kilo oder mehr auf die Waage bringt) fällt es mir nicht schwer, meinen – gleichwohl zu reduzierenden – Bedarf an Fleisch und Wurst aus ökologisch neutralem Wildtier zu decken und nebenbei noch weite Teile der Familie und etliche Freunde damit zu versorgen. Insofern konnte ich Fleisch und Fleischprodukte von Rind, Schwein, Lamm oder Geflügel sowie alle exotischen Sorten leicht zugunsten des Wilds vom Speiseplan streichen. Mein Metzger, gerade einmal 300 Meter Luftlinie entfernt und selbst Jäger, verfolgte mein Green-Zero-Projekt seit Längerem interessiert und war auf meine vorsichtige Frage hin sofort bereit, meine Beute zu allem Erdenklichen zu verarbeiten. Das würde also funktionieren. Schwieriger hingegen gestaltete sich der Ersatz von Milchprodukten. Ich kaufte der Reihe nach verschiedene Alternativen zur Kuhmilch, zur Butter und zur Sahne, vor allem Hafer-, Soja- und Mandelmilch in Bioqualität. Dazu diverse Margarinen, Öle, zuckerfreie Nuss- und Bohnenpasten und einiges im Asia-Laden, bei dem es vielleicht gar nicht ganz verkehrt war, nicht so recht zu wissen, wie und woraus es hergestellt wurde. Die freundlichen Verkäuferinnen antworteten auf meine Nachfragen zu den in Chinesisch oder Koreanisch bedruckten Tuben, Dosen oder Becher meist: »Neeee … issse nix Fleiss, nix'e Fisse drin. Isss'e von …« Dann folgte, ausnahmslos höflich, so lange auf mein zunehmend ratloses Gesicht dasselbe koreanische Wort, bis ich mich nicht einmal mehr zu fragen traute, ob ich dies, ich ahmte das Wort zur großen Erheiterung der Damen phonetisch unbeholfen nach, auch unter »bio« oder »nachhaltig« subsumieren dürfte. Ratlos, aber gut gelaunt beendeten wir die Kaufberatung.

Anschließend probierte ich wilde Varianten milchfreier Zubereitung, was bei einer normalerweise mit Crème fraîche oder Sahne gebundenen Soße oder einem dank Butter und Käse cremigen Risotto einiges an Experimentierfreude brauchte. Das ein oder andere Ergebnis war geschmacklich dann auch nur mit just jener Experimentierfreude zu entschuldigen. Es gab kulinarische Abgründe und Tiefpunkte. Einmal rutschte mir ein dicker Klecks oder besser: Klops eines selbst kreierten Brotaufstrichs aus Tomaten, Pistazien, eines von mir als Bohnenpaste erwarteten Asia-Mus und einem als Mozzarella-Ersatz gedachten Tofu auf den Küchenboden, den selbst der sonst eher wahllose Emil angewidert mied und dessen Konsistenz mit »zäh« noch höchst euphemistisch umschrieben war. Er hätte unter Umständen gut die Fensterrahmen am Bruchstein abdichten, keinesfalls aber der Ernährung dienen können.

Dennoch: Ich entdeckte eine erstaunliche Welt an für mich bis dato ungewohnten Lebensmitteln und Gerichten, mit zahllosen Getreidesorten in unendlicher Zubereitungsvielfalt, an Pilzen, die besser als manches gute Rindfleisch schmeckten, an alten Obst- (Äpfel, Quitten, Zwetschgen) und Gemüsesorten (vor allem Wurzeln und Beten), mit einem enormen Reichtum an eiweißreichen Linsen, Bohnen und anderen Hülsenfrüchten und mit Zubereitungsformen, die ich zuletzt bei meinen Großmüttern erlebt hatte. Ich stellte erstaunt fest, dass eine Hafermilch zu einem Müsli bei Weitem besser schmeckte als Milch der Kuh und dass mit ihr ein Pudding oder eine Creme ohne Geschmacksverlust hinzubekommen waren. Margarine, deutlich weniger klimawirksam als Butter, ließ sich in allen Pürees und in Süßem durchaus an, vorausgesetzt, ich achtete auf gute Qualität und Bio-Siegel. Und für den äußersten Fall der Fälle fand ich einen Demeter-Hof mit Biobutter, sollte das weihnachtliche Spritzgebäck, ohnehin eher Arbeitsfeld der Besten, butterfrei nicht hinzubekommen sein.

Mit etwas Übung schien mir so der Speiseplan allemal gut zu füllen. Ich war beruhigt. Die Veränderung der Ernährung sollte nicht nur ökologisch helfen, sondern auch ohne soziale Einbuße oder Genussverzicht zu schaffen sein.

Der weltweite **Kaffeekonsum** verbraucht nach Angaben der Vereinigung Deutscher Gewässerschutz etwa 120 Milliarden Kubikmeter Wasser und damit rund das anderthalbfache Volumen dessen, was jährlich aus dem Rhein in die Nordsee fließt. Eine einzelne Tasse kommt so auf den Verbrauch von 150 Liter Wasser für die Herstellung des entsprechenden Kaffeepulvers (knapp zehn Gramm). Zum Vergleich: Der tägliche Trinkwasserverbrauch in Deutschland für die Essenszubereitung, Duschen, Waschen und alle weiteren häuslichen Verrichtungen liegt bei rund 125 Litern pro Person. Mit einer Tasse Kaffee verdoppeln wir also unseren täglichen Wasserfußabdruck.

Schwarzer Tee hingegen wird überwiegend in Regionen mit höheren Niederschlagswerten angebaut. Sein Wasserbedarf, bezogen auf eine Tasse, ist infolgedessen nur etwa ein Viertel so groß wie der von Kaffee.

Vertrackter hingegen erwartete ich die Veränderung meiner Getränkeauswahl. Schwarzer Tee und Kaffee waren stetige Begleiter in meinem Alltag und schlugen mit ihren jeweiligen Ökobilanzen ordentlich zu Buche. Da half voraussichtlich nur Reduktion, wobei mir der schwarze Tee, eigentlich das kleinere Übel, als verzichtbarer erschien. Beim Kaffee hingegen sah ich Grenzen. Ich testete einen fair gehandelten Biokaffee und reduzierte schon im Vorgriff auf die Umsetzung meines Maßnahmenkatalogs den üppigen Verbrauch auf zwei, an langen Tagen drei Tassen täglich, um mich als jahrelangen Kaffee-Junkie etwas herunterzuregeln. Gleichzeitig probierte ich Tees aus heimischen Kräutern oder Früchten, kapitulierte allerdings vor einer Geschmackswelt, die selbst beim besten Willen nicht mit meiner kompatibel war. Sollte ich vielleicht doch? Ich erinnerte eines der Gespräche mit Matthias Finkbeiner, in dem er mir augenzwinkernd geraten hatte, den ökologisch schwergewichtigen Tee und Kaffee durch regionales Bier zu ersetzen, was ich mir gerade für das Frühstück am Wochenende mit der Familie als Einstieg in eine familien-, freundes- und arbeitsfreie Singlekarriere ausmalte.

Ich beließ es gedanklich beim Kaffee und notierte »auf Tee verzichten« auf meiner Maßnahmenliste.

Eier standen auf meiner Zutatenliste ebenfalls weit oben. Sie verursachten 200 Gramm CO_2 und hatten einen Wasserverbrauch von bis zu 200 Litern je Ei. Folglich musste eine Alternative zum Industrie-Ei her. Hier half mir eine glückliche Fügung. Benachbarte Freunde, mit grünem Daumen und einem passenden Garten ausgestattet, sinnierten mit ihrem Sohn über die Anschaffung eigener Hühner. Ich hatte kurz ähnliche Gedanken gehabt, konnte mir aber Emils friedliche Koexistenz mit potenziellen Beutetieren hinter dem Haus nicht vorstellen, von den Versorgungsnöten bei Reisen einmal abgesehen. Als sie sich entschieden, war ich fix zur Stelle, um gegen einen Zuschuss für den Stall, das Futter und den Hühnerkauf samt ihrer Urlaubsvertretung im Hühnerstall eine Eier-Beteiligung zu erwerben. Das ersparte mir die Suche nach einem Ei-Ersatzprodukt, würde uns beständig mit bestem Bio-Ei versorgen und uns gleichzeitig einen Einblick in die Lebensführung von Freilandhühnern hinterm Haus verschaffen. Ich war gespannt.

Wohnen, Mobilität, Ernährung: Die ökologischen Big Points waren durchgeplant und zu Einzelmaßnahmen verarbeitet, mit denen mein Fußabdruck einen ordentlichen Schritt der Reduktion machen sollte. Meinen sonstigen Konsum würde ich, da war ich sicher, auf das konzentrieren, was ich wirklich brauchte – ich hoffte, das würde wenig sein. Blieben gleichwohl noch einige durchaus ernste Punkte. Ich sah Emil in die Augen: Dosenfutter vom Rind, mehr als 300 Kilo pro Jahr? Da brauchte es ebenfalls Alternativen. Während ich diverse

Fleischreduktionsprogramme für ihn durchdeklinierte, legte er seinen Kopf erst schief und dann auf meinen Oberschenkel. Die Worte »mehr Möhren und Kartoffeln« ließen ihn die schwarz behaarte Stirn in tiefe Falten werfen, bei »vielleicht mit Haferflocken strecken« rann eine erste Träne über seine walnussfarbene Hundeschnauze. Ich ließ mich erweichen, kalkulierte seinen Fleischbedarf gegen meinen durchschnittlichen Jagderfolg und war zuversichtlich, mit Abschnitten und Innereien sowie gelegentlichen Zukäufen von Wildresten bei anderen Jägern und im Handel sein Futter zum Großteil selbst produzieren zu können. Mein Metzger würde mir, hoffte ich, mit überschüssigen Dosen und Eimern für die Lagerung helfen.

Die Planung und die vorbereitenden Arbeiten aller Optimierungsmaßnahmen benötigten einige Wochen. Schreiner, Heizungsmonteure, Gartenbauer und Dachdecker gaben sich für das Aufmaßnehmen zeitweise die Klinke in die Hand. Es wurde ausgemessen und gerechnet, markiert, probiert und diskutiert. Täglich kamen Angebote für dies und das, Verfügbarkeiten wurden überprüft, Budgets berechnet, hie und da mit schwitziger Hand überarbeitet und gegen das Ersparte hochgerechnet. Parallel waren NABU und WWF aktiv, jeweils weitere eigene Vorschläge für meine Lebensstilveränderung zu erarbeiten. Doch die dafür von ihnen avisierten Liefer- und Präsentationstermine verschoben sich ein ums andere Mal.

Der Herbst kam, und ich wurde unruhig. Manche Veränderung – ich flog nun schon eine Zeit lang nicht mehr, begann, weitere Reisen immer kritischer auf ihre Unvermeidbarkeit hin zu prüfen, und ersetzte alle Fleischprodukte durch Wild – vollzog sich beinahe unbewusst und automatisch. Das war im Grundsatz gewiss gut so. Doch für etliches brauchte es einen ordentlichen Startschuss, für die baulichen Maßnahmen, ein neues Auto oder andere Energielieferverträge, zudem auch eine Beauftragung von mir. Für jede dieser Einzelmaßnahmen wiederum war das vorherige Einholen der Expertenmeinung zu ihr wichtig: Meine Überlegungen hielt ich zwar für durchaus schlüssig. Doch gerade in so komplexen Themen wie denen der Mobilität und der Ernährung erwartete ich ergänzende Hinweise und nicht zuletzt auch innovative Ideen der Umweltverbände, die meinen eigenen Maßnahmenplanungen mutmaßlich überlegen sein sollten.

Die Zwischenzeit nutzte ich, mein Leben an verschiedenen Ecken zu vereinfachen. Ich sortierte meine Kleiderschränke aus und brachte gut erhaltene, hochwertige Kleidung zu Oxfam, einer gemeinnützigen Organisation, die mit dem Erlös aus Sachspenden weltweit gemeinnützige Projekte, insbesondere im Sozialen, fördert. Das machte aus vier Schränken einen. Außerdem verschenkte ich den Großteil meiner Bücher, eliminierte Hobbys (wie das Fotografieren), unnütze technische Geräte wie Navigationssysteme und Computer, Uhren, einiges vom Jagdgerät und mehrere Tennisschläger. Ich entrümpelte, sortierte und beschloss, von all dem Kram und Zeugs zunehmend genervt, für alles, was ich meinem Leben materiell oder ideell in Zukunft hinzufügte, etwas in mindestens gleicher Quantität daraus zu entfernen. Und das exekutierte ich mit Freuden sofort: Schenkte mir ein Freund ein Buch, verschenkte ich zwei. Brachte er eine Flasche Rotwein und einen schicken Designer-Kochlöffel mit, gab ich meinen Kindern zwei meiner, dazu mindestens einen Schneebesen und einen Korkenzieher. Das machte richtig Spaß. Erstens schmolz der Vorrat an Doppelt- und Dreifachem, Ungenutztem und Überflüssigem. Raum entstand. Zum Zweiten machte das Verschenken bei Weitem mehr Freude als das Kaufen und der Konsum.

Die Menge an **Verpackungsmaterial** in Deutschland wächst seit Jahren stetig. Das Umweltbundesamt führt dies auf unsere veränderten Konsumgewohnheiten zurück: Viele Waren bestellen wir im Internet, statt sie im stationären Einzelhandel zu kaufen. Hinzu kommen zunehmend kleinere und differenziertere Verpackungen bei Lebensmitteln und Kosmetikartikeln und diverse To-go-Trends. Durchschnittlich allein 35 Einmal-Kaffeebecher verbraucht jeder Deutsche im Jahr, das sind knapp acht Millionen Becher täglich, gut 320 000 jede Stunde, mehr als 5 000 jede Minute, knapp 90 pro Sekunde.

Mehr als 226 Kilo reiner Verpackungsmüll entfielen 2017 auf jeden Deutschen, die Hälfte davon als Ergebnis privaten Konsums. Das ist Platz zwei im europaweiten Vergleich, knapp hinter Luxemburg. Verpackungsmüll und ökonomische Leistungsfähigkeit (Einkommen, Vermögen) korrelieren hoch.

Die Recyclingquote beim Verpackungsmüll hängt stark vom eingesetzten Material ab. Stahl, Aluminium, Papier, Karton und Glas haben vergleichsweise hohe Recyclingquoten, Plastik und noch mehr Holz sehr niedrige. Das meiste Plastik landet, wenn es nicht unkontrolliert in die Landschaft oder in Gewässer geworfen wird, in Verbrennungsanlagen. Knapp ein Fünftel exportieren wir in Schwellen- und Entwicklungsländer, die insbesondere den Import von unsortiertem Verpackungs- oder Plastikmüll aber zunehmend wegen der örtlichen Umweltfolgen untersagen. Nicht selten wird unsortiert ins Ausland gelieferter Plastikmüll Recyclingquoten oder -statistiken zugerechnet.

Ich nutzte den Schwung und eliminierte gleich auch noch einige Mitgliedschaften und Abonnements. Ich verschickte Dutzende E-Mails, um die überflüssige Zusendung irgendwelcher Broschüren und Prospekte zu unterbinden, was das Altpapieraufkommen deutlich reduzierte. Ich erwarb eine Sprudelmaschine für die häusliche Mineralwasserproduktion aus Leitungswasser und experimentierte mit unverpackten Kosmetikartikeln aus Naturprodukten, die die beste aller Ehefrauen entdeckt hatte und die sie begeisterten. Ich öffnete erneut alle Schränke, wog und warf, verkaufte ein paar wertvollere Artikel und schrieb ein neues Testament, demzufolge der überwiegende Teil meines ökonomischen Nachlasses für die Forschung in Nachhaltigkeitsfragen und die Umweltverbände zu verwenden ist. Außerdem schloss ich Mitgliedschaften in verschiedenen Naturschutzorganisationen ab, las einige Mitgliedermagazine und bat dann auch dort, mir bitte kein Papier mehr zuzusenden.

IX.

Nach einigem Hin und Her war es im November 2017 endlich so weit: WWF und NABU lieferten ihre Anregungen für die ökologische Optimierung meines Lebensstils, eine Präsentation auf virtuellem Umweltschutzpapier und fünfundzwanzig Seiten. Ich las sie gespannt. Die Verbände griffen meine Ideen auf und bewerteten sie sowohl in der Qualität als auch im zu erwartenden quantitativen Effekt. Sie trugen beinahe alles mit, was ich mir überlegt und vorgenommen hatte. Dazu konkretisierten sie die zu erwartenden Verbesserungseffekte zu einer ersten Prognose. Das war eine gut und sorgfältig gemachte Arbeit. Dazu gab es nützliche Hintergrundinformationen, verschiedene Kalkulationen, Hinweise auf eher kontroverse Themen wie den häuslichen Kamin (er würde unter bestimmten Umständen erhebliche Mengen Feinstaub produzieren und sollte daher allenfalls als Ergänzung zu einer optimierten Heizung genutzt werden) und die Jagd (die Umweltschutzorganisationen in einigen Aspekten auch sehr kritisch sehen). Es gab aber auch eine durchaus spürbare Enttäuschung meinerseits: Denn neben meinen, aus der Laienperspektive formulierten Maßnahmen und Ideen für eine Verbesserung meines Fußabdrucks fand sich auf den ersten Blick kaum Neues. Weder präsentierten WWF und NABU eigene, womöglich sogar verblüffende oder revolutionäre Mobilitäts- oder Ernährungsideen, noch konnten sie ein in sich geschlossenes Wohn-, Ernährungs-, Konsum- oder gar Lebenskonzept anbieten, das mich ökologisch auch nur ansatzweise in Richtung planetarer Grenzen, Zwei-Grad-Celsius-Ziel oder in ökologisch positive Gefilde brächte. Eingedenk all meiner Vorschläge, adjustiert durch Kleinigkeiten aus der Verbandsperspektive, würde ich, so ihre Prognose, wohl eine Halbierung meines Footprints schaffen – viel mehr aber nicht. Und mehr boten sie auch nicht an.

Daran hatte ich dann doch zu knabbern. So viel Aufwand für so wenig Vorteil? Und der Unbilden nicht genug: Statt ökologisch disruptiv formulierten sie in für mich ganz unerwartete Richtungen. Ich solle bitte zudem die kommunikativen Aspekte meines Tuns sorgfältig beachten. Ich solle meine Geschichte weitererzählen und so einen Beitrag zum Diskurs über Nachhaltigkeit leisten, ich könne mich im Übrigen durchaus auch politisch engagieren und schlussendlich entlang verschiedener Standards für die unvermeidlichen meiner Emissionen Kompensationsmöglichkeiten nutzen, so wenig befriedigend dies strukturell sicherlich sei.

Hmm. Das musste ich gedanklich wie emotional erst einmal sacken lassen. Mein Projekt hatte ich für mich und andere stets als »privat« deklariert. Es war durchaus egoistisch motiviert, in Hinblick meiner Kinder gedacht und ansonsten ohne jeden öffentlichen Anspruch. Weder hatte ich die Erwartung oder gar Hoffnung, damit dem Gemeinwohl zu dienen, noch die Absicht, andere aufmerksam zu machen oder – ein Graus – gar in Lebensfragen zu belehren. Ich war selbst ein ökologischer Saulus, von jedem Paulus weit entfernt, und taugte bestenfalls als abschreckendes Beispiel. Und da sollte ich nun sichtbar werden, Vorträge halten, politisch Position beziehen? Als Öko-Rüpel mit am Ende womöglich nur überschaubarer Läuterung den Diskussionsteilnehmer geben? Ich schüttelte innerlich den Kopf und konzentrierte mich lieber wieder auf meine Schadensarten.

In Sachen Eutrophierung und Versauerung, wesentliche Teile meiner Ökobilanz, zogen NABU und WWF quasi blank. Mit Rücksicht auf den Stand der Wissenschaft erläuterten sie noch einmal anschaulich die Wirkungsmechanismen dieser Schadensformen, um sodann zu konstatieren, dass jenseits einer wünschenswerten Vermeidung der Schwefeldioxid-, Phosphat- und Nitrateinträge bis dato keine anerkannten Gegenmaßnahmen existierten. Letztlich bliebe also nur die Kompensation. Mögliches Ziel einer solchen könne die Steigerung der Biodiversität, also der Vielfalt und Vielgestaltigkeit von Ökosystemen sein. Eine erhöhte biologische Vielfalt in Ökosystemen mache diese widerstandsfähiger (resilienter) gegen unvorhergesehene, äußere

Veränderungen, wodurch die Ökosysteme auf den Eintrag von entsprechenden Substanzen mit innerer Kompensation oder Verarbeitung reagieren und die Schäden etwa durch Überdüngung oder Versauerung eingedämmt oder reduziert werden könnten. Eine für mich denkbare, eigene und auf Wiedergutmachung angelegte »Kompensationsmaßnahme« wäre, so führten sie aus, also der Einsatz für die biologische Vielfalt. Probates Mittel wäre es, würde ich mich für eine Verbesserung der Rahmenbedingungen des Umwelt- und Naturschutzes engagieren. Das schließe eigene Initiativen, das Mitwirken in entsprechenden Institutionen oder Organisationen oder eine finanzielle Unterstützung selbiger mit ein.

Ich las die Präsentation ein zweites Mal und wurde, nun zum wiederholten Male, nachdenklich. Gleich mehrere Beobachtungen beschäftigten mich. Zuallererst: der irgendwie allseitige Mangel an Wissen und Konzepten. Es ist das eine, dachte ich, eine riesige Sauerei anzurichten, wenn ich weiß, wo Staubsauger, Putzlappen und Scheuermilch zu finden sind. Aber diesem Planeten – der US-amerikanische Visionär Richard Buckminster Fuller sagte einmal: dem Raumschiff Erde – massiven Schaden zuzufügen, ohne zu wissen, wie es anders ginge und wie er zu reparieren sein würde, das war beängstigend. Das kam mir vor wie sich ein Loch ins eigene Übersee-Ruderboot zu bohren, in der Hoffnung, rechtzeitig vor dem Untergang werde sich schon irgendwo noch ein Stopfen finden. Doch wenn nun schon die Experten im übertragenen Sinne feststellten, »wir haben keine Ahnung, ob und wo sich Stopfen finden lassen«, dann, so schien es, würde es alsbald – in Jahrzehnten, nicht Jahrhunderten – existenziell.

Weiterhin fragte ich mich, aus welchem Grund wir uns global ein Klimaziel gegeben hatten, das eine Begrenzung der globalen Erwärmung auf unter zwei Grad Celsius vorsah, wenn wir gleichzeitig kein Konzept für ein Zwei-Grad-Leben anzubieten hatten. Die Analyse von WWF und NABU war freundlicher formuliert, gleichwohl aber eindeutig: Von meinem 27-Tonnen-CO_2-Fußabdruck, ja selbst vom deutschen Durchschnitt bei den Klimagas-Emissionen von rund zwölf Tonnen pro Jahr hinunter zu den 1,5 Tonnen, die der Planet derzeit pro Mensch auszugleichen in der Lage ist, ist es ein jedenfalls in meinem Leben kaum vorstellbarer Weg. Und damit bin ich nicht allein. Schon die Infrastruktur, die wir in Deutschland nutzen, verbraucht je nach Berechnungsweg ein Viertel bis ein Drittel unseres persönlichen Zwei-Tonnen-CO_2-Budgets, und mit einer warmen Mahlzeit und einer Tasse Kaffee täglich auf 40 Quadratmeter beheizter Wohnfläche bin ich ruckzuck am Klimaziel-Anschlag. Jedweder Konsum drum herum – Hose, Hemd, Computer – wäre minutiös zu planen oder schlicht ausgeschlossen. Für Mobilität etwa bliebe, ein paar Runden mit dem öffentlichen Bus um den eigenen Stadtteil einmal ausgenommen, nur noch Schusters Rappen, was mich arbeitslos machen und bald wohl auch von Familie und Freunden empfindlich abrücken würde. Das wollte ich gewiss nicht. Doch nach aktuellem Stand wäre dies unabänderliche Konsequenz der für ein Zwei-Tonnen-CO_2-Leben notwendigen Veränderung.

Frustration machte sich in mir breit. Wo zum Teufel waren die vernünftigen Ideen, wie es ungleich nachhaltiger ginge, die Pläne, die fein austarierten Wohn-, Ernährungs- und Konsummodelle, die durchgerechneten, ökologisch neutralisierten Produktwarenkörbe, die raffinierten Tipps und Empfehlungen? Wo die Leitplanken für die Verbrauchsentscheidungen, die Navigatoren durch einen komplexen Lebensalltag, die nachhaltigen, wirklich und wahrhaftig umweltneutralen Produkte? Aber: Gab es denn überhaupt zwischen Umweltruin und westlichem Lebensstil eine Schnittmenge, eine erträgliche Lösung?

NABU und WWF widmeten dem Thema Kompensation eine ganze Seite ihrer Präsentation. Sie rechneten mir vor: Bei einem von den Umweltverbänden als seriös eingestuften Kompensationsanbieter könnte ich meine gut 27 Tonnen Kohlendioxid jährlich für 600 Euro ausgeglichen bekommen. Nach der Umsetzung der von mir geplanten Optimierungsmaßnahmen sollte der Betrag sich sogar, dank deutlicher Verbesserungen meines Lebensstils, mehr als halbieren. Das waren nicht einmal 50 Euro monatlich. Ich horchte auf: Zurückgerechnet auf mein Leben würden 29 000 Euro meinen Fußabdruck nominell ausgleichen. Ein ordentlicher Batzen Geld, keine Frage, aber gemessen an dem, was ich bislang schon in mein Vorhaben investierte, was als Umbau, Austausch und Neuerung noch anstand und was ich vage für den dritten Schritt, die aktive Wiedergutmachung, erwartete, wahrscheinlich ein unschlagbar günstiges Angebot. Wer weiß: Vielleicht könnte ich noch 20 Euro im Monat obendrauf legen und guten Gewissens doch gleich wieder SUV fahren?

Ich verstand die Logik dieses Ansatzes sehr wohl. Mit dem Geld würde tatsächlich, so viel Zutrauen würden die Anbieter verdient haben, ein Beitrag zum Klima- und Umweltschutz geleistet – weil zum Beispiel Wiederaufforstung anderswo deutlich günstiger als in Westeuropa zu bewerkstelligen war, mit einer im Vergleich zu teuren Einsparbemühungen hier sogar höheren Effizienz und Effektivität für die Natur insgesamt.

Doch andererseits: Wie würde ich es finden, wenn mein Land mit seiner Natur und seiner Lebensumgebung sorgfältig haushalten müsste, nur damit anderswo reichere Länder ihre ökologischen Sauereien in ein gutes Gewissen umgewandelt bekämen? Wenn man mir und meinen Landsleuten ungefragt Bäume und Insektenwiesen in die Gärten und die Landschaften pflanzte, damit der Millionär in Übersee im klimatisierten 500-PS-Boliden politisch auch noch korrekt durch die Gegend cruisen könnte? Wenn mein dank mangelndem Wohlstand kleiner Fußabdruck andernorts die Rechtfertigung für jeden noch so ressourcenintensiven Konsum und für jedes noch so schmutzige Hobby wäre? Wie fände ich das?

Wahrscheinlich nicht so gut.

Ich verwarf die Kompensation per Überweisung ein zweites Mal und reiste per Bahn erneut nach Berlin, um meinen finalen Maßnahmenkatalog vorzustellen. Er umfasste rund sechzig Einzelmaßnahmen. Die wesentlichen waren:

- Ich spare künftig und endgültig das Fliegen.
- Auf allen Strecken länger als 20 Kilometer werde ich, wenn sich entsprechende Termine definitiv nicht durch Telefon- oder Videokonferenzen ersetzen lassen, die Bahn und nicht das Auto nutzen.

- Ich ersetze den Diesel durch – mit Rücksicht auf meine Frau – eine sparsame Hybrid-Variante; Kurzstrecken gehe ich zu Fuß.
- Strecken bis zu 20 Kilometern absolviere ich gegebenenfalls mit dem Fahrrad oder einem E-Bike. In allen Ballungsräumen nutze ich möglichst den öffentlichen Personennahverkehr (ÖPNV) statt Taxis.
- Ich kaufe nur noch Ökostrom und Ökogas.
- Die Heizungsanlage wird nach der Expertenmaßgabe überarbeitet, eine Innendämmung – wo möglich – vorgenommen.
- Haustür und Fenster werden erneuert, das Dach an einigen Stellen bearbeitet. Regenwasser wird gesammelt, Biomüll soll im Garten sorgsam kompostiert werden. Der alte Kamin wird eingekoffert, bekommt eine Rauchgasreinigung und eine Schornfeger-Inspektion sowie künftig Restholz aus den hiesigen Wäldern.

Ökologische Vor- und Nachteile von **Holz als Brennstoff** sind Gegenstand intensiver Diskussion. Für seine Nutzung spricht zunächst, dass Holz aus nachhaltiger Forstwirtschaft ein natürlicher Energielieferant ist, der bei seiner Verbrennung nur so viel Kohlendioxid freisetzt, wie er (als Kohlenstoff) in der Wachstumsphase aufgenommen hat. Nach der Verbrennung wird das entstandene Kohlendioxid, denken wir in einem natürlichen Kreislauf, wieder von der nächsten Baum- oder Pflanzengeneration aufgenommen.

Je nach Alter und Güte der Verbrennungseinrichtungen – Kraftwerk, Heizung oder häuslicher Kamin – weicht allerdings schon der Verbrennungsvorgang vom gedachten Ideal deutlich ab. So entstehen neben dem Kohlendioxid je nach Alter, Qualität und Zustand des Holzes weitere Emissionen, insbesondere Stickoxide, Schwefeldioxid, polyzyklische aromatische Kohlenwasserstoffe (PAK), Ruß (Feinstaub) und Methan. Methan ist um den Faktor 20 bis 25 klimaschädlicher als Kohlendioxid, Feinstaub insbesondere beim Einatmen durch Menschen und Tiere gesundheitsgefährdend. Hinzu kommen ökologische Lasten aus dem Transport und der Vorverarbeitung des Brennholzes.

Daher ist es sinnvoll, die jeweilige Feuerstätte möglichst effizient und emissionsarm auszuwählen, was ältere Anlagen meist nicht, moderne Heizungen oder Kamine in der Regel sehr wohl leisten. Sodann bedarf es passenden, möglichst regionalen Brennstoffs aus nachhaltiger Holzwirtschaft und einer Wartung und Überwachung der Anlagen durch Fachleute und Schornsteinfeger. Entsprechende Hinweise finden sich zum Beispiel in Broschüren und auf den Internetseiten des Bundesministeriums für Umwelt (BMU) oder des Umweltbundesamts (UBA).

- Die Pumpen des Heizkreislaufs werden durch sparsamere Modelle ersetzt, neue Temperaturfühler installiert; energetisch verbesserungsbedürftige Kleinkomponenten werden ausgetauscht, ebenso alle Leuchtkörper im Haus.
- Außenbeleuchtung reagiert künftig, wo unerlässlich, nur kurz auf Bewegung; Stand-by-Modi werden ausgeschaltet. Den Energieverbrauch werde ich laufend beobachten und – wo möglich – auch im Kleinen optimieren.
- Heizleistung und Duschzeiten werden angepasst, das Kochen energetisch optimiert.

Ich spitzte noch einmal kurz den elektronischen Bleistift, überlegte, ob ich das wohl hinbekommen würde, und hielt dann die weiteren Veränderungsschritte fest:

- Ich verzichte auf den Konsum von Fleisch, Selbstgeschossenes ausgenommen, und Milchprodukten; den Hund ernähre ich mit selbst produziertem Wildfutter.
- Tee wird gestrichen, Kaffee deutlich eingeschränkt; Backwaren, Spritzgebäck und die – ohnehin nicht wünschenswerten – Genussmittel (Chips, Süßwaren, Alkohol, Zucker) werden bestmöglich reduziert.
- Hauptgetränk wird selbst gesprudeltes Leitungswasser; regionales Bier wird zumindest einmal flächig durchprobiert …

- Auf den Speiseplan kommt das, was regional und bio in die Saison passt. Konventionell und industriell produzierte Lebensmittel will ich ab sofort mit Skepsis betrachten, Obst und Gemüse als neue Freunde.
- Fisch braucht, wenn er ausnahmsweise einmal auf den Tisch soll, ein nachhaltiges MSC- oder ASC-Umweltsiegel; alles andere geht zumindest durch den NABU-Siegelcheck (siehe S. 125) oder bleibt im Supermarktregal.
- Der Einkaufsrhythmus wird so optimiert, dass es keinen Lebensmittelüberhang mehr gibt, der im Müll landet.
- Ich reduziere mein Müllaufkommen durch den bestmöglichen Verzicht auf Papier und lese nur noch E-Books.
- Zeitungen und Zeitschriften bestelle ich ab, unaufgefordert Zugesandtes (bei mir so einiges) ebenfalls. Einkäufe leiste ich so müllarm wie ohne zusätzliche Wegstrecke möglich.
- Eventuell veraltete Elektrogeräte werden stillgelegt; unabdingbare Ersatzbeschaffungen müssen die höchste Energieeffizienz haben.
- Reinigungsmittel und Kosmetika werden durch solche aus rein natürlichen Bestandteilen ohne Mikroplastik ersetzt.
- Ersatzkleidung braucht ein Nachhaltigkeitssiegel, ebenso der Kaffee.
- Was kaputt geht, wird repariert, und gekauft wird nur, was nach ernsthaftester Prüfung – ich hätte nicht gewusst, was diese Hürde überhaupt noch nehmen sollte – unverzichtbar sein würde.

Gemeinsam mit den TU-Forschern und den Projektverantwortlichen von WWF und NABU diskutierten wir alles gründlich: die Maßnahmen, die zu erwartenden Herausforderungen, aber auch die Fragen nach meinem kommunikativen oder gar umweltpolitischen Einsatz jenseits meines Life-LCA-Projekts. Ich vollzog die Position nach und erklärte mich bereit, öffentlich zu meinem Vorhaben Auskunft zu geben, so dies gewünscht und Interesse finden würde. Kekse gab es leider keine. Dann, nach angeregtem Diskurs, stand fest: Zum Jahresanfang 2018 würde es losgehen. Alles, was umgehend umzusetzen sein würde, würde ich im Januar vollziehen, beauftragen oder realisieren, alle übrigen Veränderungen im Lebensstil bis spätestens zum 1. Februar.

Das, was zwangsläufig mehr Zeit bräuchte, wie die größeren häuslichen Umbaumaßnahmen oder ein neuer Pkw, schnellstmöglich. Uwe Buse machte Notizen, und ich dachte: Jetzt gilt es also.

Ein zweiter Erfassungszeitraum von Februar bis April sollte sodann erste Erkenntnisse liefern, welchen Effekt das Optimierungspaket auf meinen laufenden Fußabdruck haben würde. Marcel Görmer, mit meinen Lebensgewohnheiten mittlerweile besser vertraut als ich selbst, nickte mir freundlich zu. Dann besprachen wir erneut, wie, anschließend an die Verbesserungen meines Lebensstils, erste Wiedergutmachungsmaßnahmen aussehen könnten. Ich zitterte innerlich vor einer weiteren Vertiefung der Finkbeiner'schen Kacke-Sammel-Option. Doch die Diskussion verlief gottlob ein wenig anders. Erneut gab es einige Ideen in Sachen eines Kohlendioxid-Ausgleichs. In den übrigen Wirkungskategorien hingegen machten wir keine wirklichen Fortschritte. Der Gedanke, durch Maßnahmen, die – wie von WWF und NABU ins Spiel gebracht – Artenschutz, Artenvielfalt und Resilienz von Ökosystemen schützten oder stützten, anrechenbare Vorteile im Hinblick auf Eutrophierung und Versauerung zu erarbeiten, fand immerhin einen grundsätzlichen Konsens. Matthias Finkbeiner mochte sich damit anfreunden. Doch eine genaue Qualifizierung und Quantifizierung eventueller Maßnahmen, wichtig für einen von mir zu kalkulierenden Plan, blieb offen. Gleichwohl: Hier schien erstmals etwas Licht in mein Wiedergutmachungsdunkel.

Wir verständigen uns darauf, dass Umweltverbände und Wissenschaftler Ideen und Wiedergutmachungsvorschläge erarbeiten würden, ich gleichzeitig aber auch eigenständig Maßnahmen konzipieren oder umsetzen dürfe, die dann auf ihre Effekte für die Habenseite meiner Lebens-Ökobilanz untersucht würden. Ein durchaus riskanter Weg für mich. Denn mit einigem Aufwand zum Beispiel die ökologische Aufwertung einer wie auch immer gearteten Fläche anzugehen, ohne genau zu wissen, ob und wie mich diese Arbeiten meinem Ziel der grünen Null näherbrächten, hieße im Extrem, am wissenschaftlichen Ende womöglich viel Zeit und Energie falsch oder zumindest mit begrenzter Effektivität und Effizienz eingesetzt zu haben. Andererseits:

Der bisherige Diskurs ließ erahnen, dass ich mich von einem schnellen Wiedergutmachungserfolg ohnehin würde verabschieden müssen. Weder gab es ein greifbares Konzept, das ich quasi ab morgen würde umsetzen können, noch würde irgendeine Maßnahme zu blitzartigen Erfolgen auf der Habenseite meiner Ökobilanz führen.

Die umweltfreundliche **Verwertung von Bio- und Grünabfall** kann einen erheblichen Beitrag zum Umwelt- und Klimaschutz leisten. Zwei Effekte wirken: Zum einen kann beispielsweise der Grünschnitt aus dem Garten durch Vergärung als Energielieferant genutzt werden. Zum anderen liefert eine Kompostierung Humus, der als Bestandteil von Blumenerde und als Dünger genutzt werden kann. Letzteres ist, etwa mit einem Schnellkompostierer oder einem traditionellen Komposthaufen, für Gartenbesitzer eine einfache und vor allem teure Kunstdünger überflüssig machende Option.

Nach Zahlen des Umweltbundesamtes werden in Deutschland jährlich rund 16 Millionen Tonnen biologisch abbaubare Abfälle gesammelt. Aus ihnen gewinnen Vergärungsanlagen jährlich über 600 Millionen Kubikmeter Biogas.

Sei's drum, machte ich mir Mut – wenigstens würde es so Erkenntnisfortschritt und Lernen auch für andere geben. Ich beschloss, nach bestem Wissen und Gewissen alsbald auf die Suche nach geeigneten Optionen zu gehen – vorausgesetzt, ich bewiese in der Verbesserungsphase weiter Durchhaltevermögen. Denn klar war auch, dass sie Konsequenzen und Effekte haben würde, die mein privates und berufliches Umfeld zumindest berührten. Und ich vermochte nicht sicher einzuschätzen, welche Wirkung das – zum Beispiel auf die Mitarbeiter meines Unternehmens, auf Geschäftspartner, aber auch auf die Beste, Kinder oder Freunde – haben würde.

Meine Gefühlslage blieb also gemischt.

X.

Das Jahresende 2017 war geprägt von einigen wichtigen Entwicklungen in meinem Unternehmen, sodass es – wie so oft – wieder einmal viel schneller Weihnachten wurde als erwartet. Wir verbrachten die Festtage traditionell bei uns zu Hause, was hieß, dass Kinder, Freunde und Familie in bester Tradition versorgt und verköstigt werden wollten. Ein bei der Heterogenität der Geschmäcker gar nicht so einfaches Unterfangen. Doch für alle auch ein freudig erwarteter Anlass für ein Wiedersehen an großer Tafel, mit all dem, was an leckerem Essen, guten Getränken und lebhaften Gesprächen dazugehörte.

Ich ließ die üblichen Kochbücher und Rezepte für die üblichen Weihnachtsmenüs beiseite und konzentrierte mich darauf, entlang meiner ökologisch nun zu verbessernden Ernährungsstrategie einen echten »Härtetest« auf meine neu zu justierenden Kochkünste vorzunehmen. Das machte mich neugierig und mit der Sichtung neuer Rezepte Spaß. Ich fragte beim ein oder anderen Familienmitglied vorsichtig nach, was die Vorlieben betraf, ließ meine Frau ebenfalls in den Rezeptvorschlägen stöbern und arbeitete mich durch die Sortimente der örtlichen Lebensmittelhändler. Dann stand die Menüfolge. Als Vorspeise plante ich ein Carpaccio von Roten Beten mit gerösteten Zucchini, Walnüssen und einem fruchtigen Dressing, anschließend Maronensuppe aus einer selbst gemachten Gemüsebrühe und Kastanien aus der Region. Zur Hauptspeise Wildschwein-Burger von einem Schwein, das ich Mitte Dezember nächtens auf einer Wiese in unserem Revier erlegt hatte, und Burger mit Kräuterbratlingen für die, die kein Wildschwein oder überhaupt kein Fleisch mochten. Die Mayonnaise im Burger sollte auf Kokosmilch basieren. Auf Wildschwein oder Kräuterbratling würde es jeweils einen ordentlichen Klacks selbst gemachtes Apfel-Zwiebel-Confit statt Ketchup geben. Zum Nachtisch warteten dann Kuchen und Kekse, die die Familie mitbringen würde. Das Spritzgebäck mit seinem fast hälftigen Butteranteil würde also ökologisch, ich musste an die TU-Sitzungsräume denken, dann wenigstens nicht auf meine Kappe gehen …

Die Essensvorbereitungen waren überschaubar. Da hatte ich in manchen Jahren deutlich mehr Zeit mit all den Soßen, Marinaden, Brühen oder Suppen verbracht. Doch am Weihnachtstag selbst schwitzte ich in der Küche schon weit vor dem Essen ordentlich – nicht nur, weil für zwanzig Leute alleine zu kochen schon anstrengend sein kann (noch waren die Töpfe ja kalt), sondern weil ich gespannt und ein wenig in Sorge war, wie die eher traditionellen Esser aus der Familie wohl auf die veränderte Küche und Geschmackswelt reagieren würden. Meine Eltern, ausgesprochen leidenschaftliche Gourmets, hatten sich schon das ein oder andere Mal wählerisch gezeigt, wenn ich sie auf neue Geschmackswege oder außereuropäische Küchen führen wollte, während unsere Kinder per se in zwei Lager zerfielen: die vegetarisch oder gar vegan lebenden Mädchen Johanna und Miriam und die teils durchaus Fleisch in großen Mengen konsumierenden Jungs, Philipp, Nils und Felix. Dazu die wankelmütigen Schwägerinnen, ein paar neu Hinzugestoßene (etwas Fluktuation ist ja in jeder Familie) und Heike, die Einzige, die sich mehr um den zu erwartenden Aufwand für mich und die logistischen Herausforderungen rund um Geschirr und Sitzgelegenheiten sorgte.

Ich studierte noch einmal den Menüplan, sortierte mich wie ein Einzelkämpfer hinter feindlichen Linien, öffnete das traditionelle Koch-Bier und schwang mir die Kochschürze um. Jetzt hieß es: mutig sein.

Rund eine Million Menschen in Deutschland ernähren sich mittlerweile **vegan**. Ein Großteil von ihnen war und ist durch Aspekte des Tierschutzes motiviert, doch rücken seit einigen Jahren auch die ernährungsphysiologischen und ökologischen Vorteile einer von tierischen

Produkten weitgehend freien Ernährung in den Fokus. Pflanzliche Lebensmittel enthalten keine gesättigten Fette, weniger Kalorien und regelmäßig viele Ballaststoffe, dazu Vitamine und andere für die Gesundheit vorteilhafte Substanzen wie antioxidative und krebshemmende Polyphenole. Dazu haben sie in der Regel einen gegenüber vergleichbaren tierischen Produkten geringeren Fußabdruck. Ein Pfund Butter etwa verursacht 25 Mal so viele Kohlendioxid-Emissionen wie die vergleichbare Menge einer biologisch hergestellten Margarine. Gleichwohl braucht es an einigen Stellen Differenzierungen. Pflanzliche Produkte, die in ihren Heimatländern mit einem großen Aufwand an Chemie, Pharmazie oder Wasser produziert werden (zum Beispiel Mandeln und viele nicht heimische Nusssorten) und anschließend über große Strecken transportiert werden, können relativ zu ihrem Ernährungswert durchaus schlechtere ökologische Bilanzen aufweisen als ein Stück Biofleisch oder ein nachhaltig gezüchteter Fisch aus der Region.

Das Kochen war deutlich einfacher, als ich erwartet hatte, sodass die in der Regel hungrige Familie nach der Bescherung nicht allzu lange warten musste. Es wurde aufgetragen. Angesichts der hauchdünnen Rote-Bete-Scheiben auf dem Vorspeisenteller schaute ich in einige etwas ratlose Gesichter, die wohl eher Rindfleisch oder Fisch als Vorspeise erwartet hatten, was mich hektisch zu meinen »Guten Appetit«-Wünschen allseits reichlich Wein eingießen ließ. Doch mit den ersten Bissen hellte sich die Stimmung schlagartig auf, und zu vielen »Ahhs« und »Lecker!«-Rufen entspann sich, von meiner Ehefrau klug moderiert, sogleich eine muntere Gesprächsrunde dazu, dass man sehr wohl auch mit fleisch- und milchfreien Kompositionen ausgesprochen Schmackhaftes kochen könne. Selbst die Jungs nickten zustimmend. Im Großen gewiss keine bahnbrechende Erkenntnis (die Veganer und Vegetarier werden hier lässig abwinken), aber in einer traditionellen Fleischesser-Familie ein durchaus bemerkenswertes Momentum:

Carpaccio ohne Fleisch muss der fleischigen Variante in Nichts nachstehen, besticht durch farbenfrohe Optik und wirkt gesprächsanregend …

Ich war beruhigt. Die Maronensuppe bekam einen Hauch Kakao als optischen Zierrat, dessen Vorrat wir seit den vergangenen Kindertagen nur noch in homöopathischen Dosen aufbrauchten, und der vom selbst gemachten Bio-Apfel-Zwiebel-Confit gezierte Wildschwein-Burger mit seiner Bio-Kokos-Mayonnaise war gerade beim männlichen Publikum ein derartiger Renner, dass ich – schweißnass, aber zufrieden – hurtig mehrfach Nachschläge beibringen musste.

Nach dem Essen war klar:

Familiäre oder freundschaftliche Bande würde meine Ernährungsveränderung also nicht zum Zerreißen bringen.

XI.

Anfang Januar erhielt ich von Marcel Görmer neuerlich die epischen Excel-Tabellen per E-Mail. Wieder hatte ich die laufende Erfassung minutiös, die meines Besitzstandes aber glücklicherweise nur im Hinblick auf die seit der ersten Dokumentation erfolgten Veränderungen vorzunehmen. Letzteres erledigte ich sogleich, was einige Einschnitte in die lange Liste meiner Besitztümer brachte. Das Kapitel Kleidung war ausgedünnt, deutlich sogar. Hier und da entfernte ich zudem Verschenktes, Entsorgtes oder Aufgebrauchtes. Doch zwischen dem gefühlten Ausmisten meines Lebens und der Vorher-Nachher-Differenz meiner Görmer'schen Lebensinventare blieb eine beachtliche Lücke. Eine Ursache dafür war die Menge an Geschenktem, die immer wieder in unser Haus kam, bei Besuchen von Freunden, Geschäftspartnern oder Kollegen, allen Bitten um das Absehen von Mitbringsel zum Trotz. Zudem, das war offenkundig, führten meine oder unsere recht vielseitigen Interessen und Hobbys zu einem ganz anderen Fundus an Ausstattungen und Gerätschaften, als wenn ich mich nur einer Sache mit aller Passion widmen würde.

Am 15. Januar 2018, einem Montag und gut zwei Wochen früher als eigentlich angedacht, begann ich sodann mit meinem ökologisch angepassten Leben. Ich wollte nun endlich wissen, wie sich die Veränderung anfühlen würde, und vor allem, was sie zumindest für meinen laufenden Fußabdruck denn brächte.

Direkt nach dem Aufstehen notierte ich wieder die Zählerstände für Wasser, Strom und Gas, um für den zweiten Erfassungszeitraum die entsprechenden Startpunkte der häuslichen Energieversorgung festzuhalten. Dann gingen meine Frau und ich wie üblich eine Runde mit Emil spazieren. Anschließend gab es nicht, wie gewohnt, den morgendlichen Tee (mit dem ich die Kaffee-Junkie-Phase des Tages hormonell vorbereitete), sondern eine kurze Dusche in handgestoppten fünfundvierzig Sekunden und anschließend einen Kaffee wie immer ohne Milch, jetzt aber auch ohne Zucker. Gewöhnungsbedürftig, ja, aber wahrscheinlich, so versüßte ich es mir, mit positivem Effekt für den pH-Wert meiner Blutbahn. Ich packte Laptop und Handy, Stromversorgung und die üblichen Reiseutensilien zusammen, kleidete mich statt in einen Anzug deutlich legerer – Heike zog die Augenbrauen hoch, verkniff sich aber einen Kommentar – und fuhr im frisch gegen den alten SUV getauschten Hybrid acht lautlose, vollelektrische Kilometer zum Hauptbahnhof in Stolberg, um meine erste Dienstreise – es ging nach Hannover – nicht mehr mit dem Auto oder gar dem Flugzeug, sondern mit dem Zug zu starten.

Der Hauptbahnhof von Stolberg bot, was mich angenehm überraschte, in einem neu gebauten Parkhaus kostenlose Parkmöglichkeiten für die Bahnnutzer. Der Rest war Baustelle. Ich parkte und stand rechtzeitig mit drei Dutzend weiteren Reisenden am Gleis, in freudiger Erwartung der Regionalbahn von Aachen nach Köln, wo mir laut Reiseplanung und Bahn-App gut 15 Minuten für den Umstieg in den ICE nach Hannover bleiben würden. Ich war beruhigt, beglückwünschte mich zu meinem Lebenseinschnitt und wollte gerade dem Gedanken nachgehen, aus welch unerfindlichen Gründen ich eigentlich nicht schon länger treuer Bahnkunde war, als eine ein wenig scheppernde Durchsage aus einem Retro-Lautsprecher mitteilte, der Regionalexpress werde sich voraussichtlich um etwa fünf Minuten verspäten.

Das »voraussichtlich« ließ mich innerlich aufhorchen. Doch jetzt hieß es, mit frischem Mut traumatische Bahnerfahrungen früherer Tage zu verdrängen. Ich quittierte die Information wie ein alter Bahn-Hase mit einem verächtlichen Schnauben, schraubte mir den Smartphone-Kopfhörer ins Ohr, zog die Jacke gegen den Bahnsteigwind ein wenig enger und fühlte mich irgendwie an Jugendtage an der Bushaltestelle erinnert.

In der Verbindungsanzeige der Bahn-App führten die zu erwartenden fünf Minuten Aufschlag auf die Abfahrtszeit zu einer empfindlichen

Veränderung der Statusanzeige, dahingehend, dass die kurz zuvor noch mit einem dicken Haken als sicher einzuplanende Umsteigemöglichkeit am Hauptbahnhof von Köln nun als gefährdet angesehen wurde. Ich atmete flacher, vergewisserte mich, in welcher Jackentasche ich den Autoschlüssel verstaut hatte, kalkulierte den verabredeten Besprechungstermin beim Kunden in Hannover gegen automobile und gleisgebundene Fahrtzeiten (drohte hier etwa schon nach wenigen Minuten das scheppernde Ende meiner guten Mobilitätsvorsätze?) und vertrieb mir so die Zeit bis zum Eintreffen des Zuges, der dann tatsächlich mit zehn Minuten Verspätung in Stolberg losfuhr. Zehn Minuten, die sich durch rätselhafte Zwischenstopps auf freiem Feld irgendwo zwischen Eschweiler und Langerwehe auf 20 Minuten summierten, was meine zunehmend hektischer von mir befragte Bahn-App – jedenfalls dann, wenn das deutsche Mobilfunknetz es für Sekunden zuließ – mit einem rot hinterlegten Ausrufezeichen und dem eher lakonischen Hinweis »Anschluss vsl. nicht erreichbar« kommentierte, obwohl auch der ICE Richtung Hannover verspätet war.

In der Einfahrt zum Hauptbahnhof Köln hatten sich Puls und Blutdruck auf Spitzensportler-Niveau eingependelt. Ich stand als Erster an der Zugtür, weil der sich immer weiter verspätende Anschluss-ICE mir eine minimale Chance auf ein »Ich-krieg-ihn-doch-Noch« eröffnete. Als sie sich zischend öffnete, schnellte ich mit einer Geschwindigkeit, die Usain Bolt hätte erblassen lassen, durch den sich in Zeitlupe vergrößernden Türspalt, beschleunigte noch an Gleis 8 treppab auf Warpgeschwindigkeit und katapultierte mich wenige Nanosekunden später auf Gleis 2, nur um mitzuerleben, wie der ICE gen Berlin und Hannover sich ungeachtet meiner hektischen Drückversuche am Türöffner und meinem zunehmend hysterischen Geklopfe gegen das Türfenster, hinter dem ein blau-rot uniformierter Bahnbediensteter mich mitleidig begutachtete, ruckelnd in Bewegung setzte. Weg war er.

Hah, dachte ich, im Angesicht des ausfahrenden Zuges, mich kriegt ihr so nicht klein. Und mit dem Puls eines Schwergewichtsboxers in Runde 15, schweißnass und von ähnlicher hormoneller Durchmischung wie George Foreman beim »Rumble in the Jungle«, schwor ich der Deutschen Bahn AG noch auf Gleis 2 des Kölner Hauptbahnhofs, dass sie mit solchen Nickeligkeiten meine ökologische Lebensstilverbesserung nicht verhindern würde.

»Da müsst ihr euch schon was anderes einfallen lassen«, rief ich aufgebracht dem unsichtbaren Deutsche-Bahn-Olymp entgegen.

Und ich gestehe heute freimütig:

Ich hatte die Götter des deutschen Nah- und Fernverkehrs herausgefordert.

Und gründlich unterschätzt.

XII.

In den nun folgenden Wochen und Monaten des Jahres 2018 lerne ich als Bahnfahrer Deutschland ganz neu kennen. Die blühenden Landschaften, die urbanen Viertel, die Autobahnen und Fernstraßen, alle diese mir so vertrauten Facetten meines Heimatlandes tausche ich ein gegen ein von unsichtbaren Kommentatoren aus quäkenden Bordlautsprechern oder Bahnsteigmegafonen inszeniertes Inferno Dante'scher Prägung. Ich fahre wöchentlich, zeitweise täglich Bahn, und beinahe jede Reise ist ein grotesker Ritt durch das Mordor der deutschen Mobilitätsdienstleistungen. Mehr oder minder regelmäßig beginnt er damit, dass – glaube ich den Durchsagen des Bahnpersonals – mal wieder genau die Böschung brennt, die auch gestern schon (meist für mich unsichtbar) in lodernder Feuersbrunst stand. Dass dies zu »Störungen im Betriebsablauf« führt, wundert mich schon nach kurzer Zeit nicht mehr, ebenso wenig wie die ständigen medizinischen Notfälle, die außerplanmäßige Stopps vorwiegend in ländlichen Regionen erzwingen, in denen so ein Notarzt natürlich gern auch mal ein Stündchen bis zum Eintreffen braucht.

In der Zwischenzeit sterben viele Bahnreisende noch an Bord des Zuges an Dehydrierung (weil das Bordrestaurant keine Getränke mehr bereithält), Darmverschluss (weil die Toilette defekt ist) oder Altersschwäche (weil kaputte Zugtüren den Ausstieg insbesondere älterer Fahrgäste beizeiten verhindern). Das provoziert natürlich den einen oder anderen Nothalt und großräumige Umwege, die gerade die zwischen den Großstädten vorgesehenen Fernverkehrszüge immer wieder in die entlegensten Gegenden Deutschlands führen, in die verlassenen Gewerbegebiete von Baunatal und Castrop, auf Supermarktparkplätze in Tötensen und Diemelstadt oder auf die Self-Service-Friedhöfe der Mobilitäts-Hot-Spots Kruft, Plaidt und Ochtendung.

Vergleicht man den **ökologischen Fußabdruck verschiedener Verkehrsmittel**, ist zunächst maßgeblich, wie hoch der durchschnittliche Auslastungsgrad des jeweiligen Transportmittels ist. Die dem Nutzer zuzurechnende Gesamtbelastung aus einer Mobilitätsanforderung entscheidet sich danach, wie vielen Personen – mathematisch als »Teiler« – der Aufwand des Transports (wozu die Herstellung des Transportmittels und die Infrastruktur, die es nutzt, ebenfalls gehören) zuzurechnen ist. So liegt die durchschnittliche Nutzung eines Pkw im Mittel bei knapp 1,5 Personen, die Auslastung bei einem Fünfsitzer also bei 20 Prozent, die der Bahn hingegen bei gut 40 Prozent. Reisebusse haben in der Regel noch höhere Auslastungsgrade und schneiden daher, trotz der in der Regel umweltbelastenderen Antriebsart (Diesel statt Strom), besser ab als der Zug.

Ein regelmäßig mit zwei oder mehr Personen besetzter Pkw kann im direkten Vergleich also rechnerisch dem Zug überlegen sein (was in der Tat ein Argument für Fahrgemeinschaften ist, vom ökonomischen Vorteil ganz abgesehen). Jedoch verkehren viele Züge und Bahnen als Teil einer öffentlichen Nahverkehrsinfrastruktur ohnehin. Je höher hier die Nutzungsrate – zum Beispiel durch einen Umstieg vom Pkw auf die Bahn – steigt, desto kleiner wird die ökologische Verantwortung des Einzelnen. Beim »Umstieg« kommt sodann natürlich noch die eingesparte Nutzung des entsprechenden Pkw hinzu.

Der ökologische Verkehrsclub Deutschland e.V. (vcd.org) untersucht regelmäßig die Umweltkonsequenzen von Mobilität und liefert jährlich neue Zahlen und Statistiken. Dabei berücksichtigt er nicht nur die CO_2-Emissionen der Verkehrsmittel, sondern auch Kohlenmonoxid, Feinstaub, Stickoxide und flüchtige Kohlenwasserstoffe, Emissionen also, die in ihren umweltschädigenden Wirkungen teilweise deutlich über die Wirkung von Kohlendioxid hinausgehen. Zieht man diese in die Betrachtung mit ein, sind alle öffentlichen Verkehrsmittel, einschließlich der Bahn selbst, dem voll ausgelasteten Pkw deutlich überlegen. Das Flugzeug trägt – trotz durchschnittlicher Auslastung von 80 Prozent – mit weitem Abstand die rote Laterne der Umweltwirkung.

Im Jahr 2018 fahre ich, ausgestattet mit einer BahnCard 100, insgesamt 234 Strecken, auf denen ich ein oder mehrmals umsteigen muss, quer durch Deutschland und einige Male auch durch das nahe gelegene Ausland, durch Frankreich, die Schweiz, Österreich, England oder Italien. Pünktlich, also in etwa zur beabsichtigten Zeit und ohne verpassten Anschluss am Ziel, bin ich im Ausland fast immer, als innerdeutscher Bahnkunde dagegen exakt ein (nein, das ist kein Schreibfehler) einziges Mal: am Tag vor Heiligabend. Ich werte das als Gottesbeweis, spende der Bahnhofsmission und trete spontan wieder in die Kirche ein.

Davor und danach liegen zahlreiche Begegnungen, Bilder und Abenteuer, die niemand je glauben wird und die ich gerade deshalb nicht mehr missen möchte. Sie liefern knisternden Stoff für viele Abende vor winterlichen Kaminen und lassen gleichzeitig Langmut, Geduld und, ich gestehe, auch Fatalismus in einem neuen Licht erscheinen.

Im Februar etwa provozieren drei Betrunkene in der ersten Klasse den Einsatz mehrerer Divisionen land-, luft- und seegestützter Polizeieinheiten in Hamm, was uns gut zwei Stunden Verspätung beschert, die wir uns mit einem Erster-Reihe-Blick auf die wesentlichen Kampfhandlungen prima verkürzen können.

Im April verlässt der Lokführer im Hauptbahnhof von Köln ohne erkennbaren Grund unseren Zug und kehrt erst zurück, nachdem er mehrfach ausgerufen wird. Er ist wohl angetrunken und muss ausgewechselt werden, was ihn mir spontan sympathisch und die Bahn insgesamt viel menschlicher macht. Leider verhindert dies einen Termin in Berlin, den ich wegen des Ausfalls auch des Folgezugs gar nicht mehr zu erreichen versuche. Ich fahre zurück nach Stolberg, wo ich wegen mehrerer Türdefekte hintereinander den Ausstieg verpasse und in Aachen ein Taxi zur Rückfahrt zum Stolberger Bahnhof nehme, wo der Hybrid – ich meine ihn kichern zu hören – auf mich wartet.

Im Mai weigern sich gleich mehrere Lokführer weiterzufahren, weil der jeweilige Zug überlastet ist. Die Fahrgäste, die teilweise aus einem liegen gebliebenen Zug am Frankfurter Flughafen zu uns gewechselt sind, werden über die Zuglautsprecher aufgefordert, in ausreichender Anzahl und zur Wiederherstellung des schienengebundenen Normalgewichts den Zug zu verlassen, was zu einer Art Insassen-Mikado (alle verharren wie erstarrt) führt, das sich über mehrere Stunden hinzieht, bis – ohne erkennbaren Beitrag des Bahnpersonals – irgendwann doch losgefahren wird. Ein paar Reisende müssen die Nerven verloren und den Zug wohl verlassen haben.

Die **Deutsche Bahn** ist eines der weltweit größten Verkehrs- und Logistikunternehmen. Sie ist in über 130 Ländern aktiv und hat 2018 knapp 2,6 Milliarden Fahrgäste transportiert, davon mehr als 90 Millionen mit dem ICE und mehr als 50 Millionen mit IC und EC. Allein die Verkehrsleistung der ICE-Züge betrug so gut 31 Milliarden Kilometer, aufgerundet also etwa 50 000 Fahrten zum Mond und zurück. Im Fernverkehr lag die Auslastung der Züge dabei bei etwa 56 Prozent. Mehr als 52 000 Menschen nutzten die BahnCard 100, die die kostenfreie Nutzung aller Bahnverbindungen und zahlreicher ÖNPV-Verbindungen (insbesondere in den großen Städten) ermöglicht.

Die Verkehrsleistung aller Mobilitätssysteme in Deutschland betrug im Jahr 2018 nach Schätzungen des Deutschen Instituts für Wirtschaftsforschung (DIW) etwa 1 200 Milliarden Kilometer. Mehr als drei Viertel dessen legten die Deutschen im Pkw zurück.

Im September bleiben wir mit unserem rappelvollen ICE zunächst irgendwo auf freiem Feld zwischen Hannover und Osnabrück liegen. In mehreren ruckelnden Anläufen, einer Art ICE-Halma, schafft es unser Zugführer in einer knappen halben Stunde in einen winzigen

Vorortbahnhof, in dem kaum eine Stunde später ein umgeleiteter ICE die volle Ladung unseres Zugs aufnehmen soll. Der Ersatzzug ist ausgesprochen schlecht gelaunt und nur halb so lang wie unser havarierter. Von den wenigen, durchaus gut gefüllten Waggons sind drei wegen diverser Defekte gesperrt. Am Bahnsteig beginnt somit ein spannender Wettkampf um den Zugang zu den wenigen Abteilen, den der strömende Regen, der auf die Tumulte vor den Türen niedergeht, kaum ernsthaft abkühlen kann. Als die besten Gladiatoren unter den Bahnreisenden, die es schweiß- und regennass in den Zug geschafft haben, erschöpft in den letzten freien Ecken auf den schmuddeligen Filzboden niedersinken, informiert uns das Zugpersonal, dass wir wegen Überlastung nicht weiterfahren werden, ehe ausreichend Reisende ausgestiegen sind …

Ich arrangiere mich mit meinem neuen Transportfavoriten – rund 80 Prozent meiner Mobilitätsanforderungen trage ich seit dem Jahresanfang 2018 nun im Zug mit mir aus – bestmöglich. Im Sommer verliere ich in den wegen der regelmäßigen technischen Defekte nicht klimatisierten Abteilen auch relevante Teile meines Körpergewichts, was mir beim Sprint zu den Anschlusszügen natürlich ganz erheblich zugutekommt. Ich beschleunige, sobald ich Bahnhofsluft wittere, von null auf hundert sowohl über- als auch unterirdisch in Tesla-Geschwindigkeit und kann zu erwartende technische Defekte und »Störungen im Betriebsablauf« mit nostradamischer Präzision auf die Minute vorhersagen. Reisezeiten und Pläne betrachte ich mit der Routine des Vielfahrers nur noch als Reminiszenz an frühe Bahnepochen und beschränke mich schon im März für meine Dienstreisen auf ein vereinfachtes Ansage- oder Verabredungssystem aus »morgens«, »über Tag« oder »vielleicht am Abend«, wenn mein Gegenüber denn – trotz meiner Erklärung, mit der Bahn anzureisen – auf Ankunftszeiten besteht. Bei wichtigen Terminen reise ich regelmäßig am Vortag an, mögen sie auch nur ein oder zwei Stunden Fahrtzeit entfernt und dann gar am Nachmittag oder Abend stattfinden.

Ich kaufe mir eine Trinkflasche für Wüstendurchquerungen, reise nur noch mit kleinem Werkzeugset, um einfachere Reparaturen an

Bord selbst ausführen zu können, und erstehe im Internet einige gebrauchte Militärkarten für Nord- und Ostdeutschland, um bei Havarien in unbewohnten Regionen meine Einzelkämpfer-Qualitäten in Durchschlageübungen erfolgreich zu stählen. Dabei treffe ich immer wieder auf große Rotten versprengter Bahnfahrer-Rentner, die sich auf verschiedenen, zeitweise stillgelegten Bahnlinien zu Flüchtlingstrecks zusammengeschlossen haben. Ich helfe, trage und bediene, tröste die Verzweifelten, die versehentlich mit der Bahn zu Rendezvous, Hochzeiten (auch den eigenen), Vorstellungsgesprächen, Geschäftsterminen oder Autokäufen unterwegs sind, spreche Mut zu bei Geburten, Liebeskummer (meist wegen verpasster Rendezvous) und übernehme auch mehrfach den Nekrolog bei Beerdigungen, wenn der nächste Bahnhof wegen Störungen im Betriebsablauf für Tage unerreichbar bleibt und der verstorbene Mitreisende nach religiösem Brauch zeitnahe im ausgedienten Gleisbett zu bestatten ist.

In der – neben all dem – freien Zeit an Bord nutze ich die Zugfahrten natürlich weidlich. Da Telefonieren wegen des fehlenden Mobilfunknetzes entlang der deutschen Bahnlinien überwiegend unmöglich ist, habe ich viel Zeit zum Lesen und Musikhören, geradezu luxuriöse Tätigkeiten, die ich nach dem Offline-Beantworten aller E-Mails und dem Ausfüllen des sechzehnseitigen Bahn-Kostenerstattungsformulars im Falle von Verspätungen (eine Arbeit, die ich immer gleich beim Einstieg in einen Zug beginne) sehr genieße. Daneben konzipiere ich während eines außerplanmäßigen Halts in Lotte (nahe Osnabrück) einen Businessplan für einen fahrplanfreien Deutsche-Bahn-Wettbewerber, schreibe dieses Buch während einer Fahrt von Aachen nach Essen auf der baustellenbedingten Umleitung über Brüssel, Düdeldingen, Paris-Nord und Frankfurt/Oder und lerne recht schnell die Familienverhältnisse aller Zugbegleiter samt Geburtsdaten ihrer Kinder und Enkel kennen, was mir häufig Vorteile selbst gegenüber ganz alten Bahn-Hasen verschafft: Im November, ich komme ungewollt in eine biologische Notsituation, darf ich die letzte noch funktionsfähige Zugtoilette auf dem Behinderten-WC benutzen. Und im Dezember schließlich beschenkt mich der Zugchef zwischen Düren und

Horrem mit einem Extrabeutelchen Gummibären, obwohl ich wenige Stunden vorher schon einen bekommen habe, den ich aber nach halbtägiger Wartezeit bei Temperaturen um den Gefrierpunkt – die Klimaanlagen funktionieren im Winter meist ganz ausgezeichnet – unvorsichtigerweise gegen die starke Unterzuckerung aufgegessen hatte.

In Summe reise ich 2018 deutlich weniger als im Vorjahr, wobei sich der Reiseaufwand (in Zeit) in etwa verdoppelt. Das klingt ein wenig sinnfrei. Doch wenn ich von der schlicht nur irgendwo zwischen grotesk, absurd und unglaublich verorteten Dienstleistungsperformanz der Deutsche Bahn absehe, ist der Zug an sich ein großartiges Fortbewegungsmittel und der zeitliche Mehraufwand der Bahn- gegenüber der Autofahrt gut investiert. Ich sitze entspannt, habe Bewegungsfreiheit und nutze die Reisezeit für Arbeiten, die während einer Autofahrt unmöglich sind. Statt angestrengt und entnervt vom zunehmend rabiaten Verkehr auf deutschen Autobahnen zu sein, genieße ich die nachgerade unerschütterliche Langmut meiner Mitreisenden und nicht selten auch den Blick aus dem Fenster, der auf mehr Grün und weit weniger Müll als entlang der Schnellstraßen und Autobahnkreuze fällt. Ein wenig werde ich zwangsentschleunigt. Das hindert nicht, dass ich durchaus auch mal fluchend und schimpfend den eigentlich geplanten Feierabend auf maroden Bahnsteigen verbringe, an denen lange kein Zug fährt und selbst die Wühlmäuse Verspätung haben.

Doch insgesamt lebe ich zu- und sogar ausnehmend gut damit. Ich sortiere meinen Terminkalender immer sorgfältiger und nutze aus dem Homeoffice oder aus meinem Firmenbüro Telefon- und Videokonferenzen, wo ich zuvor stets persönliche Begegnungen bevorzugt habe. Das klappt ganz ausgezeichnet. Auf das Jahr 2018 hochgerechnet komme ich auf rund 40 000 Bahnkilometer (2017 waren es 60 000 Autokilometer). 3 000 Kilometer fahre ich noch mit Autos im Verbrennermodus, vorwiegend in Taxen oder mit meinem Suzuki Jimny, mit ihm meist auf Fahrten ins und durchs Jagdrevier. Etwa 7 000 Kilometer nutze ich den neuen Hybrid, der mich auf den

Strecken zum Bahnhof oder bei Besorgungen in und um Stolberg und Aachen geräuschlos umherstromern lässt – der SUV ist inzwischen verkauft.

Elektroautos belegen regelmäßig die vorderen Plätze, wenn es um die Frage geht, welche Autos und welche Antriebsarten am wenigsten umweltschädlich sind. Aus (reiner) Klimasicht lohnen sie sich derzeit meist erst dann, wenn sie regelmäßig und über einen vergleichsweise langen Zeitraum genutzt werden. Denn der ressourcenintensive Aufwand für die Herstellung der Batterien amortisiert sich bei vielen Modellen erst nach etlichen 10000, bei stärkeren Modellen sogar erst nach 80000 bis 120000 Kilometern Fahrleistung. Bei grünem Strom gelingt dies deutlich früher, bei Kohlestrom womöglich nie. Bezüglich anderer Umweltaspekte wie Ressourcenverbrauch oder Versauerung sieht es für das Elektroauto aufgrund der eingesetzten Materialien tendenziell noch schlechter aus als beim Klima.

Infolgedessen sind nach Einschätzung des VCD kleine, kompakte Fahrzeuge mit hybriden Antrieben (zum Beispiel ein Benziner mit zusätzlichem Elektroantrieb) bei geringeren Fahrleistungen unter Umständen sogar vorteilhaft. Das gilt auch für kleine und leichte Autos mit modernen Verbrennungsmotoren, unabhängig davon, ob sie Benzin oder Diesel tanken. Größe und Gewicht wird beim Auto mit einem anwachsenden Fußabdruck bezahlt, bei hohen Geschwindigkeiten wächst der Energiebedarf im laufenden Betrieb mit dem Luftwiderstand (physikalisch zwangsläufig) exponentiell.

Bei überschaubaren Mobilitätsbedarfen per Pkw kann die Nutzung von Carsharing-Angeboten nicht nur ökologisch, sondern auch ökonomisch attraktiv sein. Anfang 2019 nutzten in Deutschland rund 2,5 Millionen Menschen die Möglichkeit, Autos mit anderen in Netzwerken zu teilen. Dabei ersetzte ein Carsharing-Fahrzeug vier bis acht private Pkws.

Im Januar und Februar ist es zu glatt und zu eisig für das Fahrrad, das ich beim Fahrradhändler ums Eck nach vielen Jahren des Ruhestands überholen lasse. Außerdem kaufe ich dort einen Helm, eine der wenigen Anschaffungen, die ich im zweiten Erfassungszeitraum tätige. Regelmäßig gehe ich jetzt zu Fuß, vor allem zum Brötchenholen und zum Einkaufen. Strecken unter oder von einem Kilometer, die ich früher aus Bequemlichkeit per Auto absolviert habe. Jetzt schlendere ich durch das wunderschöne Breinig, in dem ich schon drei Jahre wohne, ohne die durchaus heimeligen Fußwege durch den Stadtkern je wahrgenommen zu haben. Ich bin erstaunt, dass ein paar Meter neben den Straßen, die ich zuvor ausnahmslos im Pkw befuhr, schmucke Häuser, witzig oder kitschig gestaltete Vorgärten, erstaunliche Straßennamen und oft freundliche und hilfsbereite Nachbarn wohnen, die für einen Plausch – zumindest bei trockener Witterung – durchaus zu haben sind.

Ich lerne schnell, mit allen möglichen Apps Nahverkehrsverbindungen in den Großstädten zu nutzen, fahre Bus und Bahn und bin überrascht, dass das alles meist erstaunlich reibungslos funktioniert. In Berlin, München oder Hamburg verhält es sich wie in London oder Paris, mit den »Öffis«, wie meine Kinder sie nennen, ist es nicht selten schneller als mit dem Taxi – billiger allemal. Die BahnCard 100 gewährt mir die kostenlose Nutzung des öffentlichen Personennahverkehrs in beinahe allen Städten und amortisiert sich schnell.

Aus den Veränderungen meines Reiseverhaltens heraus entwickele ich langsam, aber stetig eine leichte Manie, jede verbliebene Autofahrt so kurz und verbrauchsarm wie möglich zu halten. Überschlägig verringere ich in den ersten vier bis fünf Wochen den Durchschnittsverbrauch von Jimny und Hybrid durch eine schonendere Fahrweise um rund 20 Prozent. Beschleunigungsorgien entfallen vollständig, Hochgeschwindigkeitsfahrten allemal. Anfangs vermittelt mir das – besonders dann, wenn ich nicht rechtzeitig losgefahren bin – das Gefühl, mich gewaltig zu verspäten, unproduktiv zu sein oder Zeit zu verplempern. Der Geschwindigkeits- und Effizienz-Junkie in mir rotiert. Doch nach und nach schleicht sich die Erkenntnis in mein Bewusstsein, dass der gefühlte und der reale Zeitgewinn sportlicher Fahrweisen weit auseinanderklaffen. Ich fahre zunehmend entspannt und einhändig (bitte verpfeifen Sie mich nicht), fluche weniger und atme auch in der Rushhour gleichmäßig. Kein Zweifel: Ich werde ruhiger.

XIII.

Erfahrene Ökoisten schmunzeln, Veganer allemal – doch mich überrascht durchaus: Auch beim Thema Essen bleibt das Jammern über die Veränderung vollständig aus. Ganz im Gegenteil: Ich erlebe mich wie mit einem unsichtbaren Autofokus irgendwie »scharf gestellt« und ungleich konzentrierter bei diesem alltäglichsten Teil meiner Lebensführung. Schon vor dem Einkauf entscheiden meine Frau und ich (also sie), was genau als Nächstes auf dem Speiseplan steht. Dann wird entsprechend eingekauft. Das Menü bestimmt die Jahreszeit. Ich lade mir die GrünZeit-App herunter, um herauszufinden, wann welche Obst- und Gemüsesorten tatsächlich Saison haben, und beschränke mich im ausgehenden Winter auf Kartoffeln, Kohlsorten und die lagerbaren Gemüsesorten mit kleinem Fußabdruck. Tomaten, Gurken und die meisten Obstsorten bleiben liegen.

Die Menge der verwandten **Bio-Siegel in Deutschland** macht eine Orientierung nicht einfach. Insoweit helfen Apps wie der Siegel-Check des NABU, der die verschiedenen Siegel vorstellt, bewertet und dank einer eingebauten Siegel-Erkennung über die Kamera auch im Alltag einfach zu benutzen ist.

Grundsätzlich sind die Begriffe »Öko« und »Bio« seit 1993 gesetzlich geschützt. Wer mit ihnen werben will, muss die Mindeststandard-Vorgaben der EG-Öko-Verordnung erfüllen und bekommt dann ein sechseckiges, in Grün-Schwarz-Weiß gehaltenes Siegel mit dem Wort »Bio« verliehen. Solche Produkte sowie die Produktzutaten müssen (zu 95 Prozent) aus Ökobetrieben stammen. In diesen dürfen keine chemischen oder synthetischen Pflanzenschutz- und

Düngemittel benutzt werden. Gentechnik ist verboten, Zusatzstoffe sind nur in Ausnahmen erlaubt. Die Tierhaltung unterliegt strengeren Standards und ist nur mit Auslaufmöglichkeiten zulässig. Die Einhaltung der Vorgaben wird jährlich kontrolliert.

Neben dem deutschen oder (inhaltsgleichen) europäischen Bio-Siegel sind Bioland, Demeter und Naturland die gängigsten Siegel. Sie erfüllen die Standards der EG-Öko-Verordnung und gehen teilweise noch deutlich darüber hinaus, insbesondere bei der Tierhaltung, aber auch in sozialen Fragen wie zum Beispiel den Arbeitsbedingungen für die Mitarbeiter der jeweiligen Betriebe. Sie sind daher bedenkenlos zu empfehlen. Schwieriger hingegen sind selbst kreierte Siegel der Handelskonzerne oder gelegentlich irreführende Bezeichnungen wie »aus kontrolliertem Anbau« oder »Regionaler Anbau«. »Regional« ist nicht bio, und »kontrollierter Anbau« ist wie »naturnah« oder Ähnliches kein gesetzlich geschützter Begriff. Dahinter kann sich, wenn nicht eines der oben genannten Siegel mit aufgedruckt ist, letztlich Beliebiges verbergen.

Aus Salaten mache ich zunehmend eine echte Leidenschaft. Wann immer Besuch kommt, unterschätze ich die Menge, die plötzlich davon weggefuttert wird. Ich kaufe Bioware, möglichst regional, mag sie auch in Plastik verpackt sein, weil die Ökobilanzen der Produkte mich lehren, dass die bessere Bilanz der Bioprodukte auch durch die ungewollten Verpackungsmaterialien nicht wesentlich tangiert wird. Der Anteil der Folie, in die der Bioapfel eingeschweißt ist, macht an seiner Ökobilanz weniger als fünf Prozent aus, und so schlägt auch das verpackte Bioprodukt das unverpackte konventionelle bei Weitem.

Bei Unsicherheiten über die bessere Entscheidung – davon gibt es durchaus einige – hilft mir Marcel Görmer. Ich rätsele, ob Biobutter wirklich so viel mehr CO_2-Emissionen als Biomargarine produziert, und lerne: ja, ungefähr 25 Mal so viele. Ich schwanke zwischen (nicht: von) Bier und Wein und lerne: Bier schlägt selbst den Biowein im

Footprint deutlich. Ich krame mich durch Nüsse, Pilze und Gewürze und lerne: Der Cashewkern ist nicht nur keine Nuss, sondern wie Macadamia, Pekannuss und allemal die Mandel oft ein ökologischer Rüpel, weil der Wasserverbrauch für den Anbau teils erschütternd hoch ist – für die kalifornische oder iranische Mandel etwa beträgt er rund 10 000 Liter je Kilogramm, was in so wasserarmen und zudem entfernten Regionen einen Raubbau am Grundwasser und hohen Transportaufwand zur Folge hat.

Esse ich im Restaurant, ist es noch einfacher. Ich schaue oft gar nicht mehr in die Speisekarte, sondern bestelle, wonach mir ist, und bekomme fast immer ohne Schwierigkeiten ein individuell hergestelltes vegetarisches oder veganes Gericht tadelloser Qualität, wobei ich überrascht feststelle, dass selbst der Lieblingsitaliener mit einer fleisch-, fisch- und oft auch milch- und käsefreien Herstellung kein Problem hat. Ich esse selbst gemachte Linguine mit Kräutersaiblingen, großartige Gemüsepizzen und in Ausnahmen auch mal ein Kräuter-, Pilz- oder Gemüserisotto, in dem sich etwas Butter nicht leugnen lässt. Im Februar und März gibt es zudem auch Wildgerichte, bei denen ich bedenkenlos zugreife. Hirschgulasch, Wildschweinmedaillons, Rehrücken oder -keule. Ich motiviere meine Lieblingsrestaurants und -köche für das Fleisch aus den lokalen Wäldern und stelle zur Verfügung, was ich an eigenen Stücken aus der Jagd noch eingelagert habe. Zu Hause wird dazu Rot- oder Rosenkohl, Kartoffelknödel oder -püree serviert, Nudeln, Salat, ein paar eingekochte Obstsorten wie Äpfel oder Quitten und ein Glas regionaler Braukunst, gelegentlich auch mal ein Glas Rotwein in Bioqualität, den mir Freunde aus Südtirol mitbringen.

1997 hat sich mit dem Marine Stewardship Council (MSC) ein Verband gegründet, der der dramatischen Überfischung in den Weltmeeren ein Konzept nachhaltiger **Fischerei** entgegensetzen will. Das MSC- und ähnlich das ASC-, das Bioland- und das Naturland-Siegel liefern insoweit zumindest einen Hinweis darauf, dass die angeschlossenen

Fischereibetriebe ökologisch weniger belastende Fangmethoden (zum Beispiel Angelleinen statt den Meeresboden zerstörende Schleppnetze) nutzen, Fischbestände nur angemessen bewirtschaften und internationale Abkommen etwa zu Fangmengen, -gebieten und -methoden respektieren oder, bei Zuchtfisch, naturnahe Haltungs-, Zucht- und Fütterungsmethoden nutzen.

Die Überfischung vieler Bestände schreitet trotz internationaler Abkommen weiter voran. Daher lohnt ein kritischer Blick in das Fischsortiment. Über Arten, Bestände und Konsum informiert der Fischratgeber des WWF, der als kostenlose App verfügbar ist. Er enthält auch eine einfache Übersicht der verschiedenen Fang- und Zuchtmethoden und gibt Empfehlungen für den Einkauf.

In den Görmer'schen Excel-Tabellen führt dies im Reiter »Nahrung« zu echten Wanderungsbewegungen. Vom Wild und sehr gelegentlichen Fischgerichten entlang des WWF-Fischratgebers abgesehen, staut es sich nun bei Salat und Gemüse. Die Süßwarenabteilung leert sich, der Alkoholkonsum fällt, wenn auch nicht ins Bodenlose. Nudeln erobern Spitzenplätze, der Reis rutscht auf die Abstiegsränge (Reis wird weltweit zu 13 Prozent im Trockenanbau bewirtschaftet, wodurch viel Wasser verschwendet wird). Mein Gemüsekonsum verdreifacht sich, der Pilz gewinnt deutlich, die Pommes haben faktisch ausgedient. Käse, Milch und Butter halten allenfalls noch Erinnerungswerte, weil ich bei mancher Einladung oder einer vorgegebenen Menüfolge im Restaurant kein schlechter Gast sein möchte und dann esse, was man mir auftischt. Nachhaltigkeit hat auch eine soziale Seite.

Im Haus laufen diverse Arbeiten. Als Erstes wird die Heizungsanlage überarbeitet. Der beauftragte Installateur tauscht, wie vom Energieberater konzipiert, in mehreren Arbeitsgängen einen Teil der Pumpen und Elektromotoren gegen deutlich kleinere und sparsamere Komponenten aus. Er reinigt die gesamte Anlage und programmiert einen ordentlichen Tages- und Verlaufsrhythmus, der sich an unseren regelmäßigen Nutzungszeiten für das Duschen und unseren An- und Abwesenheiten orientiert. Einige Rohre werden isoliert, die älteren, teilweise vor den Fenstern im Boden verbauten Radiatoren bekommen neue Messfühler und Thermostate. Ich mache ihm einen Kaffee und versuche, nicht allzu dümmlich in der Gegend herumzustehen. Emil verfolgt das alles mit großem Interesse, ich selbst im Laufe der Tage mit durchaus bangem Blick auf die Stundenzettel, die ich mehrfach unterschreibe. Am Ende kostet die komplette Überarbeitung der Heizung 4 000 Euro, doch damit ist sie für die nächsten Jahre modernisiert.

Parallel laufen einige Arbeiten am Dach. Der Dachdecker rumpelt im März über die historischen Schindeln, dass mir schwindlig wird, bessert aus, was schadhaft und undicht ist, und ergänzt an verschiedenen Stellen die Dämmung. Dabei zeigt sich unser altes Dach als ökologische Heimstatt gleich diverser Tierarten: Stare haben, was selbst für mich mit einem komaähnlichen Nachtschlaf nicht zu überhören ist, unmittelbar über dem Kopfteil unseres im Obergeschoss stehenden Schlafzimmerbetts eine gemütliche Mehrfamilien-WG errichtet, und über der Küche haust ein Steinmarder, der in dem verwinkelten Dachstuhl augenscheinlich gleich mehrere Ein- und Ausgänge nutzt. Er bleibt unangetastet, ebenso wie die Mehrfamilienbehausung, was uns ein unruhiges Frühjahr bescheren und etwas Dämmmaterial im Dachstuhl kosten wird. Denn ab März laufen bei den gefiederten Untermietern wohl Erweiterungsarbeiten, um einen Familienzuzug zu sichern, und neben ständigem Rein und Raus wird – womöglich sogar durch unsere Bauarbeiten zusätzlichen motiviert – von den gefiederten Kollegen gescharrt und gewerkelt, dass es eine Freude ist, und was tagelang den Innenhof mit kleinen Holzresten und etlichen Knubbeln entfernter Dämmwolle übersät. Es stört mich nicht.

Der tägliche Verbrauch an **Trinkwasser** in Deutschland ist in den letzten Jahren zurückgegangen und beträgt derzeit etwa 125 Liter. Häufig vermutete Gründe dafür sind gestiegene Wasserpreise, sparsamere Geräte und ein größeres Bewusstsein für den Wert dieser Ressource.

In deutschen Haushalten wird das meiste Wasser für das Baden und Duschen und die Körperpflege (Händewaschen, Zähneputzen) verbraucht, gefolgt von der Toilettenspülung. Haushaltsarbeiten wie Kochen oder Wäsche folgen erst danach.

Nach dem UN-Weltwasserbericht 2019 leben mehr als zwei Milliarden Menschen in Staaten mit einem hohen Wasserstress. Wasserstress entsteht, sobald mehr als ein Viertel der erneuerbaren Wasserressourcen eines Landes genutzt werden. Das gilt für mehr als fünfzig Staaten. Einunddreißig Länder nutzen jährlich zwischen 25 und 70 Prozent ihrer Wasservolumen, zweiundzwanzig Länder sogar mehr als 70 Prozent der erneuerbaren Wasserressourcen und hängen so permanent und existenziell von der eigenen Wassersituation, den Niederschlägen und Zuflüssen ab.

Die Vereinten Nationen schätzen, dass der weltweit seit 1980 jährlich um ein Prozent steigende Wasserverbrauch bis zum Jahr 2050 weiter zunimmt. Grund dafür ist vor allem der wachsende Wasserverbrauch in vielen Entwicklungs- und Schwellenländern, in denen der Pro-Kopf-Verbrauch allerdings noch weit unter dem in den Industrienationen liegt. Knapp 70 Prozent der weltweiten Wasserverbräuche fallen auf die Landwirtschaft, etwa 20 Prozent auf Industrie und Energieerzeugung. Privathaushalte verbrauchen etwas mehr als zehn Prozent des Wassers weltweit. Etwa 80 Prozent des genutzten Wassers wird ungeklärt in die Umwelt entsorgt.

Neben dem Austritt in den hinter dem Haus gelegenen Garten bekommt eine (in einem ästhetisch eher zweifelhaften Mauer-Design gehaltene) Regentonne einen Platz am Regenrohr. Eine Toilettenspülung mit Regenwasser ist baulich, wie mich ein benachbarter, mit den Bruchsteinhäusern unserer Straße bestens vertrauter Maurer belehrt, unmöglich. Doch zumindest der Garten wird in den trockenen

Phasen künftig dank des gesammelten Regens weniger Frischwasser verbrauchen als bisher.

Einmal im Garten unterwegs, lasse ich den Rasen in Teilen abtragen. Auf einer kleinen Testfläche säe ich eine vom NABU empfohlene Blumenmischung für ein Insekten- und Wildblumenbeet aus, in der Hoffnung, bei einem guten Wachstum dort die restliche Rasen-Monokultur im Folgejahr durch ein buntes und abwechslungsreiches Beet heimischer Blumen zu ersetzen und so den Garten für Insekten und Vögel attraktiver zu machen. Gleichzeitig pflanze ich insgesamt fünfundvierzig verschiedene, vom Gärtner empfohlene Blumen, Disteln und Gewächse und hoffe auf ordentliches Bienen-Summen und Hummel-Gebrumme im späteren Frühjahr.

Um die Lebensbedingungen für **Insekten und Wildbienen** zu verbessern, initiieren Umweltschutzverbände wie NABU und WWF und teils auch staatliche und kommunale Einrichtungen spezielle Förderprogramme für Blühstreifen, Obstpflanzungen und insektenfreundliche Wiesen. Einzelne richten sich auch an Private. Die Bundesregierung hat Ende 2019 zudem 100 Millionen Euro für ein Aktionsprogramm Insektenschutz bereitgestellt.

Seit 2009 ist etwa ein Drittel aller Insektenarten verschwunden. Hauptgrund für den dramatischen Rückgang der Insekten in der Landschaft ist der flächige und intensive Einsatz von Insektiziden in der Landwirtschaft. So hat die Menge an zugelassenen Chemikalien von 2008 bis 2018 um 40 Prozent auf mittlerweile beinahe 900 verschiedene Produkte zugenommen. Viele von ihnen gelangen über entsprechend behandeltes Obst und Gemüse in die menschliche Nahrungskette. So zeigten von der Bundesregierung im Jahr 2017 veröffentlichte Untersuchungen, dass beispielsweise mehr als die Hälfte der untersuchten Äpfel aus konventioneller Landwirtschaft Rückstände von drei oder mehr verschiedenen Pestiziden aufwiesen.

Die Menge an Insekten hat sich in der letzten Dekade um zwei Drittel nach Untersuchungen der TU München insbesondere dort reduziert, wo Wiesen von Ackerland umgeben waren. Infolgedessen verschwinden mit unverändert zunehmender Geschwindigkeit auch Vögel aus der Agrarlandschaft. Die Zahl der abnehmenden und stark abnehmenden Arten ist nach Untersuchungen der Deutschen Ornithologen-Gesellschaft auf mittlerweile rund 70 Prozent aller Arten angestiegen. Rebhuhn (minus 90 Prozent seit 1992), Kiebitz (minus 88 Prozent seit 1992) und Feldlerche (minus 45 Prozent im gleichen Zeitraum) sind die wohl bekanntesten Arten, die aus unserer Landschaft nahezu verschwunden sind.

Der Tischler misst Türen und Fenster aus und verspricht eine Lieferung schnellstmöglich, also im Sommer. Dann kommt die Kaminverkleidung und eine feierliche Einweihung der neuen Feuerstelle, die schnell deutlich macht, dass bei einem Betrieb des – hochmodernen und wirklich gemütlichen – Brennraums die Raumtemperatur mit einer überschaubaren Holzmenge über Stunden auch ohne Heizung konstant gehalten werden kann.

Ich bin erstaunt wie begeistert und platziere meine Frau mit einem Glas Rotwein nah am Feuer, in der Hoffnung, archaische Gefühle und Momente heraufzubeschwören. Die ersehnte Stimmung stellt sich ein, wenn auch mit der Zögerlichkeit einer Deutsche-Bahn-Fernverkehrsverbindung: Kleine atmosphärische Interferenzen im Eheleben sind mutmaßlich durch meinen Erfassungswahn Görmer'scher Prägung verursacht, der sich mit einer leichten Aufseher-Attitüde kombiniert, die sich zunehmend in mir breitmacht. Heikes Geduld wird sacht strapaziert: So drehe ich heimlich in mehreren Zimmern die Heizung ein wenig zu großzügig herunter, was leider nicht unbemerkt bleibt. Auch ermahne ich sie bei gemeinsamen, von ihr gelenkten Autofahrten zu einem sparsamen Umgang mit Tank und Batterie, was mir zunächst ein strafendes Schnauben, später sogar ernste Drohungen mit einem innerautomobilen Platzverweis einbringt.

Im März fahre ich zweimal an Tagen, an denen ich keine auswärtigen Termine habe, mit dem Mountainbike ins Büro. Ich bin gut gelaunt, vor allem von der ungewohnten Route abseits der Hauptverkehrsstraßen, über die mich Google Maps führt. Ich radele wie Eddy Merckx in Jugendtagen und brauche keine zehn Minuten länger für die Strecke als mit dem Auto. Am Ziel bin ich klatschnass geschwitzt. Unser Nachbar, ein großer Bäckereibetrieb mit einem ausgesprochen freundlichen Inhaber, erlaubt mir in den Umkleideräumen seiner Bäckerei das Duschen, was mir dank kurzweiliger Unterhaltung mit einigen Bäckern und Konditoren völlig neue Einblicke in die Aachener-Printen-Produktion und das bei den Hilfskräften wegen seiner Eintönigkeit gefürchtete »Mandelieren« (das Spicken von Printen und Printen-Männchen mit Mandeln) gewährt.

Die Fahrradfahrten zeigen mir allerdings auch ein paar Grenzen auf. Sportlich ist der Weg hin wie zurück – in Summe 30 Kilometer – noch gut zu schaffen. Doch die klammen Klamotten der Hinfahrt erfordern einen zweiten Satz Sportkleidung für die Rückfahrt, was das Wäscheaufkommen rapide steigen und mich an beiden Tagen jeweils dreimal duschen lässt. Ich denke über den Ankauf eines E-Bikes nach, was mich deutlich flexibler und schweißfrei transportieren könnte, kann aber vorerst meinen Widerwillen gegenüber einer solchen Anschaffung nicht so recht überwinden.

E-Bikes, eine deutsch-schweizer Erfindung, erfreuen sich zunehmender Beliebtheit. Seit ihrer Markteinführung 1995 steigt ihr Bestand hierzulande stetig, derzeit liegt er bei rund drei Millionen Stück. Sie unterscheiden sich vom Fahrrad durch einen in der Regel elektronisch betriebenen Motor; andere Automatisierungen (wie zum Beispiel mit einer Brennstoffzelle/Wasserstoff) sind eher in Erprobungsstudien unterwegs. Der Motor schaltet sich zur Unterstützung zu, funktioniert also beim klassischen Antriebskonzept nur dann, wenn der Fahrer selbst ebenfalls tritt. Je nach Fahrrad, Gelände und eigenem Einsatz unterstützt der jeweilige Akku auf Strecken bis über 100 Kilometern.

Das E-Bike ist ökologisch erheblich ressourcen- und emissionsärmer unterwegs als etwa das Auto, trotzdem natürlich nicht ohne Fußabdruck. Für den Rahmen und Sonstiges wird Metall und Kunststoff verarbeitet. Dazu kommen Elektronikbauteile und der Akku, Pulverbeschichtungen und je nach Hersteller unterschiedliche Komponenten für Reifen und Schläuche – sämtlich Materialien, von denen seit dem Fairphone und der Faire Maus bekannt ist, dass sie (Stand heute) – nicht durchgängig nachhaltig, also vor allem ökologisch verträglich und zu sozial akzeptablen Arbeitsbedingungen gefördert und hergestellt werden. Das gilt für diese Komponenten in anderen Fortbewegungsmitteln selbstverständlich auch.

Nach Berechnungen des Umweltbundesamts aus dem Jahr 2016 amortisiert sich der Aufwand für Akkuproduktion und -recycling schon nach etwa 100 »ersparten«, also mit dem Fahrrad statt dem Auto bewältigten Mobilitäts-Kilometern (andere Untersuchungen kommen hier allerdings zu teils deutlich höheren notwendigen Streckenverlagerungen). Danach reduziert es, wenn es den Pkw ersetzt, den eigenen Fußabdruck durchaus erheblich, insbesondere, wenn es langfristig genutzt und so der Herstellungsaufwand auf eine möglichst lange Nutzungsdauer und -strecke verteilt wird.

Mitte April bin ich mit der neuerlichen Erfassung fertig. Ich wiege die letzten Müllsammlungen, lese Zähler- und Verbrauchsstände ab und übermittele der TU Berlin erneut meine Daten. Aus Neugier will ich sie mit den meiner ersten, nun schon ein Jahr zurückliegenden Erfassung vergleichen, muss aber feststellen, dass ich versehentlich die alten Tabellen teils gelöscht, teils überschrieben habe. Nichts wird es also mit einem ersten kleinen Selbstcheck.

Marcel Görmer hat die üblichen Rückfragen. Die exakte Erfassung von Verbrauchsgütern, die schlussendlich im Haushalt gemeinsam genutzt werden (Reinigungs- und Waschmittel, Zahnpasta, Gewürze und Öle, Batterien, Schuhcreme oder Shampoo), ist manchmal kniffelig. Außerdem gibt es an einigen Stellen wohl deutliche Veränderungen, und er möchte sicher sein, dass alles seine Richtigkeit hat. Beim Wasser aus der Ernährungsliste vergesse ich beim allerletzten Eintrag eine Null, sodass ich eigentlich längst verdurstet sein müsste, während mich der Cholesterinschock der »300« Eier – hier ist eine Null zu viel – längst hätte hinwegraffen müssen. Doch das sind die einzigen Böcke, die ich geschossen habe. Der Rest ist korrekt. Marcel Görmer ist zufrieden, und im Geist zeige ich den Japanern die Becker-Faust. Jetzt heißt es nur noch abwarten.

Im April besucht mich erneut Uwe Buse. Sein Text soll im Sommer erscheinen. Er will wissen, wie sich die Veränderungen anfühlen, und ich kann nur Gutes berichten – die Bahn vielleicht ausgenommen, was er mit Kennermiene quittiert, musste er doch selbst auf halber Anreisestrecke nach Stolberg ungewollt und wegen »technischer Störungen« vom Zug auf den Carsharing-Pkw wechseln.

Wir diskutieren beim Abendessen angeregt Fragen der Nachhaltigkeit. Ich bin aufmerksam, konzentriert. Einerseits habe ich den Eindruck, dass er meinen Bemühungen durchaus wohlwollend begegnet. Andererseits bin ich, anders als er, kein Medienprofi und ein wenig unruhig, in welchem Licht er demnächst wohl mein Green-Zero-Projekt der *Spiegel*-Leserschaft präsentieren wird: Verwirrter Unternehmer in der Midlife-Crisis? Dekadenter Emporkömmling auf Sinnsuche? Exzentriker mit Hang zur grünen Selbstinszenierung? Ich überlasse Uwe Buse weite Teile des Rotweins und wähle die meisten Aussagen mit Bedacht. Doch meine Beunruhigung, durchaus im Gegensatz zu seinem offenen und freundlichen Wesen und dem professionellen Gesamteindruck, bleibt. Ihr habt gut reden, sende ich eine lautlose Grußbotschaft an NABU und WWF, die mir die Öffentlichkeit empfahlen, und hoffe das Beste.

XIV.

Mitte April bin ich Gast und Redner einer Veranstaltung zum Thema künstliche Intelligenz (KI). Ein langjähriger unternehmerischer Partner, oddity, eine große Online-Marketingagentur, hat in der Stuttgarter Innenstadt ein schönes Programmkino angemietet und dorthin Kunden, eigene Partner und Interessenten eingeladen. Das Kino ist gut gefüllt, die Stimmung neugierig und lebhaft, das Auditorium bunt gemischt. Topmanager großer Kunden, oddity-Mitarbeiter und andere machen es sich in den bequemen Sesseln gemütlich, während Simon Umbreit, einer der Gründer und Geschäftsführer von oddity, mich ankündigt. Er kennt mein Life-LCA-Projekt und erwähnt es zum Abschluss seiner Vorstellung kurz, verbunden mit der Aufforderung an mich, dazu anschließend an meinen Vortrag über KI und Digitalisierung noch einige Worte zu verlieren.

Ich tue, wie mir geheißen. Nach der verabredeten Dreiviertelstunde zum Thema skizziere ich kurz meine Idee vom ökologischen Ausgleich meines Lebens, in groben Zügen auch den Ablauf meines Vorhabens und berichte in drei Sätzen zum aktuellen Stand der Dinge. Alles in allem ein paar Minuten, mehr sind es nicht. Und doch verteilen sich die anschließenden Fragen aus dem Auditorium, die eine gute halbe Stunde lang von Simon Umbreit moderiert werden, recht gleichmäßig auf beide Themen. Das überrascht mich. Gerade in Deutschland provoziert KI – leider nicht immer kluge – Kontroversen, was bei meinen Vorträgen (ich sehe in KI die Chancen) häufig viele Fragen und Kommentare auslöst. Doch im Stuttgarter Kino ist es anders. Die Bemerkungen zur künstlichen Intelligenz sind sachlich, knapp gehalten und gut formuliert – spürbar mehr Emotion bekommt das Thema Nachhaltigkeit.

In Fragen meines Unternehmens habe ich als Gründer und CEO Routine. In Sachen der Ökobilanzierung, der Lebensstilverbesserung und des ökologischen Ausgleichs hingegen bin ich ein echter Rookie, zudem fachlich ein kompletter Laie. Die Fragen fordern mich. Teilweise kenne ich sie, jedoch eher als Beobachter oder Zuhörer, aus Diskussionen zum Umwelt- und zum Klimaschutz. Was bringt denn das Engagement eines Einzelnen überhaupt? Muss nicht die Politik die Rahmenbedingungen ganz anders setzen? »Was bringt Ihnen, Herr Gratzel, das Projekt persönlich?« Muss man sich Ökologie leisten können?

Viel Zeit zum Überlegen und zum Formulieren bleibt mir nicht, auf der Bühne eines vollen Kinos mit dem Mikrofon in der Hand. Also antworte ich vergleichsweise spontan, entlang meinem inneren Empfinden, weniger entlang sorgsam abgewogener Argumente. Natürlich, sage ich, mache nicht nur mein, sondern erst recht der Beitrag jedes Einzelnen in Sachen Nachhaltigkeit und Umweltschutz Sinn, viel Sinn. Quantitativ könne ein einzelner Mensch fraglos nur sehr begrenzt wirken – doch qualitativ? Wer möge das belastbar bewerten? Und wer wisse denn, in welcher Abfolge von Entscheidungen und Ereignissen am Ende des Tages das große Wirken um unsere Zukunft entschieden werde? Veränderung sei am Ende immer die Summe der Entscheidung vieler gewesen. Sie begänne bei uns, dem Souverän, der Gesellschaft, dem Volk und allemal dem Konsumenten, in der Regel nicht in der Politik. Politik, so meine Beobachtung, sei überwiegend ein Reflex auf die Bewegungen der Gesellschaft; ihr Ergebnis, nicht ihr Rahmen.

An den weltweiten CO_2-Emissionen hat Deutschland einen Anteil von rund zwei Prozent. Dieser vergleichsweise geringe Wert wird im politischen Diskurs häufig angeführt, um zu belegen, dass nationale Anstrengungen im globalen Kontext praktisch ohne Relevanz sind, oft kombiniert mit dem Hinweis, größere Staaten wie China, Indien oder die USA seien beim Klima- und Umweltschutz stärker gefordert. Das ist in mehrerlei Hinsicht falsch. Zum einen emittiert jeder

Deutsche im Vergleich mit der Weltbevölkerung Spitzenwerte bei allen klimaschädlichen und umweltgefährdenden Substanzen, verhält sich also ökologisch negativer als weite Teile der Weltbevölkerung, was dem Einzelnen ein höheres Maß an **Verantwortung** auferlegt. Hinzu kommt, dass in manchen der Zwei-Prozent-Studien die ins Ausland verlagerten Umweltwirkungen (zum Beispiel durch den Export von Müll) nicht Deutschland als dem Verursacher, sondern den Importländern des Mülls zugeschlagen werden.

Zudem nimmt Verantwortung nicht dadurch ab, dass sie sich (nach welchem numerischen Schlüssel auch immer) auf mehrere Verursacher aufteilt. Ansonsten könnten die 200 Staaten der Weltgemeinschaft in Summe entscheiden, für den Klimawandel numerisch ebenso wenig verantwortlich zu sein wie die Deutschen mit ihrem Fünfzigstel Anteil, was die Absurdität des Arguments (und das daraus folgende desaströse Zukunftsszenario) deutlich macht.

Ich ernte etwas Skepsis, aber auch viele nickende Köpfe. Das macht mir Mut, Persönliches zu bekennen. »Das Projekt und die mit ihm verbundenen Veränderungen in meinem Leben sind durchaus beachtlich«, sage ich, allemal in einem Leben, das mir zuvor als oftmals geradezu perfekt erschienen sei. Ich hätte das Glück eines liebevollen und klugen Elternhauses, guter Bildung, sozialer Einbettung und habe – für die Verhältnisse meiner Herkunft – geradezu enormen ökonomischen Erfolg gehabt. Dazu eine Frau, die mich liebt, und Frau und Kinder, die ich meinerseits zutiefst liebe und bewundere. Dieses Leben sei mir lange, von den uns alle gelegentlich plagenden Zweifeln, Niederlagen und Konflikten abgesehen, nicht mehr verbesserungsfähig erschienen.

Mit der Verschiebung meiner Lebensperspektive hin zu der Frage, wie nachhaltig meine Entscheidungen und mein Verhalten eigentlich seien, sei jenseits all dessen gleichwohl eine fundamentale Veränderung, eine Verbesserung eingetreten. Ich erlebe eine völlig veränderte Betrachtungs- und Bewertungsweise, weg von der Orientierung allein auf Quantität – mehr, schneller, effizienter –, hin zu einer ganz anderen Wertschätzung für die spezifische Qualität der Dinge, die mich umgäben. In der Tat: Mein Blick auf die mich umgebende Welt sei in einer Weise geschärft, farbiger und kontrastierter, als ich dies je für möglich gehalten hätte. Dabei wäre meine wirtschaftliche Situation, die sehr gut, aber nun auch nicht in Kategorien von Multimillionären zu messen sei, durchaus hilfreich. Das Projekt sei kostenintensiv, das Geld aber auch gut angelegt …

Ich fühle mich gut, während ich berichte. Mit mir im Einklang. Gerade deshalb nehme ich mich zurück: Ich möchte nicht wirken wie jemand, den die Begeisterung über das eigene Sein und Tun davonträgt – schon gar nicht bei einem Thema, bei dem meine Lebensbilanz bislang desaströs ist.

Die Diskussion wirkt nach. Im Anschluss an den Vortrag gibt es ein leckeres Buffet und schwäbische Weine. Das Auditorium diskutiert angeregt weiter. Viele Gäste kommen mit Fragen auf mich zu, auch einige Vertreter großer Unternehmen der Region, von schwäbischen Autobauern, Banken und Versicherungen. Einer von ihnen, Adrian Martin, arbeitet in Marketing und Produktentwicklung bei der Drogeriemarktkette dm in Karlsruhe. Er interessiert sich bis in die Details für mein Life-LCA-Projekt und ist in vielen umweltbezogenen Fragestellungen wesentlich kompetenter als ich.

Als wir uns nach einer Stunde trennen, lädt er mich ein, im Hause dm dazu zu berichten. »Als Inspiration für unsere Führungskräfte, unsere eigene Nachhaltigkeitsstrategie entschlossen umzusetzen«, wie er sagt. Das Angebot schmeichelt mir, und ich sage spontan zu.

Anfang Mai besucht mich Maurice Weiss, Fotograf für den *Spiegel*. Er kommt in einem geradezu musealen, graublauen Volvo Kombi eines undefinierbaren Baujahrs von einem Termin in Brüssel und ist mir spontan sympathisch. Dazu trägt er den quasi ins Deutsche übersetzten Namen des Gründers meiner Lieblingsband, Maurice White (Earth, Wind & Fire). Maurice Weiss kennt Band und Bandgründer, mag beide sehr und hat sie vielfach live erlebt – ich bin beeindruckt und verkneife mir nur mit Mühe, ihn um ein Autogramm zu bitten.

Er klappert mit mir unterschiedliche Orte und Szenerien rund um Breinig ab, um passende Motive für die Magazin-Geschichte über mein Vorhaben zu finden: Feldwege, Schienenstränge, Wald, Buschlandschaft. Dabei arbeitet er mit vollem Einsatz. In eine helle Leinenkombination kreativ-knittrig gewandet, unzählige selbst gedrehte Zigaretten rauchend und bei sommerlichen Temperaturen mit Schweiß auf der Stirn lässt er mich wahlweise sitzen, stehen, liegen, klettern, in die Luft springen, auf Bahngleisen balancieren oder nachdenklich schauen, was mir eigentlich die liebste – weil nicht so fehleranfällige – Pose ist. Im Haus, im Hof, im Garten, auf der Straße – plant er heimlich einen Bildband? Er fotografiert mehrere Stunden, wobei mich die Menge an dazu von ihm aufgebotener Technik schwer beeindruckt. Dann gibt es noch einen Kaffee und eine Zigarette für ihn, ehe er im schwedischen Oldtimer gen Norden weiterzieht.

Im Juni machen Heike, Emil und ich mit meiner Schwägerin Urlaub in Südtirol. Nur mit dem Rucksack bewaffnet wandern wir vom Reschenpass an der schweizerisch-italienischen Grenze (er ist wegen eines aus dem dortigen Stausee noch herausragenden Kirchturms ein beliebtes Motiv) auf verlassenen Wegen einmal quer durchs Vinschgau bis nach Algund. Gegessen und getrunken wird – immer gut – lokal, zwei Nächte verbringen wir bei Biobauern, bei denen mit Rücksicht auf völlig andere Produktionsbedingungen auch ein Stück aus dem Käsesortiment erlaubt ist. Wir erholen uns großartig.

Auf der vorletzten Etappe erwischt mich Marcel Görmer am Handy. Er hat die Ergebnisse des zweiten Evaluierungszeitraums und fragt, ob er sie mir und gleichzeitig auch Uwe Buse schicken darf, der sie in seinem Text noch verarbeiten möchte. Ich habe nichts dagegen und frage neugierig, wie die Ergebnisse denn aussähen. Doch Marcel Görmer macht es spannend. Er rückt mit der Sprache nicht heraus. Ich muss auf seine E-Mail warten. Wohl oder übel schalte ich alle Signaltöne meines Handys auf volle Lautstärke, wandere weiter, stoppe aber keine hundert Meter später, als es pingt und vibriert und mir das im Urlaub sonst ungeliebte Smartphone Neuigkeiten signalisiert.

Wir machen eine Pause. Während meine Frau und ihre Schwester Hunger und Durst mit Vinschger Kümmelbrot und Mineralwasser bekämpfen, betrachte ich die umfangreiche Görmer'sche Vorher-Nachher-Tabelle. Insgesamt neunzehn Seiten, kaum zu lesen auf dem viel zu kleinen Smartphone-Display. Marcel Görmer hat auf Seite eins eine grobe Übersicht aller untersuchten Schadensarten eingefügt. Sie zeigt in der oberen Sparte die Ausgangswerte meines früheren und direkt darunter die neuen Werte meines angepassten Lebensstils. Zeile drei zeigt die Verbesserung, also die Reduktion meiner Emissionen von Kohlendioxid, Schwefeldioxid, Phosphat und Ozon (respektive ihrer jeweiligen Äquivalente) in Prozent.

Die Reduktion meiner Emissionen beträgt, ich schaue zur Sicherheit zweimal hin, zwischen 60 und 80 Prozent. Wow! Keine Frage, ich komme von hohen Ausgangswerten, was eine Reduktion erst einmal einfach macht. Aber diese Veränderung ist deutlich mehr als von den WWF- und NABU-Experten prognostiziert und von mir selbst erwartet.

Meine CO_2-Emissionen in meinem alten Leben betrugen 26,7 Tonnen jährlich, also mehr als doppelt so viel wie im Bundesdurchschnitt. Jetzt bin ich bei etwas weniger als 7,8 Tonnen, also erheblich besser als der Durchschnittsdeutsche mit seinen rund 12,5 und allemal der Durchschnitts-Nordrhein-Westfale mit seinen (im Jahr 2018) etwa 13,5 Tonnen Emission. Das ist eine Reduktion von über 70 Prozent. Lege ich den Berechnungen, darauf weist mich die Auswertung gesondert hin, die Rechenmethodik aus dem Footprint-Rechner des Umweltbundesamts zugrunde, mit dem der Länderdurchschnitt ermittelt wird, lande ich sogar nur bei rund 6,5 Tonnen Kohlendioxid-Emission pro Jahr.

Die größten CO_2-Einsparungen realisiere ich im Bereich der Fortbewegung. Sie war bislang für 19 Tonnen Kohlendioxid pro Jahr verantwortlich. Jetzt verursacht sie nur noch 3,5 Tonnen. Bei der häuslichen Energieversorgung spare ich deutlich über eine Tonne CO_2 pro Jahr. Bei der Nahrung, vorher für mehr als 2,5 Tonnen Kohlendioxid im Jahr verantwortlich, emittiere ich jetzt nur noch rund 0,7 Tonnen, eine Einsparung von mehr als zwei Dritteln.

Bei den Schwefeldioxid-Emissionen (SO_2) beträgt die Reduktion etwas über 60 und beim Ozonbildungs-Potenzial sogar 80 Prozent. Statt 185 jährlichen Kilogramm SO_2 sind es jetzt nur noch 70 Kilogramm, immer noch viel und gut für ein paar Badewannen voller Schwefelsäure. Gleichwohl ein erheblicher Fortschritt, bei dem erneut Mobilität und Ernährung die Felder sind, in denen die Einsparung absolut und auch relativ am größten ist. Ich freue mich nachhaltig – der Aufwand hat sich gelohnt. Die Veränderung zeigt Erfolge. Hätte ich immer so maßvoll agiert, wäre die ökologische Schuld meiner fünfzig Lebensjahre um zwei Drittel kleiner.

Spannende Details zeigen die nächsten Seiten. Der Gasverbrauch, bedingt durch die Veränderungen beim Heizen, die Verbesserung der Heizungsanlage, die Dämmmaßnahmen und die Sparsamkeit beim Kochen, Heizen und Duschen, sinkt um 43 Prozent, der Stromverbrauch sogar um 71 Prozent, der von Wasser um 58 Prozent.

Am meisten beeindruckt bin ich, wie schon bei der ersten Untersuchung meines Lebensstils, von den Tabellen zu meiner Ernährung. Sie führen meinen vollständigen jährlichen Lebensmittelverbrauch auf. Schon die pure Menge gibt mir insgeheim Rätsel auf, wie das alles durch meinen – schon sportlichen, aber eben auch überschaubaren – Körper geht.

Die vormals 35 Kilogramm Fleisch von Rind, Schwein und Geflügel sind vom jährlichen Speiseplan verschwunden, ebenso 77 von vormals 82 Kilo Milchprodukte. Fünf Kilo aus Bio-Milchprodukten weist meine Bilanz noch aus, ich vermute sie als Zutat in Kuchen, Keksen oder Restaurantmenüs. Schokolade, einstmals immerhin mit 13 Kilo Jahresverbrauch der Traum meines Zahnarztes, hat nur noch Erinnerungsstärke. Ketchup verschwindet. Die in der Herstellung energieintensiven Chips und Pommes reduzieren sich auf Werte nahe null. Dafür explodiert der Verbrauch an Leitungswasser, meinem Hauptgetränk, auf über 500 Liter pro Jahr. Mein Gemüsekonsum verdreifacht sich auf fast 120 Kilo, der von – Biobananen ausgenommen – heimischem Obst verfünffacht sich sogar auf über 50 Kilo. Der Weinverbrauch sinkt. Der von Bier steigt.

Na gut, denke ich: Irgendwo müssen die Elektrolyte ja herkommen.

Berücksichtige ich, dass einige anstehende Veränderungen – vor allem der Einbau der neuen Türen und Fenster in unser Haus – ebenfalls Effekte zeigen sollten und dass ich mit dem Einsatz eines E-Bikes und noch disziplinierterem Reisemanagement meine Mobilitätswerte unter Umständen weiter gesenkt bekomme, habe ich Hoffnung auf einen wirklich vorzeigbaren Wert um fünf bis sechs Tonnen CO_2-Emissionen und reduzierte Schwefeldioxid-, Ozon- und Phosphat-Einträge.

Dennoch:

So sehr mich die guten Ergebnisse zunächst auch freuen und ich sie ein Stück weit auch als Belohnung für meine Mühen erlebe, so weit entfernt sind sie immer noch von den in den Nachhaltigkeitszielen der Weltgemeinschaft avisierten zwei Tonnen Kohlendioxid pro Mensch und Jahr. Sie bedeuten, dass ich bei den (statistisch anzunehmenden) gut dreißig Jahren Restlebenszeit noch mehr als 200 Tonnen Kohlendioxid verursachen werde, wenn sich nicht die Randbedingungen für die Energiegewinnung und die Lebensmittelproduktion zumindest in Deutschland grundlegend verändern. Aus meinem häuslichen Gas wird immer noch Kohlendioxid, und solange es nicht einer echten – nachhaltig konzipierten – Kreislaufwirtschaft entspringt, bleibt es ein CO_2-Emittent.

Während meine Frau Emil mit einem Stück Brot zweifelsfrei vegan bei Laune hält und meine Schwägerin die weitere Route durchs Vinschgau im Kartenmaterial begutachtet, sinkt meine Laune ein wenig … So viel Mühe, so viel Energie, so viel Geld – und trotzdem noch so weit weg vom Ziel.

Nun gut, formuliere ich, schultere den Rucksack und denke:

Mir war von Anfang an bewusst, dass in meiner Lebenswelt ein vollständig umweltneutrales Leben unmöglich sein würde. Entscheidend ist meine Lebensbilanz. Alles andere ist, so groß die Optimierungsanstrengungen auch sein mögen, schlicht nur Zwischenziel. Und da ist mir, rede ich mir gut zu, etwas gelungen. Dreißig Jahre Lebenszeit mal sechs oder sieben Tonnen CO_2 sind allemal etwas anderes als dreißig Jahre mal knapp 30 Tonnen. Umso entscheidender ist, jetzt dem Wiedergutmachungsthema alle Aufmerksamkeit zu widmen – wissend, dass dies, um mit Matthias Finkbeiners Worten zu sprechen, jedenfalls beim Anspruch an wissenschaftliche Validität »Neuland« sein würde.

Abends, nach einer anstrengenden Etappe durch ein (was mir anfangs übertrieben, im Nachgang geradezu unverschämt verharmlosend formuliert schien) »Tal der tausend Stufen« und ein ordentliches Stück auf dem Meraner Höhenweg, bin ich zwar erschöpft, durchaus aber wieder optimistisch gestimmt. Teil eins (die Stichtags-Bilanzierung) und Teil zwei meines Life-LCA-Projekts (die ökologische Verbesserung meiner Lebensführung) sind absolviert und gelungen. Zwei Jahre Arbeit, mit vielen für mich durchaus tief gehenden Erkenntnissen und einigen Neuigkeitswerten für meine Mitstreiter, sodass auch der dritte Teil – die Wiedergutmachung – Spannendes verspricht.

XV.

Ende August erscheint Uwe Buses Reportage über mein Projekt. Im Editorial werde ich als »grüne Null« tituliert, was mir beim ersten Lesen ein wenig gemischte Gefühle bereitet, aber auch ein ausgesprochen treffendes Attribut und richtigerweise sehr ambivalent verstehbar ist. Die Beste lacht sich beim ersten Lesen spontan kaputt – und vergisst seither immer wieder meinen Vornamen, sodass mich die Bezeichnung bis heute durch meinen Alltag begleitet …

Der Artikel umfasst fünf Seiten und ist mit etwas Ironie, in Summe aber wohlwollend formuliert und informativ. Ich lese ihn einigermaßen zögerlich. Mir behagt nicht wirklich, so exponiert zu werden – allemal nicht für ein Umdenken, das Tausende von ökologisch klügeren Menschen wahrscheinlich schon vor Dekaden vollzogen haben, ohne dafür je Aufmerksamkeit bekommen zu haben. Doch augenscheinlich gibt meine gedanken- und reflexionsarme Vergangenheit als ökologischer Rüpel, kombiniert mit einer gewissen Manie beim ökobilanziellen Turnaround, dem ganzen Vorhaben eine Note, die abseits der üblichen Themen, Routinen und Klischees liegt. Dazu ist meine nun die erste Lebens-Ökobilanz eines Menschen in wissenschaftlicher Qualität, was ausgerechnet mich in gewisser Weise zum Pionier macht.

Der *Spiegel*-Bericht zeigt mir den Blick von außen auf mein Vorhaben. Fremdwahrnehmung, Fremdbild. Das beschäftigt mich. Mich erreichen Kommentare, Rückmeldungen, tatsächlich auch so titulierte »Glückwünsche« und gedrückte Daumen für das weitere Vorhaben. So sehr sie mich auch anfangs verstören – ein spätes schlechtes Gewissen den eigenen Lebensstil und die ökologische Lebensleistung betreffend sollte eigentlich keinen Glückwunsch wert sein –, so sehr kann ich das Glück wahrscheinlich brauchen. Denke ich.

Der Beitrag löst eine Welle von Vortragsanfragen und weiteren Medienkontakten aus. Zudem vergeht in den nächsten Wochen kaum ein Tag, an dem ich nicht privat oder im Umfeld meines Unternehmens, von Freunden, Nachbarn, Kunden, Geschäftspartnern oder Dienstleistern auf mein Green-Zero-Projekt angesprochen werde. Neugier, Anerkennung und Irritation sind die häufigsten Reaktionen. Alle kennen mich in unterschiedlichen Kontexten, aber als »grüne Null«: Das ist neu. Und während einige spontan gut oder sogar sehr gut finden, was ich versuche, müssen andere Nachhaltigkeit und Ökologie mit ihrem bisherigen Bild von mir erst einmal in eine gedankliche Schnittmenge bringen. Das führt zu ausgesprochen interessanten Gesprächen, in denen nicht wenige sich sehr nachdenklich im Hinblick auf die eigene ökologische Lebensleistung und Lebensführung zeigen. Ein nach innen gekehrtes »Da ist schon was dran« begegnet mir viele Male, sodass ich mich dabei erwische, mich für die von mir verursachte Verwirrung entschuldigen zu wollen. Umgekehrt entschuldigen sich auf einmal Gesprächspartner für ihre nächste Flugreise, wenn wir über den Urlaub sprechen, das Rumpsteak, das sie beim gemeinsamen Mittagessen bestellen, oder das an Hubraum starke Auto, mit dem sie vorfahren – nicht im Traum wäre ich je auf die Idee gekommen, dies zu kommentieren, geschweige denn zu bewerten.

Die hervorstechendste Erkenntnis dieser Wochen ist aber eine ganz andere – nämlich die, dass beinahe jeder, der mich auf mein Life-LCA-Projekt anspricht, selbst schon einiges in das Nachdenken über Fragen von Ökologie und Nachhaltigkeit investiert, sehr häufig aber – wie ich zu Beginn meines Vorhabens auch – keine befriedigenden Antworten erhalten hat. Unzählige Beispiele werden zitiert. Was ist denn nun besser: Postkarte oder WhatsApp-Foto, Wasser aus der Glas- oder der Plastikflasche, Einweg oder Mehrweg, Müllbeutel aus Maisstärke oder Plastik, Forelle oder Lachs, Elektroauto oder Erdgasantrieb? Jeder hat seine Fragen, seine Überlegungen, sein beklagtes Unwissen und natürlich auch seine Meinungen. Und jeder hat seine spezifische Motivation, wirklich etwas ändern zu wollen. Allein: Oft fehlt es am »Wie«. Also diskutieren wir nach dem Tennismatch nun nicht mehr über Quote und Güte des zweiten Aufschlags, sondern über die Frage, ob eine E-Bike wirklich sinnvoll oder eher zeitgenössischer Schnickschnack ist. Es gibt viele Fragen zum »Wie«, zum »Warum« und zum »Wozu«, und fast immer möchte einer der Freunde und Bekannten am Tisch meine Bilanz gern einmal mit dem eigenen Leben vergleichen. Ich versende, was ich an Informationen und Texten zu bieten habe, und bekomme Antworten, die mir zeigen, wie eindringlich sich mancher mit einem nachhaltigen Lebensstil beschäftigt.

Wie hatten doch NABU und WWF in ihrer Präsentation zu meinen ökologischen Lebensstil-Optimierungen geschrieben? Ich solle meine Geschichte weitererzählen und so einen Beitrag zum Diskurs über Nachhaltigkeit leisten. Oft denke ich in diesen Tagen daran zurück. Auch, weil manch einer meine Ökobilanz gar dadurch verbessert sieht, dass ich mit meinem Tun nun andere zu mehr Nachhaltigkeit anrege. Doch da ist Matthias Finkbeiner vor, der mir die böse Ahnung bestätigt: Wenn mir dies bei anderen tatsächlich gelänge, sagt er, würde es selbstverständlich die Lebens-Ökobilanz des Betreffenden tendenziell verbessern, leider aber nicht meine …

Kritische Reaktionen sind Einzelfälle. Ein Zuhörer schreibt mir nach einem Radiobeitrag eine lange E-Mail mit knapp einhundert Links und Hinweisen zu Quellen und Texten, die er als Beleg dafür ansieht, dass es keine Klimaerhitzung gäbe. Er zeigt sich verwundert, dass ich – augenscheinlich durchaus bei Trost – auf derartige Propaganda hereinfalle. Ein Leser eines Artikels im *Kölner Stadt-Anzeiger* (»Herr Gratzel sucht Erlösung«) mokiert sich, meine Bemühungen seien ein alter Zopf und nur der Langeweile und meiner Dekadenz entsprungen. Wer weiß, vielleicht hat er recht. Ich diskutiere darüber mit meiner Frau und den Kindern. Sie widersprechen. Jedes der Kinder hat seine spezifische Perspektive auf das Life-LCA-Projekt, auch einen Anteil daran. Miriam kennt die Nachhaltigkeitsthemen aus ihrem Studium, versteht fachlich mehr von Ökobilanzen als ich und freut sich, dass es eine spannende Geschichte zu erzählen gibt. Sie dokumentiert vieles per Foto. Nils denkt politisch. Er debattiert das gern mit mir. Ihm fehlt eine Partei, die Soziales und durchaus auch Konservatives in der Organisation der Gemeinschaft mit wirklich grünen Konzepten in der Wirtschaft gut in Einklang bringt. Wir sind uns einig: Demokratische Wahlen zwingen, wenn wir uns nicht radikalisieren wollen, schon den Einzelnen zur Abwägung und zum inneren Kompromiss.

Felix, ehemals Waldorfschüler, ist dann und wann mit im Revier und mit einem – außer beim Essen – zurückhaltenden Lebensstil ohnehin mit der Umwelt recht selbstverständlich im Einklang. Ihm fehlt zu einem guten Leben nichts – außer der passenden Freundin. Johanna, Psychologin, interessiert die soziale Komponente der Nachhaltigkeit, Bildung, Friedenspolitik, Gleichberechtigung und Gemeinschaft. Nur eine Verbesserung der Lebensverhältnisse der weniger entwickelten Länder und Regionen, soziale Fairness und friedvolle Gemeinschaften geben ihr Hoffnung auf eine nachhaltigere Zukunft. Und Philipp, er studiert Betriebswirtschaftslehre, möchte nach seinem Studium unternehmerisch, vielleicht sogar mit mir gemeinsam am Thema arbeiten.

Die Resonanz bleibt auch in kontroversen Gesprächen, in meinem Unternehmen und mit den Freunden und den Kumpels, beim Sport oder der Jagd, erstaunlich positiv. Kritische Äußerungen und mitleidige, ein wenig verächtlichen Blicke hie und da sind entweder meiner Einbildung geschuldet oder jedermanns gutes Recht. Ich antworte, wenn ich gefragt werde, möchte aber niemandem im Gespräch das Thema aufzwingen. »Die-Geschichte-Erzählen« ist mein Beitrag da, wo andere mit ganz anderem Aufwand, Einsatz und Risiko für Zukunftsfragen kämpfen. Da ist Kritisches und gelegentlich auch Spöttisches bequem auszuhalten.

Ich gebe Interviews für Tageszeitungen, Radio und Fernsehen. Wenn schon »weitererzählen«, dann natürlich richtig … Ich radele hinter Kamerawagen her und frage mich, ob ein Fahrrad fahrender Fünfzigjähriger tatsächlich so sehenswert ist. Meine Frau lacht sich über den Helm kaputt, schaut sich aber den Fernsehbeitrag an, was ich mir – ich kenne mich ja bereits – emotional nicht zumuten möchte. Journalisten besuchen mich in der Firma oder zu Hause, und wer zu Hause vorbeischaut, fragt gern auch einmal Heike, wie sie das alles denn so findet. Sie ist einigen Kummer gewohnt, antwortet geduldig und gesteht, an einigen meiner durchaus löchrigen Socken und T-Shirts, die ich mittlerweile bis zum Letzten auftrage, ästhetisch anzuschlagen. Ich bestelle – mit spürbarem Widerwillen gegen den Konsumakt – ökozertifizierten Ersatz aus Hanf, Holz und in Ausnahmen auch Biobaumwolle bei »Waschbär«, in der Hoffnung, optisch bei ihr nicht schon zu viel Kredit verspielt zu haben. Das meiste tatsächlich in Grün – natürlich.

Mit einem Kamerateam geht es zum Einkauf – bio, regional und saisonal – auf den Wochenmarkt, mit einem Fernseh- und später einem Hörfunkredakteur in den Wald, in dem ich in meinen Lederstiefeln symbolische Fußabdrücke in den Matsch trete, von Emil folgsam und gelegentlich auch etwas fragend eskortiert. Journalisten gehen mit auf Kanzeln, um selbst zu sehen, wie es ist, der Natur zuzuschauen, oder kommen zu Besuch, während im Spätsommer die neuen Fenster und Türen eingebaut werden, was für den Winter nochmals einen deutlich geringeren Energieverbrauch verspricht.

Andere fragen Marcel Görmer, ob er mein Leben mitunter besser kenne als meine Frau. Er antwortet trotz meiner hektischen Handzeichen mehrfach mit »Ja«. Meine Frau wirft mir fragende Blicke zu, sagt aber nichts. Ganz anders Matthias Finkbeiner, der ebenfalls in verschiedenen Medien zum Projekt berichtet, zu meiner Beruhigung aber das Kacke-Thema nicht erneut anschneidet. Er erläutert die besonderen Herausforderungen des Ausgleichs aus seiner Perspektive und betont, dass gerade die Untersuchung nicht nur – wie bei sonst allen aktuellen Footprint-Rechnern üblich – einer, sondern mehrerer Wirkungskategorien meine Ökobilanz für sein Team und ihn besonders spannend mache.

Zwischen Oktober und dem Jahresende 2018 komme ich terminlich mehrfach in ernste Bedrängnis. Meinen Lebensunterhalt verdiene ich als Unternehmer und Geschäftsführer von PRECIRE Technologies. Mein Life-LCA-Projekt ist demgegenüber zunächst einmal privat. So lege ich auch die Prioritäten. Folglich erlaube ich mir Vorträge und Termine dazu nur in den freien Zeiten, die spärlich gesät sind. Ich riskiere es und fahre mit dem Zug mehrfach durch Nordrhein-Westfalen, um in Unternehmen, auf Bürgerveranstaltungen, Kongressen, Messen oder dem Deutschen Nachhaltigkeitstag Vorträge zum Projekt zu halten oder an Diskussionen teilzunehmen, die aber nicht selten eine solche thematische Breite erreichen, dass mir ernsthaft unwohl wird, nun auch noch politische oder philosophische Betrachtungen anstellen zu sollen. Ich verzichte auf lange Grafiken, konzentriere mich auf die Geschichte und habe meist nur die wesentlichen Zahlen und die Veränderungen im Gepäck, was sich dramaturgisch bewährt.

Die Auditorien sind bunt gemischt. Dabei überrascht mich immer wieder, wie detailliert viele Anmerkungen sind, wie sehr – fast mehr von den Älteren als von den Jüngeren – nachgedacht und diskutiert wird, wie offenkundig ohnmächtig aber auch vielfach das Empfinden zu Umweltschutz und Ökologie ist. Der Satz: »Was bringt es schon, wenn Sie/ich/wir …?« klingt meist weniger als Frage denn als Resignation. Sie mag ich nicht unwidersprochen lassen. Die Welt wird, bezogen auf die größten Herausforderungen der Menschheit (Sterblichkeit, Lebenserwartung, Gesundheit, Ernährung, Bildung, Frieden), laufend besser, ich zitiere dann die Vereinten Nationen und etliche Studien diverser Wissenschaftsdisziplinen. Umso mehr müssten wir also die sich in der Tat verschlechternden Bereiche Klima, Artenschutz/Diversität sowie Verschmutzung als Aufgabe, nicht als Anlass zum Fatalismus sehen. Technische, soziale – es gibt weltweit ungefähr zwei Millionen nicht kommerzielle Organisationen zum Schutze der Natur und Umwelt – und wissenschaftliche Fortschritte seien überall greif- und erkennbar. Nun gelte es allein, mehr Tempo zu machen, um die notwendigen Veränderungen zu beschleunigen.

Zeit ist zugegebenermaßen ein kritischer Faktor.

XVI.

Ebenfalls noch im Herbst reise ich nach Karlsruhe. Adrian Martin hat seine Einladung zu einem Vortrag im Hauptquartier von dm wiederholt. Nun steht tatsächlich eine größere Runde aus Geschäftsführung, Nachhaltigkeitsexperten des Hauses, Produktmanagement und mir an. Ich reise am Vortag an und bin infolgedessen pünktlich, erholt und gut gelaunt.

Die dm-Zentrale liegt am Rande des Karlsruher Stadtkerns. Das Gebäude erinnert mich ein wenig an die Waldorfschule, auf die Felix ging, mit viel Holz, bunten Farben, Besprechungsräumen, die wie Kristalle und Mineralien heißen. Sicht- und greifbare Bemühungen um einen anderen kommerziellen Ansatz an allen Ecken und Enden. Anthroposophie ist ein interessantes Konzept, allemal in einem Unternehmen.

Ich werde von der freundlichen Dame am Empfang gebeten, einen Moment zu warten, und begutachte die verschiedenen Produkte und Produktreihen, Naturkosmetik und Öko-Reinigungsmittel. Die neutral gehaltenen Spülmaschinentabs nehme ich auf meine Einkaufsliste. Sie stecken in einem Pappkarton, der einen Bruchteil so groß ist wie der meiner bislang genutzten Marke, und kosten bei ungleich weniger Verpackungsmaterial ein Sechstel.

Kerstin Erbe, eine der dm-Geschäftsführerinnen und Chefin von Adrian Martin, begrüßt mich herzlich. Dann geht es in den »Rosenquarz«-Besprechungsraum. Knapp zwei Handvoll dm-Verantwortliche schauen und hören gespannt zu, als ich – mittlerweile schon etwas routinierter – meine Life-LCA-Geschichte erzähle. Sie haben eine Menge Fragen, zu meiner Motivation, den Schwierigkeiten, dem Vorgehen und dem, was das Projekt mit mir mache. Dann geht es in einem erstaunlich offen geführten Diskurs darum, was dm von diesem lernen, wo es für die eigenen Strategien und Konzepte hilfreich und verstärkend wirken könne. Ich bin – jetzt schon wiederholt – innerlich verwirrt. Einerseits freut es mich, dass ein so großes und meinem Eindruck nach ausgesprochen professionell agierendes Unternehmen in meinem Nachhaltigkeitsvorhaben etwas Bedenkens-, unter Umständen sogar Nachahmungswürdiges sieht. Andererseits: Wer und vor allem was bin ich, dass einer der größten deutschen Handelskonzerne und ein offenkundiger Trendsetter im Bemühen um mehr Vereinbarkeit von Ökologie und Nachhaltigkeit meiner Hilfe bedürfe. Die dm-Nachhaltigkeitsbeauftragte würde mich fachlich selbst im Tiefschlaf noch in jeden Schatten stellen. Stattdessen will sie einiges von mir wissen und plädiert dafür, mein Vorhaben als Inspiration zu nutzen, die eigene Produktentwicklung und das eigene Nachhaltigkeitsstreben einen großen Schritt weiterzubringen.

Wir diskutieren angeregt. Natürlich spielt auch ein »Weniger« eine Rolle bei Strategien der Nachhaltigkeit – wie verträgt sich das mit dem Interesse an einem »Mehr« an Umsatz? Ist Qualität vielleicht das Maß der Zukunft, nicht mehr Quantität? Wollen Verbraucher ein nachhaltigeres Produkt tatsächlich eher als ein konventionelles? Und wie weiß der Konsument im Einzelfall überhaupt, was die ökologischere Entscheidung ist? Wie flankiert dm die Kunden durch die Sortimente, und wie glaubwürdig kann ein Unternehmen in Nachhaltigkeitsthemen überhaupt sein?

Als ich Karlsruhe verlassen will, verpasse ich prompt den ICE nach Köln. Diesmal ist die Bahn schuldlos. Ich trödelte etwas gedankenverloren durch den zugigen Hauptbahnhof und stand dann tatsächlich eine Viertelstunde auf dem falschen Gleis, ehe ich das Versehen bemerkte. Und während ich auf den nächsten Zug warte, erreicht mich ein »Danke« für den Besuch aus dem Hause dm, verbunden mit der Ankündigung, selbst ein entsprechendes Nachhaltigkeitsprojekt starten zu wollen. Man würde sich melden, schreibt mir Adrian Martin. Ich bedanke mich ebenfalls herzlich und ernsthaft angerührt.

Mitte Oktober mache ich mich zudem auf eine Einladung der Kommune und der Bertelsmann Stiftung ins ländliche Geestland nahe

Bremerhaven auf. Zugunsten eines – vom in Nachhaltigkeitsthemen engagierten Bürgermeister und seinem nicht minder engagierten Team initiierten – Projekts soll ich ebenfalls einen Vortrag halten. Vor lauter Arbeiten im Zug versäume ich den rechtzeitigen Umstieg in Bremen – eine echte Premiere in Sachen Dusseligkeit –, schaffe es aber trotzdem noch pünktlich nach Geestland. Dort berichte ich in einem gut besuchten Gemeindesaal einem Publikum mit vielen jungen Leuten von meinem Projekt. Der anschließende Diskurs wird politisch. Mehrfach höre ich das Argument, »die Politik« sei gefordert, bei Fragen der Landwirtschaft, der Ernährung oder der Mobilität klare Regeln zu setzen. Ansonsten sei wenig Änderung im Lebensstil der Menschen zu erwarten. Dem mag ich nicht widersprechen. 72 Prozent der weltweiten CO_2-Emissionen allerdings, merke ich an, kommen aus dem privaten Konsum. Eine Veränderung im Konsumverhalten lenke umgekehrt also auch Unternehmen und Politik in andere Bahnen. Vor allem aber, dafür sei ich der lebende Beweis, schaffe diese Veränderung ein besseres Leben. Um das führen zu wollen, bräuchten wir doch nun keine Politik …

Nach der Veranstaltung lädt der Bürgermeister den Vertreter der Bertelsmann Stiftung, seine Mitarbeiter und mich noch zu einem Glas Wein nach Hause ein, wo wir über Stunden über eine nachhaltige kommunale Entwicklung sprechen. Intelligenz und Energie der Diskussion beeindrucken mich. Der Bürgermeister wiederum ist von den Forschungsarbeiten der TU zutiefst fasziniert und sagt spontan seine Unterstützung der weiteren Arbeiten dort zu, was er tatsächlich in den nächsten Wochen mit einer Spende umsetzt.

Nicht minder motivierend erlebe ich kurz darauf einen Termin im nordrhein-westfälischen Umweltministerium in Düsseldorf. Auf dem Deutschen Nachhaltigkeitstag hatte ich über Umwege einen verantwortlichen Ministerialbeamten kennengelernt, und so sitze ich nicht viel später mit einer Reihe von Ministeriumsmitarbeitern und Führungskräften zusammen, um hier ebenfalls von meinem Vorhaben zu berichten. Politisch eher unbedarft und, alles andere wäre unehrlich, wohl auch nicht ganz vorurteilsfrei, was Gestaltungskraft und Effizienz von Bundes- und Landespolitik angeht, bin ich Teil einer lebhaften Debatte, an deren Ende die feste Zusage bestmöglicher Förderung meines Projekts mit fachlichem Rat und Kontakten steht, die das Ministerium in den Folgemonaten exakt so leistet.

Im Dezember 2018 treffe ich zum Jahresausklang noch einmal das Team der TU in Berlin. Wir rekapitulieren das Erlebte aus den Schritten eins und zwei, den bisherigen Erkenntnisstand, Ideen und Konzepte für das weitere Vorgehen, die öffentlichen Reaktionen. Wir sind spürbar beeindruckt von dem Interesse, auf das wir treffen, und überlegen erstmals ernsthaft, ob nicht ein Lebens-Ökobilanz-Rechner für jedermann – natürlich ohne Sockenzählen und Reiseerinnerungen bis ins Säuglingsalter – ein interessantes Ding sein könnte. Es würde den bisherigen Wissensgewinn sozialisieren. Wir diskutieren Modelle dafür: einen Verband, ein Unternehmen, Gemeinnutz oder Kommerz, Finanzierung, Beiträge. Ein Hauch Gründerstimmung weht durch die altehrwürdigen Institutsräume, und ich frage mich insgeheim, wo das alles noch hinführen mag.

Traurige Nachrichten gibt es auch. Marcel Görmer hat ein gutes Angebot aus der Privatwirtschaft angenommen – Uni-Arbeitsverhältnisse sind fast immer nur auf Zeit, seine im Finkbeiner-Team geht zum Jahresende zu Ende. Das ist schade – für das Projekt, mehr aber noch zwischenmenschlich. Ich vermute, meine Frau wird vielleicht ein wenig beruhigt sein, dass künftig wieder nur sie meinen genauen Kleidungsvorrat und meine Ess- und Trinkgewohnheiten kennt. Doch ich verliere den einzigen Menschen, der sich je dafür interessiert hat, wie viele Ohrbohrer, welche Zahncreme und Shampoos und welche Margarinemarke ich bevorzuge. Ich verabschiede ihn fast wie einen alten Freund und wünsche ihm viel Glück und Erfolg. Annekatrin Lehmann wird bis auf Weiteres seinen Part übernehmen.

Mitte Dezember endet zudem die UN-Klimakonferenz in Katowice. Sie ist eine der wesentlichen Folgeveranstaltungen zum Kyoto-Protokoll. Parallel zu ihr erscheint, wie schon erwähnt, jener große Artikel der Nachrichtenagentur Associated Press zu meinem Projekt, zu dem mich ein AP-Redakteur im November besucht hatte. Zugehörige Bilder zeigen einige Grafiken, den fotogenen Emil und mich, reichlich gestiefelt, Fußabdrücke im Aachener Wald hinterlassend. Es ist der Schlusspunkt eines für mich bemerkenswerten und ebenso lehrreichen wie erstaunlichen Jahres.

Die **Klimakonferenzen der Vereinten Nationen** (United Nations Climate Change Conference, auch Weltklimagipfel oder Welt-Klimakonferenz genannt) finden seit der ersten Klimakonferenz 1995 in Berlin jährlich an wechselnden Orten statt. An ihr nehmen die Vertragsstaaten der UN-Klimarahmenkonvention teil.

Als politisch zentrale Konferenzen gelten insbesondere die 11. in Montreal 2005 und die 21. in Paris 2015. 2005 nahmen erstmals die Vertragspartner des Kyoto-Protokolls (das am 16. Februar 2005 in Kraft trat) teil. Von den 189 Staaten (das sind fast alle Länder der Welt) haben 156, darunter Deutschland und alle übrigen Länder der Europäischen Union, das Kyoto-Protokoll ratifiziert. Es stammt ursprünglich aus dem Jahr 1997 und legt erstmals verbindliche Zielwerte für den Ausstoß von Treibhausgasen in den Industrieländern fest. Die USA haben die Ratifikation des Abkommens abgelehnt, Kanada ist 2011 aus dem Abkommen ausgestiegen.

2015 in Paris haben sich alle Teilnehmer der Klimakonferenz dazu verpflichtet, die Weltwirtschaft hin zu mehr Klimaverträglichkeit zu verändern. Mit der Ratifikation des Abkommens sind die teilnehmenden Staaten nun völkerrechtlich bindend verpflichtet, bestimmte Maßnahmen zur Erreichung ihrer Klimaziele zu ergreifen. Gleichzeitig werden ärmere Länder durch finanzielle und technische Hilfe unterstützt, ihre geplanten Maßnahmen zum Umweltschutz und zum Klimaschutz umzusetzen. Deutschland hat seine Klimaziele 2018 und 2019 deutlich verfehlt und bereits in den ersten drei Monaten so viel CO_2 emittiert, wie es nach den Zielen des Pariser Abkommens jeweils im ganzen Jahr hätte emittieren dürfen.

2019 beginnt – wie eigentlich jedes Jahr – turbulent, mit viel unternehmerischer Arbeit, komplexen Projekten und einigen ausgesuchten, zunächst eher unauffällig verlaufenden Aktivitäten und Vorträgen in Sachen Nachhaltigkeit. Die Mischung gefällt mir. Dabei intensiviert sich der Dialog mit dm deutlich. Das Unternehmen hat nach unserem initialen Kennenlernen seinen internen Austausch deutlich vorangetrieben. Es informiert mich laufend über Diskussionsinhalte und Argumente und plant, quasi spiegelbildlich zu meinem privaten Vorhaben, ein unternehmerisches Projekt zu initiieren, nämlich das erste klimapositive oder zumindest doch klimaneutrale Drogeriemarkt-Sortiment der Welt zu entwickeln.

Ich hinterfrage die Idee mehrfach. Sie scheint mir wahrlich ambitioniert. Und in der Tat: dm möchte etwas angehen, was es bislang, wie Matthias Finkbeiner mir auf meine Nachfrage erläutert, tatsächlich noch nicht gibt. Eigene Handelsprodukte für die Drogeriemärkte, die bestmögliche Ökobilanzen erreichen und, wenn irgend möglich, keinen negativen Footprint, vielleicht sogar einen positiven Umwelteffekt erzeugen. Zähneputzen und Händewaschen für die Umwelt? Auf Bitten von Kerstin Erbe und Adrian Martin vermittele ich einen Kontakt zur TU in Berlin, denn auch dm hat einen wissenschaftlichen Anspruch an sein Tun. Kein Greenwashing, keine Marketingshow – alle dm-Manager, mit denen ich ins Gespräch komme, vermitteln mir den Eindruck, es gehe dem Unternehmen und ihnen um mehr als eine nette PR-Kampagne. Üblich ist das wahrlich nicht.

Wir planen einen weiteren Termin, diesmal mit Matthias Finkbeiner.

Die Wissenschaftler seines Lehrstuhls und er selbst wiederum fertigen ein erstes Papier zu unserem Projekt. Es trägt einen englischen Titel, hat eine Menge Autoren aus dem Lehrstuhlteam, etliche Seiten Umfang und ist mir weitgehend unverständlich. In der Tat ist wohl vieles an unserem Vorgehen für die Welt der Umweltingenieure und Nachhaltigkeitsforscher von Neuigkeitswert – lebende Menschen zu vermessen und zu bilanzieren ist, das leuchtet mir ein, deutlich anders, als dies bei Produkten und Dienstleistungen zu tun. Und so wird es, wie Matthias Finkbeiner mir erklärt, auch weitergehen: Während ich ungeduldig in die Wiedergutmachung »einsteigen« möchte, bremst er meinen Enthusiasmus. Nicht nur reiße der Weggang von Marcel Görmer eine empfindliche Lücke in die Ressourcen seines Teams. »Vor allem der wissenschaftliche Angang an die Wiedergutmachungskonzepte«, erklärt er mir nachvollziehbar, »will insbesondere in den nicht so häufig wie das CO_2 bearbeiteten Schadenskategorien – Eutrophierung oder Versauerung – bedacht sein.«

Also steht erst einmal ein entsprechend umfangreicher Förderantrag samt Konzeption der Wiedergutmachungs-Forschung an. Dazu einiges an Grundlagenarbeit, ein Austausch mit anderen Wissenschaftsdisziplinen. Mit anderen Worten: monate- bis jahrelange Lehrstuhlarbeit.

Meine doch ordentliche Enttäuschung ob dieser Aussicht – ich möchte zügig vorankommen; wer weiß denn schon, wie es am Ende tatsächlich um meine Restlaufzeit bestellt ist – mildert Matthias Finkbeiner, indem er mich ermuntert, auch eigene Wiedergutmachungsinitiativen zu planen und, gegebenenfalls nach einer gemeinsam groben Vorüberlegung, anzugehen. Neben einem wissenschaftlichen Ansatz von oben (Top-down) ist ihm als Beobachter und Begleiter sehr wohl eine von mir betriebene Maßnahme (Bottom-up) recht. Nur Gewähr für ihre Effektivität und Effizienz könne ich von ihm nicht verlangen, was mir ohne Weiteres einleuchtet. Wiedergutmachung vorerst also auf eigene Gefahr.

Ich nutze die Ermunterung zu zwei Treffen mit den Ansprechpartnern beim NABU und beim WWF. Sie betreiben in ihren Organisationen eine Fülle von Projekten, die die Begrenzung oder teilweise sogar den Ausgleich ökologischer Schäden zum Ziel haben. Wiederaufforstungen, wo Wälder etwa durch illegale Rodung und Landwirtschaft, durch Rohstoffabbau, Holzdiebstahl oder unkontrollierte Urbanisierung zerstört werden. Renaturierung von Gewässern, um als Biotope weitgehend vernichtete Flussläufe in eine naturnahe Fließform oder ein ursprüngliches Flussbett zurückzubringen. Dazu Maßnahmen des

Artenschutzes für Insekten und bedrohte Wildtierarten. Die Liste der Engagements, in die ich mich einlese, ist beeindruckend lang. Und so haben beide Organisationen verschiedene Projekte zur Hand, die ich mit einer Spende unterstützen und so – zweifelsfrei – Wiedergutmachung leisten könnte.

Zwei eher grundsätzliche Überlegungen lassen mich zögern. Zum einen betreiben sie die Mehrzahl der interessanten Projekte in Ländern Südamerikas oder Asiens, weit entfernt, während ich meine Schäden am Ökosystem Erde großteils von Deutschland aus verursacht habe (mögen sich gerade die CO_2-Emissionen mittlerweile auch global in der Atmosphäre verteilen). Wiedergutmachung da, gleich in welcher Form, zu exportieren: Der Gedanke hinterlässt den gleichen Widerwillen in mir wie zuvor.

Vor allem aber sind die Vorschläge der Naturschutzorganisationen professionell konzipierte, schon in der Umsetzung befindliche Aktivitäten, zu denen ich nicht mehr beizutragen hätte als Geld. Aus ihnen ein wirkliches »Haben« auf der Habenseite meiner eigenen Ökobilanz abzuleiten scheint mir allenfalls theoretisch denkbar. Praktisch allerdings verhielte es sich doch anders als bei den realen Umweltschäden, die, auf der Sollseite meiner Bilanz, definitiv ganz allein auf mich, meine Entscheidungen und konkreten Verhaltensweisen – Fliegen, Autofahren, Ernährung, Konsum, Wohnen – zurückzuführen sind. Folglich sollte auch die Ausgleichsmaßnahme, die Wiedergutmachung die gleiche Qualität haben: entsprungen meiner Entscheidung, meinem Tun, meiner Verantwortung.

»Sehe ich auch so«, gibt mir Matthias Finkbeiner recht. Er skizziert mir das Für und Wider kompensatorischer Maßnahmen, teilt aber meine prinzipiellen Erwägungen. Es geht nicht um maximale Effizienz, um möglichst viel von irgendetwas, sondern darum, den von der Wissenschaft im Grundsatz akzeptierten Nachweis zu führen, dass Menschen ihre Ökobilanzen tatsächlich eigenständig ausgleichen können. Mag der Aufwand anfangs für die Ersten dafür vergleichsweise hoch sein, die Nächsten werden es schon bedeutend leichter haben. »Hoffentlich«, sagt Finkbeiner und nickt.

Damit ist es entschieden. Keine Spende, keine mittelbare Kompensation, sondern eigenverantwortlicher Ausgleich. Matthias Finkbeiner legt – wohl zur Sicherheit – noch nach:

»Es muss in jeder Hinsicht und zweifelsfrei Ihre Wiedergutmachung sein, sonst laufen Sie Gefahr, dass wir es anderen – Menschen, Organisationen, Gemeinden – zurechnen.«

XVII.

Im März 2019 stehe ich als grüne Null auf dem Programm des Trierer Waldforums. Gundolf Bartmann, Leiter des Forstamts Trier, hat mich per E-Mail eingeladen. Einmal haben wir telefoniert, recht ausführlich. Trotzdem habe ich keine rechte Vorstellung davon, was mich erwartet.

Die Trierer Europahalle, ein typischer Mehrzweckbau aus den späten Siebzigerjahren, ist gut gefüllt. Ein Dutzend Referenten und Podiumsteilnehmer, dazu 600 bis 700 Gäste aus den Bereichen Wald- und Forstwirtschaft, aber auch aus anverwandten Disziplinen wie Klimaforschung und Biologie, aus der Politik, den Jagd- und Umweltverbänden sowie aus der Wirtschaft. Sie diskutieren über den Zustand des Waldes, insbesondere über die Auswirkungen der Klimaerhitzung auf die Wälder in Rheinland-Pfalz. Das Publikum liegt in meiner Altersklasse. Es ist zu gut 90 Prozent männlich und flächig in Grün gekleidet, durchaus auch in Tracht oder Forstamtsuniform. Konservativ und traditionell sind zwei Attribute, besser: Klischees, die mir spontan in den Sinn kommen, als ich die Halle betrete. So passioniert ich selbst als Jäger bin, so viele von ihnen auf einem Fleck beeindrucken mich, zumal wenn ich von einem für ihren Alltag wohl eher untypischen Vorhaben berichten soll.

Die **durchschnittliche Temperatur** an der Erdoberfläche lag 2016 um rund 0,94 Grad Celsius höher als im Mittel des 20. Jahrhunderts. 2015 war das wärmste Jahr seit Beginn der Auswertungen. Die zwanzig wärmsten Jahre lagen in den letzten zweiundzwanzig Jahren. Seit den Sechzigern war zudem jede Dekade wärmer als die vorherige.

Nach Messungen der NASA ist der Meeresspiegel zwischen 1993 und 2017 im globalen Mittel um etwa 85 Millimeter gestiegen. Aktuell steigt er mit einer Rate von dreieinhalb Millimetern pro Jahr. Hier gibt es regionale Unterschiede. Die Zunahme des Meeresspiegels beträgt beispielsweise im westlichen Pazifik zwölf Millimeter. Die CO_2-Konzentration in der Atmosphäre liegt etwa 40 Prozent über dem vorindustriellen Niveau.

Der Redner vor mir ist ein renommierter Klimaforscher. Er berichtet zu den Veränderungen des Klimas in Rheinland-Pfalz in den nächsten Jahrzehnten. So häufig ich hierzu schon Meldungen vernommen habe, so alarmierend sind seine Erwartungen: eine dramatische Zunahme von Hitzeperioden. Ein Temperaturanstieg, der nicht bei zwei oder drei Grad Celsius haltmacht. Stürme. Extremwetterlagen, verbunden mit erheblichen Auswirkungen auf Fauna und Flora. Nicht in tausend, nicht in hundert, sondern in den nächsten fünfundzwanzig bis fünfzig Jahren. Seine Einschätzungen belegt er mit zahlreichen Rechenmodellen, Statistiken und Bezugnahmen, unaufgeregt, wissenschaftlich-nüchtern, gut nachvollziehbar und überaus plausibel. Er schildert die Folgen für die Fichte, die häufigste Baumart in Rheinland-Pfalz wie in Deutschland, die in Summe fast ein Viertel des deutschen Walds ausmacht. Sie verträgt den Klimawandel nicht, die Hitze und die Dürre, wird anfällig für den Borkenkäfer und den Sturm und wird in den flachen und mittleren Lagen in einer Generation nahezu vollständig verschwinden.

Ein Viertel des deutschen Walds im Verschwinden begriffen – ich vergewissere mich bei meinem Sitznachbarn, dass ich das richtig verstanden habe.

In der anschließenden Diskussion ist man sich in der Einschätzung der kommenden Jahre und Jahrzehnte einig. Unter der Leitung von Gundolf Bartmann, der klug moderiert, wird ein vom Klimawandel erzwungener und radikaler Umbruch im Wald und in der Forstwirtschaft skizziert. Mehr Schäden durch extreme Wetterlagen, mehr Schädlingsbefall, dramatische Schäden für viele kleine, womöglich finanzschwache private Waldbesitzer.

Nachdem ich auf der Anreise die flächigen, wunderschönen Wälder von Rheinland-Pfalz zumindest durch das Zugfenster sehen und erahnen durfte, realisiere ich mit einiger Verblüffung: Hier tagt keine folkloristisch angehauchte Randgruppe, hier ist ein Hotspot der laufenden Klimadebatte. Forstleute und Jäger in diesem Auditorium kämpfen schon längst mit den Folgen dessen, was in manch urbaner Debatte eher wie ein intellektuelles Streitgespräch klingt. Sie kämpfen mit der Trockenheit. Mit den – teilweise in wenigen Tagen – flächig sterbenden Fichtenbeständen. Mit siechenden Waldarealen, auch für die eigentlich robusten Eichen und Buchen. Sie kämpfen mit enormen Borkenkäferplagen, den typischen Begleiterscheinungen zu trockener Frühjahrs- und Sommermonate. Hier wird über irgendein »Ob« und »Wie« im Klimawandel schon längst nicht mehr diskutiert, hier geht es nur noch um Schadensbegrenzung, und zwar auf einem ganz anderen Niveau, als ich bislang erlebt hatte. Ich höre Frontberichte, keine interessengelenkten Beschwichtigungskommentare oder anklagende »Aber die Wirtschaft!«-Argumente.

Meinen Vortrag soll ich gleich nach dem Klimaexperten halten. Die Erkenntnis, nicht bei den Traditionalisten, sondern gegen meine eigenen Vorurteile bei den ersten Streitern der Nachhaltigkeitsdebatte zu Gast zu sein, macht das nicht leichter. Fürchtete ich eingangs, als grüne Null nicht nur der Ökobilanzierung, sondern auch der Vermittelbarkeit die Veranstaltung eher als abseitiges Faktotum zu bereichern – halt so ein typischer Ex-Städter mit spinnerten Ambitionen, von gähnenden Zuhörern müde belächelt –, sorge ich mich nun, mit meinem so spät gestarteten, gerade in Fragen einer möglichen Wiedergutmachung noch »blanken« Vorhaben erst recht mit Schimpf und Schande und als echte grüne Niete aus der Halle gebuht zu werden.

Ziemlich warm hier, denke ich, als mir Gundolf Bartmann das Mikro in die Hand drückt.

Ich habe nur vier, fünf Präsentationsseiten dabei, die hinter mir auf die große Leinwand gebeamt werden. In Ermangelung einer Alternative erzähle ich, von Hitzewellen geplagt (und das Sockenzählen natürlich um die Jagdsocken verkürzend) meine Geschichte.

Die Gesichter, in die ich schaue, sind sehr konzentriert. Unruhe, die in der Halle zuvor durchaus spürbar war, legt sich. Niemand steht mehr auf, niemand geht, alle hören zu. Ob das ein gutes Zeichen ist? Oder eher die Ruhe vor dem Sturm? In meiner Unsicherheit zitiere ich mehrfach meine Frau. Ich erwähne mit Blick auf die anwesenden Jäger meine Wildbret-Anteile im neuen Ernährungskonzept, und ich gebe unter zunehmendem Grinsen und dann auch Gelächter einige Restauranterlebnisse mit der Küchenwaage zum Besten. Ich berichte über den großen Böschungsbrand, den außer den Fahrgästen der Deutschen Bahn niemand in Trier erlebt zu haben scheint, der aber meine Anreise erheblich verzögert hatte. Die Stimmung löst sich – jedenfalls bei mir. Doch als ich zum Ende meines Vortrags, den ich über die Bühne schlendernd halte, meine eigenen, persönlichen Erkenntnisse des bisherigen Projektverlaufs berichte, herrscht wieder stille Konzentration.

Als das letzte Wort gesprochen ist, ertönt zu meiner Überraschung und deutlichen Erleichterung Applaus. Und auch hier ist die Resonanz uneingeschränkt positiv. Mehr noch: Mir scheint, meine eigene Seelenlage wird von vielen Anwesenden im Grundsatz geteilt. Von einer Klientel, die ich in ihren Reaktionen – warum zum Teufel eigentlich? – ganz anders erwartet hätte.

Nach meinem Vortrag ist Kaffeepause. Zahlreiche Zuhörer sprechen mich an. Sie stimmen zu, fragen nach, berichten von eigenen Überlegungen, Anstrengungen und Maßnahmen. Spontan erhalte ich zwei weitere Vortragseinladungen, die ich gern annehme. Eine führt mich wenige Wochen später auf den rheinland-pfälzischen Landesjägertag, die zweite an eine Hochschule.

Beim Waldforum steht am Nachmittag noch eine Podiumsdiskussion an, man bittet mich, an ihr teilzunehmen. Davor nutze ich die Wartezeit, Vorträge zu hören und mit Forstleuten ins Gespräch zu kommen. Sie berichten mir von vielen Zweifeln und Unsicherheiten, die sowohl öffentliche als auch private Waldbesitzer plagen, von Existenzängsten, von über Generationen gepflegten Beständen, die nun, vom Sommer 2018, von der Trockenheit und dem Borkenkäfer malträtiert oder gar final dahingerafft, geschlagen und zu stetig verfallenden Preisen vermarktet werden müssen. Sie beglückwünschen mich zu meinem Projekt und haben bedenkenswerte Hinweise zu meinen Wiedergutmachungsüberlegungen. Und sie bieten mir Hilfe und Unterstützung an.

Dann ist es Zeit für die Podiumsdiskussion, sie ist von Landes- und Lokalpolitikern geprägt. Außer ihnen kommt kein anderer Gesprächsteilnehmer auch nur einmal zu Wort. Vielleicht ist das ein typisches Problem der Politik …

Die Angebote der Forstleute wiederholt Gundolf Bartmann am Ende der Veranstaltung noch einmal. Er schlägt mir vor, vielleicht sogar gemeinsam ein Wiedergutmachungsprojekt auf einer rheinland-pfälzischen Fläche zu betreiben, mit einem Waldbau, der zukunftsfähig, klimastabil und vielleicht für Nachahmer beispielhaft seine könne. Als Nordeifeler (Nordrhein-Westfalen und Rheinland-Pfalz teilen sich dieses Mittelgebirge, und Stolberg liegt genau an seinem Nordrand) begeistert mich die Idee sofort. Ich bedanke mich herzlich, freue mich über meine ersten konkreten Gespräche zum dritten und vielleicht entscheidenden Teil meines Projekts und mache mich auf den Heimweg.

XVIII.

Im Frühjahr wird offenkundig, dass aus meinem Lebens-Ökobilanzprojekt mittlerweile zwei Handlungsstränge ragen. Auf der einen Seite gilt es nun, einen entscheidenden Schritt hin zu ersten Wiedergutmachungskonzepten und -maßnahmen zu machen. Hier kann und will ich selbst aktiv werden, während belastbare Ideen aus dem Finkbeiner-Team noch Zeit brauchen werden. Wissenschaftlicher Pioniergeist fällt nun einmal nicht vom Himmel.

Zum Zweiten entwickelt sich aus diesem ursprünglich rein privat gedachten Vorhaben mit viel Dynamik auch ein quasi-unternehmerisches Tun. Denn die mit dem Finkbeiner-Team angestrengten Überlegungen zu einem Lebens-Fußabdruck-Rechner für jedermann und ein entsprechendes Entwicklungs- und Vermarktungskonstrukt dazu nehmen Fahrt auf. Ebenso das nicht minder anspruchsvolle dm-Projekt. Das macht die Koordination aller Themen nicht leichter, zumal mehrere schwere Erkrankungen in der Familie – erst meine Schwiegermutter, dann meine Frau plus meine Eltern, die schon länger sehr krank sind – und erneute Veränderungen in PRECIRE Technologies Energie und Aufmerksamkeit fordern.

Die Menge der Themen ist das eine, die ökologische Lebensstilverbesserung in den Krisenmomenten das andere. Das Familiensystem und ich selbst stehen emotional wie logistisch plötzlich unter mehr als Volllast. Dabei stelle ich fest, dass es in der Abwägung zwischen ökologisch Wünschenswertem und sozial Gebotenem nicht immer, aber doch überwiegend einfache und klare Entscheidungen gibt: Der Weg mit der gesundheitlich so angeschlagenen Ehefrau von Stolberg-Breinig ins Aachener Uniklinikum ist nur im Auto adäquat zu bewältigen. Der mit meinen Eltern zu Spezialkliniken ins Ruhrgebiet ebenfalls. Doch neben diesen Ausnahmen von meinem üblichen Mobilitäts- und Lebensrhythmus bemerke ich auch, dass die Veränderungen hin zu sachter Entschleunigung, weniger Mobilität und deutlicher Vereinfachung meine Resilienz stärken und die Krisenbewältigungsressourcen aller stützen.

Wenn das Wetter es zulässt, fahren meine von Krankheit und harter Therapie geforderte Frau und ich längere Strecken mit dem E-Bike, was sowohl gemeinsam als auch allein frische Luft, einen klaren Kopf und einen Blick auf die Schönheiten und Facetten unserer Umgebung bringt. Durch die Frontscheibe von Autos oder Taxis gelingt er nicht. Das lässt Heike mit der Schwere der Erkrankung verblüffend ruhig umgehen. Mir verschafft es zumindest in Teilen die Bewegung, die ich bei einem zwangsläufig verknappten Sportprogramm andernorts verpasse. Über tausend Kilometer pendele ich so zwischen Terminen in Aachen und unserem Wohnort, jede einzelne Fahrt genießend, und die Beste kommt neben OPs, Chemotherapie und Begleitprogramm auf ein paar Hundert Kilometer, die ihrem Körpergefühl, ihrer Seelenlage und der Genesung sichtbar guttun.

Die Krankheiten schärfen den Blick für das Wesentliche. Ich konzentriere mich im Beruf neben meiner Arbeit auf die drei Aufgaben Wiedergutmachung, Life-LCA-Rechner und dm. Ich suche für unseren angedachten Ökobilanz-Kalkulator einen passenden Namen und entscheide mich, ganz grüne Null, nach ein wenig Recherche für das Label und die Internetadresse greenzero.me. Die Markenrechte dazu lasse ich weltweit schützen. Mit Matthias Finkbeiner und Annekatrin Lehmann werden wir so sortiert bei der Deutschen Bundesstiftung Umwelt (DBU) in Osnabrück vorstellig, um gemeinsam sowohl für eine verstärkte Forschungsförderung zum Thema ökologischer Wiedergutmachung als auch für den möglichen Aufbau des Lebens-Fußabdruck-Rechners für jedermann zu werben und die Chancen entsprechender Förderanträge zu prüfen. Wir finden viel Interesse, engagierte Ansprechpartner und machen uns ermutigt zu unseren Überlegungen auf den Heimweg, nicht ohne das Versprechen eines Vortrags im Haus der DBU im Sommer.

Mit Matthias Finkbeiner folge ich erneuten Einladungen von dm nach Karlsruhe. Das Unternehmen lädt seine wichtigsten Eigenmarken-

Lieferanten zu einem großen Workshop ein, um seine Überlegungen zu umweltoptimierten Produkten vorzustellen und sie, die Hersteller der dm-Produkte, für ein Mitmachen zu gewinnen. Die Teilnehmerliste liest sich wie das Handelsmarken-Who-is-Who von dm: die Dalli-Werke, Essity, MAXIM, Mibelle oder Mann & Schröder – die großen und nicht minder viele kleine Partner sitzen aufgeräumt in einem der kristallen klingenden Vortragsräume, in dem Kerstin Erbe, Adrian Martin und andere Fachverantwortliche das Vorhaben erläutern.

Der Anspruch ist weiter geschärft und ebenso ehrgeizig wie einzigartig: Unter expliziter Beteiligung der Kunden und der Öffentlichkeit soll mit größter Transparenz und unter Nutzung auch der Kundenideen ein fünfzehn Artikel umfassendes Kernsortiment an Drogeriemarktartikeln entwickelt werden, das aus der Sicht der TU-Umweltwissenschaftler die bestmögliche Ökobilanz aufweist. Hygiene und Körperpflege, Teil menschlicher Lebensqualität und durchaus Basis eines gedeihlichen Zusammenlebens, sollen so zu einem Bereich werden, in dem menschengerechte Existenz und Ökologie nicht mehr im Konflikt stehen. Das berührt nicht nur wissenschaftliche, sondern auch technische, logistische und soziale Fragen und Grenzen.

Gemeinsam sind wir gespannt, wie die Vertreter der Partnerunternehmen das Vorhaben aufnehmen. Mein Part ist es, als Impulsgeber mit einem Vortrag zu meinem Vorhaben quasi die Blaupause für das Projekt zu liefern. Die anschließenden Gespräche im Workshop sind intensiv: Was ist im Rahmen nachhaltiger Produktentwicklung und Produktion erreichbar? Welchen Aufwand wird es bedeuten, bis in die letzten Details die Wertschöpfungskette einer Zahnpasta oder eines Duschgels zu untersuchen? Wie viel ökologisches Verbesserungspotenzial ist überhaupt noch in den modernen, durchaus strengen Umweltstandards unterliegenden Produktionsprozessen zu heben? Und, vor allem aus der Händlerperspektive natürlich ganz entscheidend: Was sagen die Produktmanager und Marketingexperten? Werden Kunden bereit sein, höhere Preise für ökologisch »bessere« Produkte zu akzeptieren? Und falls ja: Um wie viel dürfen die Preise steigen? Wie verhalten sich konventionell und umweltfreundlicher hergestellte

Produkte im Sortiment? Diskreditieren die einen die anderen? Wie reagiert der Wettbewerb? Und: Wieso ein so betont nachhaltiges Sortiment, wo doch eigentlich alle Produkte nachhaltig sein sollten?

Nachhaltiger Lebensstil und Konsum und zertifizierte Ökoprodukte sind aller öffentlichen Diskussion zum Trotz Nischenphänomene. Weniger als zehn Prozent der in Deutschland konsumierten Lebensmittel stammen aus Betrieben mit anerkannten Ökostandards, nur neun Prozent der Mobilität kommen aus dem öffentlichen Verkehr. Von den 1 600 Milliarden Euro Konsumausgaben der Deutschen 2018 entfielen bei freundlicher Berechnung des Umweltbundesamts lediglich gut 60 Milliarden auf »grüne« Produkte. Zudem wurden für knapp 80 Milliarden Finanzprodukte und Anlagen gekauft, bei einem Nettogeldvermögen der privaten Haushalte von etwa 1 750 Milliarden Euro (2014).

Auch die direkten und indirekten Kohlendioxid-Emissionen lassen keine Trendwende erkennen, sie stagnieren in den drei zentralen Feldern Ernährung, Wohnen und Mobilität – um saisonale Phänomene und klimatisch neutralisiert – auf Rekordniveau. Fortschritte in einzelnen Bereichen, also etwa bei der häuslichen Energiesituation, werden durch Trends zu Einpersonenhaushalten oder mehr Wohnfläche nicht selten konterkariert.

Ich höre interessiert zu. Aus meiner eigenen Unternehmerperspektive erlebe ich den Diskurs als stellvertretend für die Debatten in vielen Unternehmen. Ökonomie und Ökologie scheinen teils konträre Anforderungen an Unternehmensentscheidungen zu stellen. Dabei ist, allemal in dieser Runde, erkennbar viel Motivation und Bereitschaft für Veränderung und Nachhaltigkeit gegeben. Gleichzeitig ist aber auch die Sorge groß, bei einer Umgestaltung der eigenen Produkt- und Dienstleistungsspektren wahlweise Kunden, die dies nicht goutieren, zu verlieren oder bei Herstellungs- und Produktionskosten Wettbewerbsnachteile zu erfahren – was zum gleichen Ergebnis führt. Grundsätzliches also, das mir zum wiederholten Mal begegnet und das mich zu der Überlegung bringt: Wenn heute ein nicht-nachhaltiger, Ressourcen und Umwelt verschleißender und zerstörender Produktionsprozess (das Verbrennen fossiler Brennstoffe, die Zerstörung von Urwäldern, die Versauerung von Meeren und Gewässern, die Zerstörung der Wiederherstellungsfähigkeit und Resilienz unseres Lebenssystems Erde) wettbewerbsfähiger ist als ein nachhaltiger, der Aufwand und die Kosten des gesamten Lebenszyklus eines Produkts ordentlich erfasst und abdeckt – ist dann nicht grundsätzlich etwas falsch an unserer Form des Wirtschaftens? Ist dann die sich beschleunigende Zerstörung unserer Lebensgrundlagen nicht bloß ungewollte Nebenwirkung, sondern zwingende Folge einer Ökonomie, die einerseits den 29-Euro-Flug quer durch Europa (der unsere Umwelt ein Vielfaches dessen kostet) oder das Ein-Euro-Masthuhn (das unsere heimische Landschaft mutmaßlich 50 Euro kostet) subventioniert, den ökologisch ehrlichen Ansatz aber andererseits – wie etwa bei der CO_2-Steuer – als genau dieses so zerstörerische Wachstum behindernd diskreditiert?

Die Diskussion ist lehrreich, das Ergebnis uneingeschränkt konstruktiv. Schlussendlich signalisieren alle beteiligten Lieferanten und Partner ihr Mitmachen und starten auch unmittelbar nach dem Workshop erste Arbeiten. Das ist gut so. Die Zeitplanung für das Vorhaben ist ambitioniert. 2020 will dm mit seinen neuen, umweltmodernen Produkten auf den Markt.

XIX.

Im Frühjahr treffe ich erneut Gundolf Bartmann, diesmal im Forstamt in Trier. Ich bin – für die Jagd ist dort eine zentrale Ansprechstation – häufig beim Forstamt in Aachen, einem schönen Holzhaus am Stadtrand. Doch das Trierer Forstamt ist eine Nummer größer, eine kleine Hofanlage mit modernem Anbau, und liegt malerisch vor einer Waldkulisse. Es taugt für einen Heimatfilm.

Gundolf Bartmann heißt mich herzlich willkommen. In seinem Büro warten Kaffee und Kuchen und viele Informationen zu den Landesforsten, denen sein Amt untersteht, zur Forstwirtschaft und zum Wald in Rheinland-Pfalz. Außerdem hat er Ideen für Flächen, die unter Umständen erste Wiedergutmachungsinitiativen meinerseits beheimaten könnten. Er zeigt mir Forstkarten und Pläne. Parallel erhalte ich einen Schnelldurchgang durch Aufgaben und Kompetenzen der Forstverwaltung. Dann geht es zu einigen praktischen Anschauungen raus in die Natur. Ich schnüre die Gummistiefel.

Unmittelbar hinter dem Forstamt beginnt ein Waldlehrpfad. Im Erkennen der Baumarten – ein bisschen ist es wie beim Vokabeltest – und in einigen groben Zusammenhängen halte ich mich einigermaßen anständig. Aus der Vorbereitung für die Jägerprüfung etliche Jahre zuvor ist noch einiges hängen geblieben. Doch das ist es dann auch. Gundolf Bartmann fährt uns immer tiefer in den Wald, erläutert die verschiedenen Geländeformen, zeigt klassische Forstwirtschaft, Naturverjüngung, dichte Bestände, Baumarten aller Altersklassen und artenreiche Totholz-Biotope, also abgestorbene Bäume, die erstaunlich viele Lebensformen – Pilze, Insekten, Vögel – beherbergen. Es regnet gleichmäßig. Wir stapfen in Gummistiefeln und mit Schirmen bewaffnet durch Pfützen und Matsch, um abseits der Wege Vor- und Nachteile der verschiedenen Laub- und Nadelholzarten und Bewuchsformen (dicht gedrängt oder licht, mit getrennten oder durchmischten Altersstrukturen), der Markierungssysteme, Entnahmepraktiken und Einschlagzeiten zu erkunden. Zwei Stunden geht das so. Es sind zwei überaus faszinierende Stunden, vielleicht meine spannendsten seit Langem. Nicht dass ich nicht durch die Jagd selbst viel Zeit im Wald verbrächte. Aber hier geht es darum, zu verstehen, welche Zusammenhänge auf bald der Hälfte der Landesfläche von Rheinland-Pfalz (der Waldanteil liegt bei rund 43 Prozent) herrschen. Und so sehr mir der Wald als Ort von Sport, Jagd und Erholung vertraut ist, so neu ist, was Gundolf Bartmann mir mit tiefer Passion für seinen Arbeitsplatz – den Wald – erläutert.

Im Laufe des Nachmittags besichtigen wir mehrere Flächen, auf denen der trockene und heiße Sommer 2018 alte Fichtenbestände so gestresst hat, dass sie nun innerhalb weniger Wochen komplett ausfallen. Fichten wurzeln flach, was sie gegen Trockenheit und Sturm deutlich anfälliger macht als andere Baumarten. Einmal angegriffen, mit einem geschwächten Immunsystem gegen Umwelteinflüsse und vor allem Schädlinge, sind sie dann schnelle Beute für das nächste Sturmtief oder den Borkenkäfer, der die im Baum liegenden Wassersysteme binnen Tagen unwiderruflich schädigen kann. Der Baum respektive seine Nadeln werden, was mittlerweile vielerorts zu beobachten ist, braun wie ein alter Weihnachtsbaum. Er stirbt.

Mit der wunderschön dahinmäandernden Mosel im Hintergrund wirken die teils abgeholzten, teils nur noch mit toten Nadelbäumen bestandenen Flächen und Hänge dystopisch. Es ist ein bedrückendes Bild. Und es ist das seit Längerem befürchtete Schreckensszenario. Waldsterben. Ich erinnere die Prognosen des Klimatologen vom Trierer Waldforum und registriere widerwillig, dass das baldige Sterben jedenfalls für die hiesigen Fichtenbestände die unabänderliche Zukunft (respektive das Ende ihrer Zukunft) sein wird – und dass damit ein Viertel der Waldfläche Deutschlands, derzeit noch von Fichten bewachsen, in den nächsten Jahren verschwinden wird. Meine durchaus üppige Fantasie ist mit diesem Bild – wie mag es dann in waldreichen Gebieten wohl aussehen? – überfordert.

Ein Viertel der Waldfläche der Bundesrepublik Deutschland von der Klimaerhitzung dahingerafft. Und das ist erst der Anfang.

Zum Glück ist Gundolf Bartmann nicht allzu beeindruckt. Natürlich kennt er das Phänomen. Es ist für ihn Alltag. Wie viele Forstleute begegnet er dieser Tatsache offensiv. Heimische Holzarten wie Eiche, Buche und Kastanie kommen – in Grenzen – mit einem sich wandelnden Klima besser zurecht als die Fichte, neue Baum- und damit Holzarten werden zusätzlich Einzug im Wald halten. Sie werden, wie er berichtet, manchen Fichtenbestand ersetzen. Küstentanne, Weißtanne, Rotahorn – »der Wald ist immer im Wandel«, sagt er, nicht ohne nachzusetzen, dass ihn der menschengemachte Veränderungsprozess gleichwohl mit großen Sorgen erfüllt.

Der **Klimawandel fordert den Wald** auf mehreren Ebenen. Die erkennbare und sich nach allen Prognosen beschleunigende Zunahme von Witterungsextremen wie Hitze, Trockenheit, Starkregen und Stürmen verursacht im Wald Stress, der Bäume anfälliger gegen Sturm und Schädlingsbefall macht. So hat der heiße und trockene Sommer 2018 die größte Borkenkäferplage seit dem Zweiten Weltkrieg ausgelöst. Sie betrifft vor allem die Fichtenbestände, die 2018 deutschlandweit beinahe ein Viertel des Baumbestands ausmachten und nach Einschätzung von Klimaforschern und Forstexperten aus den meisten Lagen binnen der nächsten zehn bis zwanzig Jahre nahezu vollständig verschwinden werden. Doch auch resilientere Laubholzarten wie die heimischen Buchen und Eichen leiden unter der Klimaveränderung, vor allem unter Veränderungen im Wasserhaushalt der Waldstandorte. Wird hieraus ein nachhaltiger Trend, wird die Menge sogenannter Trockenwaldflächen, wie sie am Kaiserstuhl und von der Schwäbischen Alb her bekannt sind, deutlich zunehmen. Automatisch hat dies für die weitere Tier- und Pflanzenwelt der Wälder ebenfalls erhebliche Folgen.

Die Forstwirtschaft und die öffentlichen wie privaten Waldbesitzer reagieren hierauf zunehmend mit einem Umbau des Waldes zu klimatisch angepassten Beständen. Der Umbau ist wegen der schwierigen Prognosen eine Arbeit mit zahlreichen unbekannten Variablen und langer Wirkung, da viele neue Arten und Bestände wegen des vergleichsweise langsamen Wachstums der Bäume erst in Dekaden zeigen werden, ob und wie sie mit den dann herrschenden Lebensbedingungen zurechtkommen. Zweifelsfrei scheint heute allein, dass Mischwaldbestände mit überwiegend heimischen Baumarten (Hainbuchen, Ahorn, Eichen, Kirschen) zunehmen und sortenreine Bestände deutlich zurückgehen werden.

Im Gespräch mit Gundolf Bartmann beobachte ich – das war mir schon auf dem Trierer Waldforum aufgefallen – eine bei den Forstleuten eigene Denkweise in Fragen des Betreibens und Wirtschaftens. Während in meinem Leben, für einen westlich sozialisierten Unternehmer in einem jungen Technologieunternehmen allemal, die Schlacht in den kurz- und mittelfristigen Perioden geschlagen wird, und während mancher Vorstand und Geschäftsführer – wie der Trainer im Profifußball seine Spieltags-Resultate – Quartalsergebnis auf Quartalsergebnis zu häufen hat, denkt ein Förster in Jahrzehnten, in Generationen. Was immer er tut: Die Ergebnisse seiner Entscheidungen, seines Wirtschaftens werden Kinder oder Enkelkinder oder die x-te Nachfolgegeneration erleben und bewältigen (müssen). Fehler und Fehleinschätzungen wiegen schwer, weil ein auf vielen Hektar aufgebauter junger Baumbestand nicht mal eben ausgetauscht werden kann, wenn er sich – ökologisch oder ökonomisch – nicht bewährt.

Infolgedessen erlebe ich Forstleute als besonnen, nachdenklich, gelassen. Kein unternehmerischer Aktionismus. Keine Hysterie. Keine Manie. Sie sind tief verwurzelt in ihrem Tun. Sie haben – wie alle Disziplinen – ihre Kontroversen und Konflikte, doch anders als in vielen Industrien ist Nachhaltigkeit bei ihnen, mehr oder minder naturgegeben, eine Selbstverständlichkeit, mögen Wege und Methoden einer naturnahen Bewirtschaftung und eines ökologischen Waldmanagements auch gelegentlich umstritten sein. Sie denken in anderen Zyklen und sind gedanklich traditionellem Unternehmertum voraus.

Ein Konfliktfeld, lerne ich von Gundolf Bartmann, ist die Frage, wie genau die Funktion des Waldes bei der Bewältigung der Klimaemissionen auszugestalten ist. Soll die Forstwirtschaft auf schnell wachsende Baumarten setzen, die in kürzeren Zyklen als andere Arten Kohlendioxid verarbeiten und den darin enthaltenen Kohlenstoff in ihrem Holz so zügig binden? Oder soll ein möglichst natürlicher, urwaldartiger Bewuchs gefördert werden, der unter Umständen länger braucht, sein volles Kohlendioxid-Verarbeitungspotenzial zu heben, aber diverser und komplexer ist? Beide Wege haben ihre Argumente. Schnelle Waldentwicklung liefert mehr Holz und damit einen vielfach einsetzbaren Rohstoff, der andere – energieintensiver oder klimaschädlicher herzustellende – Rohstoffe wie zum Beispiel Beton oder auch fossile Energieträger in Teilen ersetzen und so CO_2-Einsparungen fördern, in jedem Fall aber einen vergleichsweise schnellen Kohlendioxid-Kreislauf unterstützen kann. Der naturnahe Wald hingegen ist artenreicher, stabiler und in vollem Ausbau wahrscheinlich der größere CO_2-Speicher. Dazu liefern die langsam wachsenden Baumarten in der Regel auch das beste Holz. Beide Wege haben also ihre Berechtigung, wenn es vorwiegend um die Bekämpfung der Treibhauseffekte geht. Im Artenschutz und in der Resilienz der Ökosysteme ist die Natur und damit der möglichst ursprüngliche Wald hingegen wohl das überlegene Konzept.

Auf einer etwa zehn Hektar großen Fläche oberhalb der Mosel, auf der ein kompletter Fichtenbestand ausgefallen und die infolgedessen nun nur noch mit niedrigem Strauch- und Buschwerk und etwas Naturverjüngung bewachsen ist, sinnieren wir über die Möglichkeiten einer Zusammenarbeit. Die Fläche ist ökologisch vergleichsweise arm. Würde ich sie übernehmen, könnte ich sie mit Unterstützung der rheinland-pfälzischen Landesforsten ökologisch bestmöglich wiederherrichten. Der Aufwand läge voraussichtlich bei einem ordentlichen fünfstelligen Betrag, vielleicht sogar etwas mehr – kein Pappenstiel. Aber die grüne Null, das ist mir bewusst, gibt es nicht zum Nulltarif. Ich würde die Fläche kaufen, entsprechend aufbauen, ein optimales Stück nachhaltigen Waldes zu gestalten versuchen, selbstverständlich in Abstimmung mit den zuständigen Behörden, den örtlichen Naturschutzorganisationen und unter dem fachlichen Management der Landesforsten Rheinland-Pfalz.

Die Überlegungen gefallen uns beiden. Doch Gundolf Bartmann bleibt bei der Frage der Ausgestaltung einer solchen Zusammenarbeit zurückhaltend. So recht kann ich mir keinen Reim darauf machen.

XX.

Nach unserer Lehr- und Besichtigungsrunde treffen wir im Forstamt Jens Jacob. Er leitet als hoher Ministerialbeamter die Landesforsten Rheinland-Pfalz, ist somit quasi Vorgesetzter von Gundolf Bartmann und kennt mich und mein Projekt als Zuhörer vom Trierer Waldforum.

Ich berichte ihm den aktuellen Stand. Das interessiert ihn als politisch Arbeitender sehr. Doch noch mehr interessiert er sich dafür, was mich für mein Vorhaben motiviert. Ich erzähle von meinem Wunsch, mein schlechtes Gewissen in Sachen meines früheren Lebensstils zu beruhigen und meine eigene kleine Welt ökologisch »in Ordnung« zu bringen. Ökologisch »schuldenfrei« zu hinterlassen. Er vollzieht dies nach. Er versteht auch den Wiedergutmachungsansatz und warum es mir wichtig ist, diese Wiedergutmachung unbedingt mit eigener Energie, Zeit und eigenen Ressourcen – natürlich auch Geld – zu betreiben, statt lediglich als Spender oder Sponsor aufzutreten. »Ganz Unternehmer halt«, sagt er und nickt. Der Gedanke ist neu, aber eingängig für mich. Ich widerspreche nicht.

Für seine Verantwortungsbereiche sieht er wie Gundolf Bartmann darin eine spannende Innovation. Vielleicht, so sinnieren wir zu dritt, könnte es andere motivieren, Vergleichbares zu tun. Aus den Gesprächen und Erlebnissen in meinem Umfeld, das kann ich beitragen, nähme ich mehr und mehr mit, dass es viele Menschen gäbe, die sehr ähnlich dächten. Oft sei aber völlig unklar, was zu tun sei oder welche Möglichkeiten eigenen Engagements – jenseits bekannter Wege wie der Spende oder der Mitarbeit in Naturschutzorganisationen – bestünden. Und ich unterstreiche, meine eigene Gefühlslage offenlegend, dass es für Unternehmer – völlig wertfrei – innerlich meist näherläge, selbst etwas zu tun, eigene Vorhaben und Projekte zu initiieren und umzusetzen, als sich eher passiv am Tun anderer zu beteiligen.

Jens Jacob ist, wie eigentlich alle Gesprächspartner im öffentlichen Raum, sofort bereit, das Vorhaben zu unterstützen. Wir diskutieren, was es dafür braucht. Ich berichte von meinen Schwierigkeiten, passende Wiedergutmachungsgelegenheiten zu finden. Und davon, dass ich, fasziniert von meinen ersten Einblicken in den Forst, nunmehr auf der Suche nach ökologisch aufwertbaren Flächen sei, wobei die Wiedergutmachungsmaßnahme natürlich mit Experten und Behörden zu planen, abzustimmen und umzusetzen sei.

Aus dem Austausch darüber verstehe ich nun nach und nach, was die Ursache für die Zurückhaltung von Gundolf Bartmann bei meiner Frage eines möglichen Flächenankaufs war: Ein Verkauf von Landesfläche zugunsten meines Projekts, also zugunsten einer ökologischen Aufwertungsmaßnahme eines Privaten, ist politisch Neuland und damit automatisch kein einfaches Unterfangen. Grundsätzlich verkaufe, so erläutert es mir Jens Jacob, das Land Rheinland-Pfalz keine Forstflächen an Private, möge das Ziel des beabsichtigten Kaufs auch ehrbar und förderungswürdig sein.

Das erstaunt mich. Erfahrungsgemäß würde ich doch wohl, frotzele ich ein wenig, mit höchst offenen Armen in Liegenschaftsämtern und -behörden empfangen, wenn ich einen Flughafen, eine Sportwagen-Teststrecke, einen Freizeitpark, ein Amazon-Lager oder eine Erdgas-Pipeline anzulegen gedenke, allemal gern auch auf öffentlichem Grund und mitten durch Wälder und Auen. Bei einem nicht kommerziellen, naturschutzgetriebenen Projekt nun genau hier das öffentliche Interesse zu verneinen, träfe mich – gerade als Unternehmer – schon schwer.

Jens Jacob lacht.

Doch so sehr unser persönlicher Austausch auch offen, konstruktiv und mit ehrlicher Hilfsbereitschaft geführt wird, so unzweifelhaft dämmert mir: Arbeitsplätze und Gewerbesteuereinnahmen sind natürlich immer ein unwiderstehliches Argument. Würde ich eine Firmenverlegung anstreben, hätte ich ruckzuck die Fläche, die ich bräuchte, um sie mit Bürotrakt und Parkplatz zu betonieren, müsste dafür auch das nächste Gewerbegebiet in den rheinland-pfälzischen Wald geschlagen werden. Für ein privat ausgestaltetes und privat finanziertes Nachhaltigkeitsprojekt hingegen wird, innerlich versuche ich mich darauf einzurichten, die Welt wohl anders aussehen.

Nicht weil dessen Sinnhaftigkeit in Abrede gestellt würde. Und auch nicht, weil Ansprechpartner in der Verwaltung nicht hilfsbereit wären. Sondern weil es eine tief sitzende Wertung in Regulierung und Bürokratie zu geben scheint, die das individuell Private als quasi automatisch kommerziellen Eigennutz vom organisierten Privaten (in Naturschutzverbänden und Organisationen) als im öffentlichen Nutzen stehend trennt.

Das Fichtensterben illustriert das **Wirkungssystem des Klimawandels** anschaulich. An der Gesamtfläche von 11,4 Millionen Hektar Wald in Deutschland (das sind fast hundert Milliarden Bäume) hat die Fichte einen Anteil von 26 Prozent. Sie verdankt ihre Popularität im Forst einer guten Kombination aus Holzqualität, schnellem Wachstum und relativer Anspruchslosigkeit und war über Jahrzehnte gerade auch bei den privaten Waldbesitzern so eine der bevorzugten Baumarten. Der Klimawandel allerdings setzt ihr mehr zu als allen anderen heimischen Baumarten. Der massenhafte Ausfall der Fichtenbestände in den letzten Jahren und die vehemente Borkenkäferplage haben dabei den Wert des Fichtenholzes dramatisch verfallen lassen, was gerade kleine Privatwaldbesitzer – rechnet man die hundert größten deutschen Privatwaldbesitzer heraus, beträgt die Durchschnittsgröße eines Privatwalds weniger als einen halben Hektar – ökonomisch erheblich unter Druck setzt. Nicht selten deckt der Erlös aus dem Holzverkauf den Aufwand für das Entnehmen und Abfahren der kranken und toten Bäume nicht. Das führt dazu, dass – gesetzlich eigentlich vorgesehene – Wiederaufforstungsverpflichtungen teilweise nicht erfüllt werden (können). Zum ökologischen Effekt der Klimaerhitzung, dem Verlust an Wald und dem Sterben großer Bestände addiert sich also die ökonomische und soziale

Konsequenz, die ihrerseits die ökologische Bewältigung der Klimaeffekte – zum Beispiel den Umbau der privaten Waldflächen zu angepassten Beständen und resilienteren Systemen – verzögert oder gar verhindert.

Darüber hinaus, und das Argument von Jens Jacob und Gundolf Bartmann vollziehe ich gut nach, sei es Aufgabe des Landes selbst, landeseigene kriselnde Waldflächen (wieder) aufzuforsten. Dies nun einem Privaten, mag er es auch aus freien Stücken und als – nennen wir es einmal so – bürgerschaftlichen Beitrag tun, könnte, so befürchten beide, den Eindruck auslösen, Rheinland-Pfalz überlasse gesetzliche Aufgaben Privaten.

Sinnvoller und vor allem realisierbarer, da sind wir uns dann schnell einig, wäre damit eher der Ankauf im privaten Eigentum stehender Flächen, die heute anderweitig bewirtschaftet oder bebaut seien und deren Nutzung ausliefe oder entfallen sei. Denn hier ist ökologisch zweifelsfrei die meiste Luft für eine Aufwertung.

Wir diskutieren lebhaft. Dann beschließen wir, uns allseits an geeignetem Ort auf die Suche nach einem stillgelegten Parkplatz oder einem größeren, zum Abriss stehenden Gebäudekomplex zu machen, parallel aber auch Gemeinden anzusprechen, die an einem privat ausgestalteten, ökologisch gedachten Projekt interessiert sein könnten.

Zum Abschluss des Tages und aus Anlass meines Besuchs gibt es, was mich tief bewegt, ein gemeinsames Grillen mit Medaillons vom Reh und Wildschwein-Spießchen, sämtlich im Landeswald von den staatlichen Förstern erlegt. So viel Gastfreundschaft und Herzlichkeit, ich überlege lange, habe ich bei einem Behördentermin noch nicht erlebt. Jens Jacob und Gundolf Bartmann verabschieden mich. Wir verabreden ein Folgegespräch, sobald in Fragen möglicher Flächen Fortschritte erzielt sind.

Aus Trier zurück reise ich mit gemischten Gefühlen. Der (erneute) Einblick in die Forstwirtschaft, das herzliche und konstruktive Bemühen, die Diskussionsideen und -ergebnisse: Das alles freut, das ehrt und motiviert mich. Doch einige Recherchen im Internet, auf Immobilienportalen, bei spezialisierten Maklern und auch auf den für die Regulierung zuständigen Behördenseiten, in Landesgesetzen und Verordnungen machen mir deutlich: Der Erwerb von Fläche, um darauf angewandte Ökologie zu betreiben, wird kein Selbstläufer. Flächen sind rar. Dazu gibt es eine kaum überschaubare Menge an Regulierung, einen Strauß an zuständigen Behörden, Flächennutzungs- und Landschaftspläne, Zustimmungsvorbehalte und natürlich auch einen finanziellen Rahmen …

Die nächsten Tage und Wochen bestätigen meinen Eindruck. Ich arbeite mich durch verschiedene Optionen. Im städtischen Revier, in dem ich jage, liegt inmitten verschiedener Mischwaldareale eine Pferdewiese mit einem kleinen, natürlichen Bachlauf. Sie ist von den Pferden zertreten, mit einigen Einrichtungen und Ställen überbaut und von nächtlichen Wildschweinbesuchen zerwühlt. Ihren Eigentümer kenne ich. Er überlegt, die Wiese aufzugeben, weil seine Leidenschaft für Pferde und das Reiten nachgelassen hat. Dazu benötigt er für die beiden verbliebenen Kaltblüter eine alternative Unterbringungsmöglichkeit, die er auf seinem großzügig geschnittenen Hausgrundstück einrichten möchte. Doch dieser Umzug scheitert bislang an verschiedenen bau- und landschaftsrechtlichen Fragen. Ohne befriedigende Unterbringungsmöglichkeit für seine beiden Pferde ist er verständlicherweise auch nicht verkaufsbereit. Gelingt deren Umzug, würden wir wohl handelseinig. Ein Preis – um die zwei Euro je Quadratmeter – scheint mir nicht unangemessen, und verschiedene Online-Kataster und Bodenwert-Auskunftssysteme des Landes bestätigen mir das.

Ich führe zunächst Gespräche mit dem Forstamt, um mein Projekt vorzustellen und mir eine Einschätzung der zwei Hektar großen Fläche geben zu lassen. Gerd Krämer, der Leiter des Aachener Forstamts, findet das Vorhaben spannend und sagt mir, sollte ich Flächeneigentümer werden, die Kooperation und Unterstützung der Stadt Aachen zu. Er bestätigt zudem meinen laienhaften Eindruck, dass die Kombination aus Bachlauf und Feuchtwiese sowie zwei Feuchtbiotop-Stellen, die derzeit mit Wirtschaftsgut für die Pferdeunterbringung zugelegt sind, ein interessantes ökologisches Potenzial für eine Aufwertung bieten. Denn wie Moore können verschiedene feuchte Wiesentypen erstaunlich viel Kohlendioxid binden, weil abgestorbene, Kohlenstoff bindende Pflanzenteile unter Wasser partiell konserviert werden, ihr Zerfallsprozess also nicht den in ihnen gebundenen Kohlenstoff komplett wieder freisetzt. So kann auf feuchten Untergründen eine CO_2-»Senke« entstehen.

In der Vielfalt der Wiese, mit ihren sehr feuchten Stellen, ihren trockeneren Bereichen und dem Bachlauf sehe ich gute Entwicklungsmöglichkeiten für eine ökologische Aufwertung. Ich stelle mir einen Waldrand mit blühenden Sträuchern vor, der Kleinlebewesen Nahrung und Unterschlupf bietet, einen Wald mit unterschiedlichen Baumarten, je nach Grad der Wasserversorgung, und eine vielfältige, bachbegleitende Ufervegetation. Möglicherweise findet sich auch noch eine Stelle für einen naturnahen Tümpel oder Teich. Durchaus wahrscheinlich also, so meine Überlegung, dass ich mit einer derart aufgewerteten, von der Nutzung als Pferdeweide, allen Aufbauten und Zäunen befreiten Wiese neben einigen Tonnen Kohlendioxid-Bindung auch erste Pluspunkte in den Bereichen Versauerung und Eutrophierung sammeln könnte. Endlich ist, freue ich mich, ein erstes Wiedergutmachungsprojekt in Sicht.

Ich rede mehrfach mit dem Wieseneigentümer, dem Forstamt und weiteren beteiligten Behörden. So konstruktiv der Dialog auch ist – die sich überschneidenden Befugnisse, einige emotionale Verknotungen zwischen den handelnden Personen und die langen Pausen zwischen verschiedenen Aktionen sind herausfordernd. Da trifft es sich zur Frustbewältigung gut, dass ich zumindest im eigenen Garten mit den ersten frühlingshaften Tagen Erfolge meiner dortigen Bemühungen um mehr Naturnähe erlebe. Die ausgestreute Wildblumenwiese entwickelt sich auch dieses Jahr prächtig. Die großzügig angelegten Blumenbeete, die ich auf die Empfehlung des Gärtners so gestaltet habe, dass Insekten ganzjährig Blüten finden, zeigen erstaunliche Wachstumsgeschwindigkeit. Hier tut sich was, und deutlich farbenfroher als der letzte dürfte der jetzige Sommer jedenfalls im Garten werden.

Kurz überlege ich, Matthias Finkbeiner zu fragen, ob nicht das ein erster Eintrag auf der Habenseite meiner Ökobilanz sein kann, doch dann fallen mir meine – mittlerweile – etwa 1 150 emittierten Tonnen CO_2 ein, und ich verwerfe den Gedanken wieder. So schön sie auch sind: Ein paar Quadratmeter Wildblumenwiese scheinen mir kein angemessener Startpunkt auf der Habenseite.

XXI.

Die fortgesetzten Diskussionen mit den verschiedenen Beteiligten rund um die Pferdewiese lassen, wie ich mir eingestehen muss, einen schnellen Erfolg meiner Ankaufsbemühungen unwahrscheinlich erscheinen. Und auch das Versprechen der Trierer Forstleute, geeignete Flächen oder Projekte zu identifizieren, braucht weiter Zeit. Das macht mich unruhig. Zweifel rühren sich: War die Idee eines aktiven Ausgleichs meiner bisherigen Lebens-Ökobilanz vielleicht doch nicht so gut? Oder klarer: einfach nur Blödsinn? Habe ich meine Energien und Möglichkeiten angesichts der Größe der Aufgabe unterschätzt? Wäre es nicht klüger, mich ein wenig zurückzunehmen, vielleicht sogar zurückzulehnen und auf die Vorschläge der TU-Kollegen zu warten? Mache ich mich mit all dem nicht lächerlich? Wäre mehr Zeit mit meiner Frau, wären geruhsame Abende in Theatern, Restaurants oder auf dem Sofa oder die Verbesserung des zweiten Aufschlags beim Tennis nicht eine schönere Beschäftigung? Habe ich mich verrannt? Zunehmend verbohrt an etwas festgefressen, was nun wirklich jenseits des gesunden Menschenverstands angesiedelt ist? Vergeude ich wertvolle Lebenszeit und Lebensenergie mit spinnerter Egozentrik?

Ich teile meine Überlegungen – mit meiner Frau ohnehin beständig, mit Kindern und Freunden bei passenden Gelegenheiten. Ihr Votum ist nüchtern und eindeutig. Weder haben sie Zweifel an der Sinnhaftigkeit des Projekts, noch sind sie bereit, mir ernsthaft Resignation abzukaufen oder gar zuzubilligen. Mitleid, das ich mir klammheimlich hie und da erhoffe, gibt es keins. Das ist schön und unschön zugleich. Einerseits freut mich ihre Sichtweise und ihr Vertrauen in meine Hartnäckigkeit. Andererseits billigen sie mir unterhalb meiner selbst gesetzten Maßstäbe nichts mehr zu, wo ich für einen Moment dazu neige, zumindest in Sachen Wiedergutmachung ein bis zwei Gänge zurückzuschalten. Das führt für einen Moment zu paradoxen Situationen: Ich bin plötzlich der, der »Bringt doch eh alles nichts«, »Viel zu schwierig«, »Wenn sich schon die Wissenschaft nicht sicher ist, wie soll ich dann …« etwas weinerlich intoniert, während Freunde und Bekannte in der Diskussion plötzlich diejenigen sind, die mich mit Beispielen eigener Veränderung oder gelungener Inspiration für mehr Nachhaltigkeit überzeugen. »Du kannst eh nicht anders«, sagt Miriam und »Richtig oder gar nicht!« Christian Greb, mein unternehmerischer Partner. Johanna kocht, wenn sie zu Besuch ist, experimentelles veganes Essen, und Felix geht mit auf Wildschweinjagd.

Gemeinsam im Wald zu sein ist manchmal wertvoller als viele Worte. Es ist mein größtes Glück, denke ich, solche Freunde und Familie zu haben.

Also mache ich mich wieder an die Arbeit. Ich lasse Krimis und Romane neben dem Bett liegen und lese stattdessen vor dem Einschlafen einige Artikel über die unterschiedlichen Arten von Mooren, Sümpfen, Auen, Feuchtgebieten und Wiesen und ihr enormes CO_2-Senkungspotenzial. Eine überschaubare Fläche, so meine Überlegung, sollte meine bisher freigesetzten 1 150 Tonnen oder besser noch: die bis zu meinem Lebensende – bei meinem verbesserten jährlichen Footprint von etwa sieben Tonnen – zu erwartenden 1 300 bis 1 400 Tonnen Kohlendioxid binden. Denn Schweizer Forscher messen in den obersten 50 Zentimetern eines einzigen Hektars Moorfläche bis zu 1 000 Tonnen CO_2. Ein bis zwei Hektar Fläche also, die ein Moor werden darf, zu einem Preis von einem Euro je Quadratmeter erstanden, würden mich auf dem Weg der ökologischen Wiedergutmachung einen enormen Schritt voranbringen und meine Ersparnisse nicht vollends verschlingen.

Der gemeinnützige Verein zur Förderung des World Wildlife Fund (**WWF Deutschland**) und der ebenfalls gemeinnützige Naturschutzbund Deutschland (**NABU**) sind die beiden größten Umwelt- und

Naturschutzorganisationen in Deutschland mit zusammen etwa 1,3 Millionen Mitgliedern beziehungsweise regelmäßigen Unterstützern. Ihr Umsatz liegt bei zusammen etwa 140 Millionen Euro, wobei der – bereits 1899 gegründete – NABU eine überwiegend dezentral und auf aktive Mitarbeit angelegte Vereinsstruktur aufweist, während der WWF Deutschland zur Schweizer Stiftung World Wildlife Fund For Nature gehört. Sie wurde 1961 gegründet und erzielt weltweit mit knapp 700 Millionen Euro ein Vielfaches der in Deutschland erwirtschafteten Umsätze. Erkennungszeichen des WWF ist der Panda, das des NABU der Storch. Der NABU ist als Naturschutzverband im Sinne des Bundesnaturschutzgesetzes anerkannt und muss daher bei Eingriffen in den Naturhaushalt zwingend gehört werden. Er verfügt über das Recht zur Verbandsklage, kann also ohne materielle Berührung eigener Rechte die Rechtmäßigkeit von Natureingriffen zur gerichtlichen Überprüfung bringen.

Elektrisiert suche ich nach Gelegenheiten für eine Wiederbewässerung einer trockengelegten Moorfläche. Vielleicht gibt es ja doch noch einen ökologischen Homerun? Ich googele »Wiedereinnässen von trockengelegten Mooren« und bekomme – bass erstaunt – nur Treffer für das Einnässen beim Kind, Klingelwindeln, Einschlaftipps und entsprechende ärztliche Ratgeber. Ich muss lachen. Also versuche ich es mit »Wiederbewässern trockengelegter Moore«, wundere mich über die deutsche Sprache und den Suchalgorithmus und habe mehr Glück: Die Treffer beschäftigen sich tatsächlich mit Mooren und ihrer Wiederbewässerung.

Unter all den wissenschaftlichen Abhandlungen sind auch zwei, drei Hinweise auf Projekte, die diese Wiederbewässerung tatsächlich betreiben. Sie liegen überwiegend in den ostdeutschen Bundesländern, insbesondere in Mecklenburg-Vorpommern. In Nordrhein-Westfalen oder den angrenzenden Bundesländern finde ich nichts. Ich rätsele: Macht es Sinn, Möglichkeiten zu prüfen, die 600 bis 700 Kilometer entfernt zu realisieren wären? Oder ist das am Ende ähnlich der Spende für die Wiederaufforstung des Regenwalds in Südamerika oder Asien?

Die Projekte sind, wie etwa die der Deutschen Wildtier Stiftung oder der Michael Succow Stiftung, in bestehende Organisationen eingebunden und nur für Spenden offen. Damit scheiden sie, hier bin ich zweifelsfrei, aus. Also suche ich weiter, spreche außerdem mit NABU und WWF. Das Ergebnis ist ernüchternd. Realistische Aussichten, eine Wiederbewässerung – womöglich gar in Nordrhein-Westfalen – umzusetzen, habe ich kaum. Weder gibt es hinreichende Flächen. Noch ist es Erfolg versprechend, in einer doch kleinteilig regulierten Landschaft ein Renaturierungsvorhaben mit einem Maximum an logistischer und rechtlicher Komplexität umzusetzen – ganz abgesehen davon, dass mückengeplagte Anwohner mir wahrscheinlich die ökologischen Flausen blitzartig austreiben würden.

Es hilft nichts: Mit Bedauern verabschiede ich das Bild schaurig-schöner, in Nebel getauchter Feuchtwiesen und Moore, das sich vor meinem inneren Auge abgezeichnet hat, und denke neu. Nichts wird es mit dem Homerun.

Andernorts hingegen sind Fortschritte deutlicher. Matthias Finkbeiner, Nikolay Minkov, ein langjähriger Mitarbeiter und Doktorand am Lehrstuhl, und ich beschließen die Gründung der greenzerO GmbH, einer gemeinnützigen Gesellschaft, die multidimensionale Lebens-Ökobilanzen und perspektivisch einen Lebens-Ökobilanzrechner für jedermann entwickeln wird, und der greenzero.me GmbH, einem kommerziellen Unternehmen. Mit ihm wollen wir nachhaltige Transformationsprozesse und -vorhaben in Unternehmen unterstützen und dafür professionelle Investoren und Partner gewinnen. Uns ist bewusst, dass eine Lebens-Ökobilanz für jedermann, ja eine Applikation, die auf einem Smartphone oder Tablet möglich machen soll, was die Wissenschaftler für meine Lebens-Ökobilanz in monatelanger Kleinarbeit errechnet haben, kein einfaches Unterfangen werden wird. Doch wir sind überrascht von einem unverändert steten Strom an Nachfragen zu unserem Vorhaben, häufig gepaart mit dem Wunsch, die eigene Bilanz kennenzulernen. Zudem gewinnt die Diskussion über

Lebensstile und Nachhaltigkeit permanent an Dynamik und Intensität – wenn wir also unseren Fitnesszustand, unser Schlafverhalten, unseren Alkohol- oder Wasserkonsum und unser Sexualverhalten schon ständig von Maschinen analysieren und optimieren lassen: warum nicht auch unsere ökologische Verträglichkeit? Nikolay Minkov übernimmt die Geschäftsführung, und ehe wir uns versehen, haben wir erste ernsthafte Interessenten für Investitionen in die neuen Gesellschaften und mit dm einen großzügigen Sponsor für den Start gewonnen.

Unternehmensgründer in Deutschland haben mittlerweile eine hohe Affinität zum Thema Nachhaltigkeit. Rund die Hälfte der innovativen Neugründungen (Start-ups) misst nach Aussage ihrer Gründerteams Fragen und Aspekten der Nachhaltigkeit besondere Bedeutung bei. Nachhaltigkeitselemente werten in der Regel die Sinnhaftigkeit einer Unternehmensidee auf, was die Akquisition von qualifizierten Mitarbeitern erleichtert. Hinzu kommen unter Umständen Marketing- und PR-Vorteile.

Neben der Integration von Nachhaltigkeitsüberlegungen in die eigene Geschäftsplanung gehen manche Unternehmen noch weiter. Sie wählen einen ökologischen Geschäftszweck oder nutzen weiterentwickelte Konzepte zum Beispiel der Gemeinwohlökonomie, um die Ergebnisse ihrer unternehmerischen Arbeit – den Ertrag – von vornherein in ökologische Zwecke zu investieren. Etliche dieser Unternehmen wie die mittlerweile recht bekannte Suchmaschine Ecosia gelten als auch sozial innovativ und experimentierfreudig. In Summe geht die Zahl der innovativen Unternehmensneugründungen in Deutschland seit Jahren jedoch zurück, und auch das zur Verfügung gestellte Risikokapital liegt mit 0,04 Prozent des Bruttoinlandsprodukts international auf sehr niedrigem Niveau. Während die US-amerikanischen Venture Capital Fonds 2018 rund 54 Milliarden Euro bereitstellten, waren es in Deutschland im gleichen Zeitraum lediglich 1,2 Milliarden Euro.

Dort wiederum macht das Projekt eines umweltneutralen Kernsortiments an Drogeriemarkt-Artikeln ebenfalls gute Fortschritte. Ich reise noch einmal nach Karlsruhe, um als Ideengeber und – so mein offizieller »Titel«, der mir ein wenig Schamröte ins Gesicht treibt – Anchorman auch die weitere Geschäftsführung vom Projekt zu überzeugen, was gelingt. Kerstin Erbe und Adrian Martin treiben die Idee entschlossen voran. Matthias Finkbeiner untersucht bereits erste Produkte und Prozesse und ist im regen Austausch mit den Herstellern und Lieferanten. 2020, so unverändert das Ziel, sollen Duschgel, Zahncreme, Deo und was an Grundausstattung sonst für ein Menschenleben vonnöten ist, ökologisch optimiert im Drogeriemarktregal von dm zur Verfügung stehen.

XXII.

Kurze Zeit später gelingt mir in Sachen Wiedergutmachung ein Durchbruch, ohne dass ich dies zunächst registriere.

Bei der Internetrecherche nach möglichen Flächen – ich suche nach Grünflächen, Industriebrachen, Ufergrundstücken und allem, was sonst noch für eine ökologische Umwidmung und Aufwertung infrage kommen könnte – lande ich auf den Seiten der RAG Montan Immobilien GmbH. Sie ist eine Tochtergesellschaft der RAG AG, beide mit Sitz in meiner Geburtsstadt Essen. Wir teilen uns nicht nur die Heimat, sondern auch das Geburtsjahr – bei einer Gesellschaft natürlich Gründungsjahr – 1968.

Die RAG AG hieß früher Ruhrkohle AG und ist eine Nachfolgegesellschaft für die Bergbau- und Montanaktivitäten (Stahlerzeugung, Chemie, Energie) des Ruhr- und Saargebiets. In ihr finden sich Unternehmen und Gesellschaften mit einer in Summe fünfstelligen Mitarbeiteranzahl und einem Milliardenumsatz. In meiner Heimat ist sie eine Institution, vergleichbar dem Steiger-Lied, Schalke 04 und der Trinkhalle. Jedenfalls was die Bekanntheit angeht. Keine Ruhrgebietsstadt, keine Bergbau- und Stahlepoche, kein Strukturwandel, der nicht mit der RAG oder Untergliederungen von ihr verbunden wäre. Ein international agierender Konzern. Komplex verwoben und verflochten, Eigentümer großer Flächen über und vieler Bergwerkseinrichtungen an Ruhr und Saar unter der Erde.

Die 2007 gegründete RAG-Stiftung ist ihre Eigentümerin, die bis in das Jahr 2018 die Reste des deutschen Steinkohlebergbaus abgewickelt hat (2018 schloss die letzte Zeche im Ruhrgebiet). Alle drei, RAG, Stiftung und Immobiliengesellschaft, haben ihren Sitz auf dem Gelände der ehemaligen Zeche Zollverein im Essener Norden. Zollverein ist Weltkulturerbe, nicht allzu weit ist es von meinem Geburtshaus entfernt. Mein Großvater und meine Onkel haben in vormaligen RAG-Untergliederungen unter Tage gearbeitet, mein Vater quasi im selben Gewerk, nur über Tage. Er war, nach einer Maurerlehre und einer beeindruckenden Schleife über den zweiten Bildungsweg, drei Jahrzehnte als Bauingenieur im Kraftwerksbau tätig, in Gelsenkirchen, Marl, Essen und Recklinghausen bis hoch nach Ibbenbüren am Rande des Münsterlands. Da, wo sich die fossile Welt in großer Tiefe vom ländlichen Raum Nordrhein-Westfalens endgültig schied.

Die Immobiliengesellschaft der RAG bewirtschaftet und vermarktet Hunderte Hektar solcher Flächen, auf denen früher Zechen, Kokereien, Versorgungs- und Verwaltungseinrichtungen standen, auch die Zeche Zollverein selbst. Teils sind es große Areale, teils gigantische Abraumhalden. Dann riesige, stillgelegte Industriekomplexe, dazu viel Wald, Grünland, Felder. Zur Abwicklung des Bergbaus gehört es, diese Flächen in neue Nutzungen zu überführen.

Ich finde eine Übersicht über verschiedene Grün- und unbebaute Brachflächen, einige wild zerstückelt, die die RAG zum Verkauf anbietet. Ein wenig kenne ich mich noch aus im Ruhrgebiet. Daher kann ich Orts- und Städtenamen zuordnen und einige mit eigenen Eindrücken in Verbindung bringen. Lang ist's her, denke ich bei den Flächen aus Essen oder Gelsenkirchen.

Kurzerhand verfasse ich eine E-Mail an die genannte Ansprechpartnerin, Karin Schulz. Ich erläutere meinen Hintergrund, mein Anliegen und mein Interesse an den Angeboten und bitte um Unterlagen und Exposés zu verschiedenen Arealen. Außerdem biete ich ein persönliches Gespräch an, vermutend, dass private Interessenten für die Flächen wohl eher die Ausnahme sein dürften. Wenn ich einige Berichte und Präsentationen richtig deute, sind es in der Regel die Kommunen, Gemeinde- und Regionalverbände, die die ehemaligen Industrieflächen übernehmen. Dazu kommen öffentliche Institutionen und vereinzelt ausgesuchte, größere private Investoren, die Areale erwerben – dann mit einem kommerziellen Interesse, vielleicht einer Stadtentwicklungsmaßnahme, dem Bau von Wohn- oder Gewerbeimmobilien, Einkaufszentren oder Industrieansiedlungen.

Die Antwort auf meine E-Mail erfolgt zügig. Karin Schulz sendet mir Kataster und Pläne zu verschiedenen Flächen. Sie bietet ein Gespräch im Haus der RAG Montan Immobilien auf Zollverein an. Wir schreiben einige Male kurz hin und her, dann haben wir einen Termin.

Mittlerweile ist es Sommer. Ich absolviere den Großteil meiner kürzeren Fahrtstrecken mit dem nun doch gekauften E-Bike und bin in einer körperlich ausgesprochen hervorragenden Verfassung, mancher Mittdreißiger wäre wahrscheinlich neidisch (natürlich nicht ;-). In Fragen der Ernährung, des Energiemanagements und des Konsums bin ich mittlerweile akribisch. Ich versuche, so plastikarm wie möglich einzukaufen, was bis auf ein paar Hygieneartikel gut funktioniert. Zahncreme, Shampoo und Duschgel sind verpackungsfrei für mich nicht sinnvoll zu beschaffen. Doch bei Shampoo und Duschgel entwickele ich durch Zufall eine fortgeschrittene Form des Lebensmittel-Containerns, indem ich die Reinigungskräfte in Tennisclub und Fitnessstudio bitte, mir die ständig liegen gelassenen, halb vollen Flaschen oder Tuben all der Gels, Cremes und Shampoos beiseitezustellen, die sie sonst im Müll entsorgen. Das klappt bestens – binnen Kurzem ist die Versorgungslage üppig. Ich wähle regelmäßig zwischen Marke, Duftstoff und Anwendungsbereich aus den vergessenen Behältern aus, die nach der Finkbeiner'schen Logik ökobilanziell ja mindestens zur Hälfte auf die ursprünglichen Käufer gehen …

Noch sorgfältiger als früher wäge ich Mobilitäts- und jede einzelne Kaufentscheidung ab. Das führt dazu, dass der Verbrauch an Lebensmitteln ohne Überschüssiges dauerhaft gelingt. Verderben tut nichts. Eine regenfeste Hose aus recyceltem Plastik für E-Bike-Touren im Herbst, ein dicker, zertifizierter Pullover aus Biobaumwolle, ein Buch zu den Grundlagen der Forstwirtschaft und zwei Vogelhäuser für den Garten aus nachhaltig zertifiziertem FSC-Holz (FSC steht für Forest Stewardship Council; das Council schuf das erste System zur Zertifizierung nachhaltiger Forstwirtschaft) – das war es mit den Anschaffungen in 2019 bis dato. Im Herbst werden noch eine warme Winterhose aus nachhaltiger deutscher Produktion und ein Pulli dazukommen.

Nach Untersuchungen von Greenpeace kauft jeder Deutsche etwa sechzig Kleidungsstücke pro Jahr. Mit zunehmender Geschwindigkeit füllen sich so die Kleiderschränke, in denen die Deutschen mehr als fünf Milliarden Textilien horten. Frauen kommen im Schnitt auf 118, Männer auf dreiundsiebzig Kleidungsstücke – Unterwäsche und Socken oder Strümpfe außen vor. 40 Prozent davon werden selten oder nie getragen, die Nutzungsdauer von **Kleidung** und Schuhen entspricht in etwa der von Einweggeschirr und Plastiktüten. Der Trend zu immer mehr Kleidung in immer kürzeren Rhythmen geht dabei durch alle Alters- und sozialen Schichten: Über die Hälfte aller unter Dreißigjährigen war noch nie bei einem Schuster.

In den letzten fünfzehn Jahren hat sich der Absatz von Kleidung weltweit verdoppelt. Anzeichen für ein Abflachen dessen gibt es nicht. 850 Millionen Tonnen Kohlendioxid produziert die Weltgemeinschaft durch Herstellung, Transport, Reinigung und Bügeln von Kleidung. Dabei ist der aus Erdöl hergestellte Polyester schon in der Herstellung besonders umweltbelastend, er verantwortet etwa dreimal so viel CO_2 wie Baumwolle. Hinzu kommen bei einem mit synthetischen Textilien (zum Beispiel Fleece) befüllten Waschgang etwa eine Million Partikel aus Mikroplastik, die nicht in Kläranlagen abgeschieden werden und sich mit hohen Gesundheitsrisiken insbesondere in der Nahrungskette anreichern.

Informationen zu den Herstellern mit biologischen und nachhaltigen Produktionsmethoden finden sich unter utopia.de.

Im Garten herrscht dank der blühenden, in allen Farben gehaltenen Beete und der Wildblumenwiese ein reges Treiben. Ich bin erstaunt, welche Mengen an Wildbienen und Hummeln jeden Tag auf den Blüten unterwegs sind, und beschließe, im nächsten Sommer große Teile des verbliebenen Rasens ebenfalls in eine Blumenwiese umzuwandeln. Die Stare, die sich im Frühjahr augenscheinlich prächtig im Dachstuhl über unserem Bett vermehrt haben, streifen regelmäßig auf Nahrungssuche durch den Garten. Dazu Distelfinken, Rotkehlchen, Meisen, Amseln, Spechte, Kleiber und Gartenrotschwänze. Mutmaßlich haben etliche von ihnen in ihren Nestern hungrigen Nachwuchs zu versorgen.

Ich lege, da die Insektenmengen so dramatisch abgenommen haben, zur pflanzlichen Kost zusätzlich getrocknete Maden und einige Wasserstellen aus, was dazu führt, dass sich binnen kürzester Zeit auch die Nicht-Vegetarier unter den Singvögeln Breinigs regelmäßig in unserem Garten treffen. Wenn meine Frau die Terrassentür öffnet, stieben Schwärme von Vögeln in die Luft. »Hoffentlich können die überhaupt noch fliegen, so wie du sie fütterst«, sagt sie und lacht. Ich überlege kurzzeitig, für die neuen Freunde eine eigene Madenzucht aufzubauen, entscheide mich dann aber doch – wahrscheinlich fehlt mir ohnehin der weiße Daumen – unverändert für den Einkauf. Trotzdem ist es faszinierend, die zunehmende Zahl an Vogelarten zu beobachten, und zum ersten Mal habe ich echte Freude an unserem Garten, den ich bisher eher mit lästigem Rasenmähen assoziiert habe.

Beim Jagen habe ich Glück. Ich strecke im Mai einen jungen Hirsch und mehrere Wildschweine, sodass ich genügend Fleisch zur Verfügung habe. Verschiedene Teile des Wildbrets verarbeitet mein örtlicher Metzger zu einer exzellenten Salami und zu Fleisch- und Jagdwurst, später auch zu Fleischkäse. Da es große Mengen sind, frage ich mich einen Moment, ob meine Frau und ich solche Mengen überhaupt verbrauchen können. Doch ehe ich mich versehe, sind hundert Salamis und fünfundsiebzig große Gläser Jagd- und Fleischwurst in unserem Umfeld verzehrt. Ich koche Wildeintopf, der auch bei unseren Kindern sehr beliebt ist, und einige Male grillen wir – mit Rücksicht auf die ökologisch oftmals zweifelhafte Holzkohle mit Biogas – Wildschwein- und Rehkeule. Emil wird mit Abschnitten und Resten vom Wild versorgt.

XXIII.

Die Krankheiten meiner Frau und meiner Eltern und insgesamt vier Todesfälle in Familie und Freundeskreis machen 2019 zu einem emotional herausfordernden Jahr. Hinzu kommen einige berufliche Herausforderungen, die mit erheblichen, teils auch personellen Veränderungen in PRECIRE Technologies einhergehen. Der neue Mehrheitsgesellschafter, ein großer deutscher Versicherungskonzern, passt nur begrenzt zu einem Technologie-Start-up, allen Bemühungen um mehr Agilität und Innovationskraft zum Trotz. Nicht immer sind dies leichte Gespräche und Verhandlungen. Und so finden sich Wochen, in denen sich zahllose schwierige Momente aneinanderreihen und in denen ich Mühe habe, positiv und optimistisch zu bleiben.

Neben dem Zuspruch von Heike, den Kindern und Freunden entwickelt sich dabei mein Nachhaltigkeitsprojekt zu einem der Lichtblicke, manchmal fast zu einem inneren Refugium.

Ich besichtige im Zuge meines RAG-Kontakts und zur Vorbereitung der dortigen Gespräche mit einer Vertreterin des Umweltministeriums die Fläche der ehemaligen Zeche Hugo in Gelsenkirchen-Buer. Just dem Teil von Gelsenkirchen, in dem – es sind schon erstaunliche Zufälle – mein Vater fast ein Vierteljahrhundert lang seinen Arbeitgeber und seinen Arbeitsplatz hatte. Die Zeche nahm 1875 ihren Betrieb auf, war ab 1968 Teil der Ruhrkohle AG und wurde 2000 stillgelegt. Die unterirdischen Schächte wurden verfüllt, während für die oberirdisch gelegenen Anlagen einschließlich des charakteristischen Förderturms lange nach einer Nachfolgenutzung gesucht wurde. Museumseinrichtungen entstanden. Doch für die übrigen Teile der insgesamt 22 Hektar großen Fläche gestaltete sich dies schwierig. Areale wie Hugo gab und gibt es im Ruhrgebiet viele.

Gemeinsam mit Wissenschaftlern und Experten aus Biologie und

Forstwirtschaft konzipierte die RAG ein innovatives Flächenkonzept, um in einem nachhaltigen Konstrukt aus Ökologie, Ökonomie und Sozialem die mitten im Ruhrgebiet gelegene Fläche neu zu gestalten. Heraus kam, direkt neben dem neuen Verwaltungssitz der Landesforsten Nordrhein-Westfalen, der Biomassepark Hugo. Seine Idee ist es, mit kurz umtriebigen, also schnell wachsenden Baumsorten wie Eschen und Weiden Biomasse für eine Kreislauf-Energiewirtschaft zu gewinnen: Die Bäume wachsen rasch, binden Kohlenstoff, werden zur Energiegewinnung schlussendlich verfeuert, setzen das Kohlendioxid also wieder frei und verarbeiten es in der nächsten Generation von Neuem.

Die freundliche Dame des Umweltministeriums wandert mit mir einen Nachmittag über die Fläche. Nur ein kleines Bergwerksmuseum und ein paar verbliebene Gebäude zeugen noch von der Historie der Fläche. Ansonsten ist sie mit freundlich gestalteten Schotterwegen durchzogen und in weiten Teilen renaturiert. Ein – ich höre die Namen, entdecke die Pflanzen als Laie aber meist nicht – wild wirkendes Sammelsurium an Gewächsen, Bergwerkswald und die aufgeforsteten Areale wechseln sich ab. Dazu gibt es einige Parzellen für örtliche Vereine, Schulen und diverse Bürgerschaftsprojekte, die eigenes Obst und Gemüse ziehen. Es ist ein sonniger, warmer Tag, es brummt und zwitschert reichlich.

Die Renaturierung sei gelungen, berichtet mir meine Begleiterin, selbst Forstwissenschaftlerin. Doch für eine nachhaltige, auch ökonomisch interessante Biomasseproduktion seien die zu erwartenden Erträge der Fläche mutmaßlich zu gering. Nichtsdestotrotz gilt Hugo mit der angrenzenden Halde Rungenberg – meinem Eindruck nach: zu Recht – als gelungenes Nachfolgeprojekt. Der Erholungswert auf beiden Flächen, die Aussicht von der künstlerisch angereicherten Rungenberghalde über weite Teile des Reviers und das viele Grün werten den alten Bergarbeiterstadtteil Gelsenkirchens deutlich auf. Das gesamte Areal hat Ausflugscharakter, und nicht ohne Stolz auf die vom Umweltministerium unterstützte Maßnahme berichtet mir meine Begleitung, welche Arten sich vergleichsweise schnell nach der Neugestaltung der Fläche dort angesiedelt haben.

Halden im Ruhrgebiet sind oftmals gut sichtbare Überbleibsel des Bergbaus. Sie entstanden aus dem Abraum der unterirdisch gelegenen Bergwerkseinrichtungen (der Schächte und Stollen) und sind mit ihrer kegelförmigen oder plateauartigen Silhouette in der eher flachen Ruhrregion (ebenso wie viele Halden im Rheinland und im Saarland) über große Distanzen zu erkennen. Ihre höchste, die Halde Oberscholven, erreicht 140 Meter und trägt zudem ein mit acht Metern Höhe recht eindrucksvolles Gipfelkreuz. In ihr befindet sich ein 36 000 Kubikmeter fassender Trinkwasserbehälter für die umliegenden Ortsteile von Gelsenkirchen. Andere Halden wie die Halden Haniel und Prosper (beide in Bottrop), Hoheward (Recklinghausen), Rheinelbe (Gelsenkirchen/Bochum), Schurenbach (Essen) oder Rungenberg (Gelsenkirchen) sind wegen kultureller oder künstlerischer Elemente beliebte Ausflugsziele. Sie dienen heute der Naherholung, ebenso wie jene Halden, die renaturiert oder einer natürlichen Neuerschließung überlassen wurden.

Wir diskutieren, welche Schlussfolgerungen ich aus den Erfahrungen von RAG und Umweltministerium mit diesem bald zehn Jahre – ich zucke – in Anspruch nehmenden Projekt ziehen kann. Klar ist: Bei meiner Wiedergutmachungsmaßnahme muss und wird es schneller gehen, messbare ökologische Ergebnisse zu produzieren. Zudem braucht es auch soziale und politische Initiativen, um eine gute Anbindung an die umgebenden Strukturen zu finden. Allemal im urbanen Raum des Ruhrgebiets. Und es braucht einen klaren Blick und einen für die Aufwandskalkulation spitzen Bleistift, sonst droht meine ökologische Konsolidierung rasch zu meinem ökonomischen Ruin zu werden.

Der Ausflug in meine alte Heimat – von Gelsenkirchen-Buer nach Essen-Borbeck ist es ein Katzensprung – begeistert mich insgesamt sehr. Zum ersten Mal bekomme ich ein Gefühl dafür, wie eine Wiedergutmachungsmaßnahme aussehen könnte – jedenfalls dann, wenn es um Ökologie auf einer Fläche geht. Natürlich wird mein Angang eine Nummer kleiner stattfinden. Doch ich lerne, Ökologie, Ökonomie und Soziales in einem zu betrachten, und begreife zunehmend, dass nur in einer gleichberechtigten Partnerschaft aller drei Aspekte ein wirklich nachhaltiges Unterfangen entstehen kann. Ökonomie allein ruiniert unsere Lebensgrundlagen, Ökologie allein negiert die menschlichen Phänomene und Bedürfnisse, und ohne soziale Komponente haben weder die eine noch die andere Disziplin in einer humanen Gesellschaft eine Berechtigung.

Innerlich gut sortiert reise ich zur RAG Montan Immobilien nach Essen. Obwohl ich nicht zum ersten Male dort bin, beeindruckt mich die ehemalige Zeche Zollverein, vor deren Front der RAG-Konzern seinen Sitz hat, erneut. Zwischen den ehemaligen Bergwerkseinrichtungen, den Gebäuden und Fördertürmen, den Wahrzeichen nicht nur der Stadt, sondern der gesamten Region, sprießt üppiges Grün. Hinweistafeln erläutern die Fläche und gleichzeitig verschiedene Naturschutzprojekte. Ich bin zu früh. Es ist brütend heiß, und ich bin – positiv – aufgeregt; erwartungsfroh ist vielleicht der bessere Begriff.

Das Besprechungszimmer im neuen, modernen Gebäude der RAG ist glücklicherweise angenehm temperiert. Ich treffe Karin Schulz und Thomas Beermann, die beide für die Vermarktung der ursprünglich einmal viele Tausend Hektar umfassenden ehemaligen Ruhrkohle-Flächen verantwortlich zeichnen. Wir trinken Kaffee – ökologisch geht der auf die RAG –, und ich berichte noch einmal persönlich von meinem Projekt, meinem Wiedergutmachungsvorhaben und meinem Interesse an ehemaligen Montanflächen, zudem von meinem Besuch auf Hugo. Beide hören interessiert zu. Sie erläutern mir Aufgaben und Strukturen der RAG Montan Immobilien und zücken dann – digital wie analog – zwei Flächen, die sie für mein Vorhaben als geeignet ansehen. Die eine umfasst verschiedene Restflächen der ehemaligen Zeche Friedrich Heinrich in Kamp-Lintfort (nahe Duisburg), die andere die Bergwerksflächen Polsum I und II in Marl im Kreis Recklinghausen, die bis zu ihrer Stilllegung zur Zeche Westerholt/Bergmannsglück respektive der daraus entstandenen Zeche Lippe gehörten. Polsum liegt seit gut zehn Jahren still, Friedrich Heinrich seit dem Jahr 2012.

Ein ausgedientes Bergwerk also.

Einen Moment lang frage ich mich, ob nicht eine ehemalige Bergwerksfläche vielleicht ein etwas zu großzügig dimensionierter Einstieg in meine Wiedergutmachungsbemühungen ist. Ich schlürfe am Kaffee und denke an unsere heimatliche Wildblumenwiese, an die neuen Vogelhäuschen im Garten und erwäge, um nicht ganz so unambitioniert daherzukommen, vielleicht noch die Anlage eines naturnahen Teichs in einer den Garten nutzenden Größe. Drum herum Wildkräuter, noch mehr Insektenwiese, ganzjährige Nahrungslieferanten auch für Vögel und Kleingetier. Das wäre doch eine beherrschbare Alternative … Und kostengünstiger! Na gut, muss ich innerlich zugeben, sicher nur ein Tropfen auf den heißen Stein meiner verheerenden Ökobilanz. Aber andererseits: gleich ein ganzes, leibhaftiges Bergwerk? Als erste Wiedergutmachungsmaßnahme für einen Öko-Deppen wie mich?

Immer wenn ich innerlich zu einem Vorschlag oder einer Idee nicht so recht weiterweiß, habe ich mir (manchmal mühsam) angewöhnt, ein optimistisches »Warum nicht?« zu formulieren. Es ist wahrscheinlich mehr Mutmacher denn tatsächliche Überlegung. Wenn es auf diese Frage keine wirklich eindeutige, die Idee verwerfende Antwort gibt, spricht Überwiegendes dafür, sie weiter zu verfolgen. So auch jetzt: Ein Bergwerk? Warum nicht! Anschauen und anhören kostet nichts.

Klar ist: Viel mehr Aufwertungspotenzial als auf einer ehemaligen Montanfläche werde ich kaum finden. Zudem denke ich an meinen Vater und meine Großväter, eine solche Fläche wäre für unsere kleine Familie eine Art sich schließender Kreislauf, wenn Großväter und Vater an Kohle, Stahl und Energie für den wachsenden Wohlstand Deutschlands gearbeitet haben und ich nun einen kleinen Beitrag leiste, im Strukturwandel meiner Heimat Ökologie und Lebensgrundlagen für Mensch und Tier (und Pflanze) danach zu verbessern. Die Industrialisierung hat aus den einst so ländlich geprägten, landschaftlich vielseitigen Ruhr- und Rheinebenen den industriellen Kern nicht nur Deutschlands, sondern Westeuropas gemacht und dabei Natur weiträumig vernichtet. Mitzuhelfen, ihr genau hier wieder etwas mehr Raum zu geben – ich bin mir sicher: Das macht Sinn.

Ich lege meine Unsicherheiten und Sorgen für den Moment beiseite und bitte Thomas Beermann und Karin Schulz um einige Erläuterungen zu den Flächen. Zustand, Aufbauten, planerische und bergrechtliche Situation, angrenzende Areale, alternative Planungen oder Überlegungen. Beide erläutern mir, dass in Kamp-Lintfort die zentrale Bergwerksfläche Friedrich Heinrich mit den ehemaligen Bergwerksgebäuden bereits an ein Unternehmen veräußert wurde und nur die umliegenden Areale mit überwiegend Wald zum Verkauf stehen. In Polsum hingegen handelt es sich um insgesamt rund 11,3 Hektar (113 000 Quadratmeter) Werksgelände mit Gebäuden, Pumpstationen, Wettereinrichtungen (Be- und Entlüftung der Stollen), Straßen, Zuwegungen und großen Parkplätzen. Die Fläche liegt mitten in einem kleinen Waldstück und muss, dies ist Teil der aktuellen genehmigungsrechtlichen Situation, von der RAG noch von den Aufbauten befreit und dann im Grundsatz wieder bewaldet werden. Das beruhigt mich. Dann ist Natur hier jedenfalls ein Thema.

Das Areal ist von verschiedenen Leitungen durchzogen. Zudem gibt es Planungen für ein Windenergierad auf einem Teil der Fläche, der dafür schon an den Energieproduzenten verpachtet ist. Doch ist das nur ein kleines Bruchstück, was die sonstigen Möglichkeiten auf der Fläche kaum berührt.

Nach Angaben des Bundesverbands WindEnergie haben mehr als 30 000 Windenergieanlagen in Deutschland 2018 knapp 112 Milliarden Kilowattstunden Strom geliefert. An der deutschen Stromproduktion hatte die **Windenergie** so einen Anteil von etwas über 20 Prozent. Deutschland ist damit nach China und den USA und noch vor Indien die Nummer drei der Windkraftanlagen-Betreiber (die produzierte Strommenge unterliegt witterungsbedingt natürlich

Schwankungen). Das gilt sowohl für den Bestand als auch den Neubau von Anlagen.

Die Herstellung von Windenergieanlagen ist wegen des hohen Einsatzes von Metall und Beton (je nach Bauart) material- und energieintensiv, der Betrieb hingegen nahezu umweltneutral. Infolgedessen amortisieren sich Windkraftanlagen ökologisch nach drei bis maximal sieben Monaten. Gleichwohl sind sie wegen ihrer Wirkung auf das Landschaftsbild nicht selten umstritten. Zudem verursachen sie – je nach Art unterschiedlich große – Schlagschäden bei Vögeln, wobei die Datenlage hierzu (von einzelnen Studien zum Beispiel zum Mäusebussard abgesehen) noch vergleichsweise dünn ist.

Ich erkundige mich nach der Historie des Standorts und möglichen Altlasten. Außerdem nach den lokalpolitischen Gegebenheiten. Das Gleiche mache ich für die Fläche Friedrich Heinrich. Mehr Fragen kommen mir zunächst nicht. Ich lasse alles auf mich wirken, stelle fest, dass es eigentlich genau das ist, was mir vorschwebt, finde Gefallen und verzichte auf Nachfragen zum möglichen Verkaufspreis, weil ohne genauere Kenntnis der Gegebenheiten und Möglichkeiten beider Flächen das ohnehin keine bewertbare Größe wäre. Dann verabreden wir die nächsten Schritte: In Kamp-Lintfort soll es mit örtlichen Ansprechpartnern eine erste grobe Abklärung dahingehend geben, ob die dortige Verwaltung meine Idee grundsätzlich goutiert und unterstützt. Für Polsum verabreden wir einen Vor-Ort-Besichtigungstermin. Danach mache ich mich auf den Heimweg, im Kopf immer noch auf der Vorstellung herumkauend, ob und wie ich wohl die ökologische Entwicklung einer ausgedienten Bergwerksfläche zustande bringen könnte.

Wieder zu Hause schaue ich mir beide Orte ausführlich auf Google Earth an. Sie liegen jeweils etwas außerhalb, in einer etwas ländlicher geprägten Randlage von Kamp-Lintfort respektive Marl. Umgebend finden sich Grün- und vor allem auch einzelne Waldflächen, in die beide Bergwerke entweder mitten hinein gebaut wurden, oder die im

Zuge der Bergwerksaktivitäten aufgeforstet oder angelegt wurden. Das hat den Vorteil, dass eine Renaturierung dort mutmaßlich gut an weitere Flächen anschlösse und tatsächlich auch zusätzliche Naherholungsmöglichkeiten schaffen würde. Lebensqualität stiege, was mir die Hoffnung gibt, vor Ort auf positive Resonanz zu stoßen.

Außerdem recherchiere ich zur Historie beider Bergwerke. Ein paar Bergbaubegriffe sind mir vertraut. Die Sprache klingt nach vergangenen, nachhallenden Zeiten. Doch im Detail habe ich mich noch mit keiner Zeche beschäftigt. Also lerne ich etwas über Soziologie und Ökonomie meiner Heimat. Friedrich Heinrich etwa hat eine lange Historie, war Teil eines großen Erschließungsfelds und verdankt seinen Namen Friedrich Freiherr von Diergardt, der mit anderen bereits 1862 – zu preußischen Zeiten also – bergbaurechtliche Genehmigungen auf der Fläche erhielt, die danach fünfzig wechselhafte deutsch-französisch-luxemburgische Zeiten erlebte, ehe 1912 der Betrieb der Steinkohlenförderung aufgenommen wurde.

Kurz vor und vor allem zu Beginn des Zweiten Weltkriegs erlebte die Zeche einen starken Aufschwung, der sich bis weit in die Siebzigerjahre fortsetzte. Teilweise über 7 000 Menschen förderten regelmäßig über 2,5 Millionen Tonnen Steinkohle jährlich, ehe – wie bei vielen Zechen – in den Neunzigerjahren durch Zusammenlegungen mit anderen Bergwerken der Ausstieg aus der Steinkohlenförderung im Ruhrgebiet betrieben wurde. In den frühen 2000er-Jahren endet dann der Betrieb. Wie vielerorts bleiben auch hier Denkmäler und, da die zentrale Werksfläche an einen Privaten verkauft wird, Brachen und Ruinen übrig.

Polsum entsteht deutlich später. Teufbeginn, also Beginn der Arbeiten zum Niederbringen des Schachts, ist erst 1943, mitten im Zweiten Weltkrieg. Wohl entgegen der ursprünglichen Planung wird der Schacht kurz nach dem Krieg Teil der Zeche Westerholt (später Westerholt/Bergmannsglück) und dient dort als Wetter- und Versorgungsschacht, sodass in Polsum keine Kohleförderung stattfand.

Ich mache mir eine Liste der Informationen, die ich zu beiden Flächen benötige, und skizziere auf zwei Blatt Papier meine Überlegungen, um gegenüber den örtlichen Ansprechpartnern auskunftsfähig zu sein. Drei Elemente möchte ich bedienen. Zuerst und zuvorderst die Ökologie. Sie soll maßgebend sein für alle Aktivitäten auf der Fläche und soll von den entsprechenden Naturschutzbehörden und sonstigen öffentlich-rechtlichen Einrichtungen eng begleitet und von Wissenschaftlern begutachtet werden, insbesondere vom Finkbeiner-Team. Als Laie brauche ich hier Expertenrat, das ist klar, und so bitte ich per E-Mail speziell das Umweltministerium um einige Kontakte und Ideen, womit mir die Ansprechpartner dort schnell und kompetent weiterhelfen.

Die vierzig **biologischen Stationen** in Nordrhein-Westfalen sind wie die vereinzelten im restlichen Bundesgebiet und in Österreich gemeinnützige Vereine. Sie dienen der biologischen Forschung, der Betreuung von Naturschutzprojekten, der Planung und Organisation von Pflege- und Entwicklungsmaßnahmen und der lokalen und regionalen Beobachtung und Datensammlung. Sie finanzieren sich über öffentliche Zuschüsse und Spenden sowie über Drittmittel und betreuen in Nordrhein-Westfalen meist einen Landkreis oder eine kreisfreie Stadt. In zahlreichen alltäglichen Themen des Umwelt- und Naturschutzes sind sie halbstaatliche Mittler zwischen Planungsbehörden, Naturschutzämtern und Privaten.

Ein wenig sicherer bin ich in Fragen der Ökonomie. Unzweifelhaft bedeutet ein möglicher Ankauf samt der Folgearbeiten einen erheblichen finanziellen Aufwand. Ich kalkuliere ihn grob mit erst einmal drei Euro je Quadratmeter. In Summe ist das der Preis einer ordentlichen Eigentumswohnung, im Essener Norden auch eines Einfamilienhauses mit Garage. Das wäre nach einigen gebrauchten Autos meiner Jugend und dem Ankauf unseres Wohnhauses eine der größten privaten Investitionen meines Lebens. Sie will gut geplant und kalkuliert sein. Ich bespreche sie mit meiner Frau. Denn wenn es auch mein Geld ist, das ich investiere, so ist es auch ein Stück gemeinsame Zukunftsentscheidung. Wir drehen ein paar lange Runden mit Emil um Breinig und diskutieren angeregt. »Das einfache Leben«, schwärmt Heike etwas versonnen, als ich von ökologisch wertvollen Streuobstwiesen für Polsum berichte und in Gedanken Landlust-Bilder entwerfe, um sie zu gewinnen. Doch das ist gar nicht nötig. Meine Frau ist ohne Weiteres einverstanden, vorausgesetzt, die Urlaubszeiten müssen künftig nicht mit Erntearbeiten verbracht werden.

Nach dem Kauf braucht es eine professionelle Bewirtschaftung der Fläche. Bäume können umfallen oder sonstige Arbeiten notwendig werden, die mit einem Konzept zumindest so abgesichert sein sollten, dass die Fläche nicht ein ökonomisches Fass ohne Boden wird. Pachteinnahmen für die Fläche, auf der das Windrad angedacht ist, könnten dies zumindest für die Dauer des Pachtvertrags leisten. Und ohne Windkraft? Ich grübele. Holzverkauf aus einer nachhaltigen Nutzung? Oder eine Obstproduktion, die im laufenden Betrieb zumindest einige Umsätze erzielt, die für das Management der Fläche genutzt werden können? Ich bitte den Leiter des Aachener Forstamts um eine Stunde seiner Freizeit, um mich in die Ökonomie der Forstwirtschaft einweisen zu lassen, und verabrede mich mit ihm zeitnah.

Soziale Elemente für die Fläche zu planen ist mir ähnlich fremd. Ich recherchiere verschiedene Nutzungskonzepte des Landes und der Landesforsten. Waldpädagogik und Naherholung. Auch hier gibt es Tipps vom Umweltministerium. Der Biomassepark Hugo und die Rungenberghalde mit ihren Informationsangeboten und der Inbesitznahme durch örtliche Schulen und Vereine sind mir noch vor Augen. Der Punkt macht mir daher keine Sorgen. Beide Flächen bieten unterschiedliche Möglichkeiten, und, in Gedanken bei meinen Vätern und Vorvätern, ist auch selbstverständlich, dass – sollte es tatsächlich zu meinem Erwerb kommen – eine angemessene Würdigung der Bergmannsarbeit auf diesen Flächen stattfinden wird.

XXIV.

Tage und Wochen im Sommer vergehen schnell. Ich bin beruflich viel unterwegs und nutze die an Verschnaufpausen so reichen Bahnfahrten für Informationsanfragen, Recherche, Selbststudium und Kalkulation. Dann stehen in kurzer Folge gleich mehrere Termine an.

Als Erstes treffe ich Liegenschaftsbeauftragte der Stadt Stolberg. Hier hatte ich, motiviert vom RAG-Kontakt und den aussichtsreichen Gesprächen dort, ebenfalls nachgefragt, ob sich im städtischen Eigentum oder in städtischen Gesellschaften unter Umständen ausrangierte Industrie- oder Gewerbeflächen fänden, die – erneut erläuterte ich mein Projekt und meine Wiedergutmachungsbemühungen – für eine ökologische Aufwertung taugten. Die Reaktion kam prompt und freundlich. Und so befinde ich mich an einem warmen Sommertag im Stolberger Rathaus. Die Stadt selbst hat keine solche Flächen, doch zwei Erbengemeinschaften suchen für Grün-, Wald und Mischflächen schon seit Langem Käufer. Gern erkläre ich mein Einverständnis, meine Kontaktdaten seitens der Stadt dorthin weiterzureichen. Beide Flächen sind von unserem Wohnhaus fußläufig für mich erreichbar, was ein enormer Vorteil wäre. Sie sind allerdings in Teilen genutzte Landwirtschaftsflächen, was, so viel habe ich inzwischen gelernt, Veränderungen unter Genehmigungsvorbehalte und Mitwirkungen – zum Beispiel der Landwirtschaftskammern – stellen würde. Gleichwohl: Ich hoffe auf eine Reaktion der Eigentümer.

Als Nächstes fahre ich nach Kamp-Lintfort. Dort treffe ich, gemeinsam mit Thomas Beermann von der RAG Montan Immobilien, zwei freundliche Mitarbeiter des Liegenschaftsamts. Sie haben ihre Büros im vierten Stock eines Rathausgebäudes, das ein vom Leben verbitterter Misanthrop ursprünglich als Gefängnisbau konzipiert haben muss. Ein Muss für Resilienzforscher, Freunde blassgrau verwitterter Oberflächen und angehende Sprengmeister.

Aus unseren vorgelagerten E-Mails kennen beide mein Anliegen bereits, und zum nun schon wiederholten Male gibt es eine freundlich-unaufgeregte, gleichwohl spürbare Zustimmung und eine angebotene Unterstützung. Wir diskutieren Möglichkeiten, wissenschaftliche Unterstützung auch von der örtlichen Hochschule einzuholen und städtische Vereine und Bildungsorganisationen für eine Begleitung zu gewinnen.

Ein wenig herausfordernd scheint der Umstand, dass inmitten des entsprechenden Areals noch die mittlerweile im Privateigentum stehende Bergwerkseinrichtung liegt. Ohne sie scheint eine ökologische Konzeption schwierig. Ich möchte wissen, ob der Eigentümer unter Umständen verkaufsbereit sein könnte, und die städtischen Ansprechpartner erklären sich zur Nachfrage bereit, wenn denn die Verwaltungsspitze, also Kamp-Lintforts Oberbürgermeister, mein Vorhaben ebenfalls begrüßen würde. Dazu werden sie ein Stimmungsbild einholen. Ich hoffe sehr, es wird nicht von der Rathausarchitektur eingefärbt.

Nach unserem Treffen fahre ich zur betreffenden Fläche, um einen Eindruck zu gewinnen. Über eine große Ausfallstraße geht es bei sommerlichen Temperaturen und strahlendem Sonnenschein Richtung Südosten. Dort grenzt die Nebenstraße, in die ich einbiege, an das Gelände von Friedrich Heinrich. Ich parke am Zaun des ehemaligen Bergwerks, das, so viel ich durch das Tor sehen kann, im steten Verfall weit fortgeschritten ist. Die Fläche hinter den Aufbauten ist ungenutzt. Teilweise holt sich die Natur bereits einiges von ihr zurück. Westlich liegt ein Stückchen Wald, östlich die Halde Norddeutschland, sie befindet sich schon auf dem Gebiet der Nachbargemeinde Neukirchen. Nördlich davon sind Grünflächen und ein paar aufgelockerte Wäldchen. Alles in allem eine typische, an manchen Stellen durchaus charmante Niederrhein-Landschaft. Der am Werksgelände angrenzende Wald ist Laubwald, teils dicht, teils aufgelockert. Schon viele Jahre im Entstehen. Ist hier, das verfallene Bergwerk selbst ausgenommen, überhaupt noch ökologischer Bedarf? Ich bin unsicher.

Ein paar Tage später geht es nach Marl-Polsum. In Ermangelung einer brauchbaren Zugverbindung (die App der Deutschen Bahn veranschlagt drei Umstiege, was der Code für »keine Verbindung möglich« ist) fahre ich mit dem Hybrid, das letzte Stück einen Gutteil über die B224 vorbei an Gladbeck und durch Gelsenkirchen. Ruhrpott pur. Linker Hand liegen riesige petrochemische Produktionsstätten, der Ausblick ist mit industriell-urban freundlich umschrieben. Doch hinter Hassel, als ich auf die Buerer Straße, an der Polsum liegt, einbiege, wird es plötzlich geradezu ländlich, zumindest für ein paar Kilometer. Ich fahre Landstraße. Dann kommt ein Waldstück, und ich bin am Ziel. Ich biege rechts ab. Ein paar Meter weiter steht, vor einem unsortierten Bauzaun, das weiße Auto von Karin Schulz mit einem RAG-Schriftzug auf der Seite. Wir begrüßen uns, freuen uns am sonnigen Wetter und einer leichten Brise. Dann schnüre ich wieder die Gummistiefel.

Das Bergwerksgelände Polsum I ist an der Südseite, an der wir stehen, rund 350 Meter lang. An der Westseite läuft die Grundstücksgrenze Richtung Norden und misst noch mal die gleiche Strecke. Beinahe wäre sie ein großes Rechteck, wie ein gigantischer Fußballplatz, doch im Norden schneiden mehrere Weiden und Wiesen, die nicht mehr zur Fläche gehören, ordentliche Stücke aus dem Rechteck. Auf der Karte sieht das aus, als hätte ein Riese ein Stück abgebissen.

Karin Schulz hat einen Schlüssel für ein riesiges Vorhängeschloss mit Eisenkette, das den zwischen zwei Bauzaunelementen gelegenen Zugang zur Fläche versperrt. Wir quetschen uns hindurch und stehen, vermute ich, im früheren Zufahrtsbereich zum Werkstor. Links liegen Parkplätze, von allerlei Grünzeug, Brennnesseln, Disteln und ein paar zaghaften Büschen schon ordentlich überwuchert. Dazwischen hie und da noch alte Laternen, die den Werksangehörigen den Weg zum Auto erleichtert haben dürften. Außerdem windschiefe, verrostete Einbahnstraßen- und Durchfahrt-verboten-Schilder, die von der Brise klappernd nur noch einen imaginären Verkehr zu regeln scheinen. Unglaublich viel Müll liegt herum, weiße Plastikstühle, leere Flaschen, Dosen, Becher, Plastik, Müllsäcke mit Inhalt und angebranntes Allerlei. Eine trostlose Wirklichkeit trotz strahlend blauem Himmel. Karin Schulz berichtet von Vandalismus, Kabel- und Altmetalldieben und den Abenteuer suchenden Jugendlichen, die eine Sicherung des Geländes nahezu unmöglich machten. Und sie gibt mir Tipps, in welchen Foren ich heimliche Innenaufnahmen der versperrten Gebäude finden kann.

Industriebrachen sind ökologisch erstaunliche Räume. Sie zählen zu den artenreichsten Biotoptypen überhaupt. Landschaftsökologen der Universität Oldenburg haben in den Neunzigerjahren Bergbau- und Industriebrachen untersucht und einen großen Artenreichtum und vielfach sogar stark gefährdete Arten auf diesen Flächen nachgewiesen. Ein Grund dafür vermuten Biologen in dem Umstand, dass die umliegenden Siedlungsräume und intensiv genutzte Landwirtschaftsflächen die Industriebrachen aus der Perspektive vieler Pflanzen- und Tierarten deutlich attraktiver erscheinen lassen. So finden sich auf dem Gelände der Essener Zeche Zollverein nach Auskunft der örtlichen NABU-Verantwortlichen unter anderem über vierzig Wildbienenarten und fast siebzig verschiedene Tag- und Nachtfalter, vierundzwanzig Libellenarten und über sechzig verschiedene Vogelarten.

Asphalt gibt es noch eine Menge. Vom in Teilen gelb blühenden Ex-Parkplatz aus führt eine noch tadellose Straße ins Innere des Geländes, das mit einem weiteren Zaun gesichert ist. Wie die meisten Zäune um die Industriebrachen des Reviers ist er löchrig und – zu allen Zeiten – zumindest für die Jüngeren eher Aufforderung als Abschreckung. Doch Karin Schulz und allemal ich sind der Pubertät jedenfalls körperlich entwachsen und benutzen ein weiteres Tor, quietschend entriegelt mit dem Schulz'schen Schlüsselbund, der jeden Gefängniswärter neidvoll erblassen ließe.

Über die ovale Versorgungsstraße passieren wir rote Backstein- und Ziegelbauten. Die Scheiben sind sämtlich gründlich eingeworfen. Graffiti zeugen allseits von nie versiegender Gestaltungskraft. »Porno« scheint ein zentraler Begriff dieser Welt zu sein. Hinzu kommen konzentrierte Hinweise zu beinahe allen wichtigen Lebensfragen, zu den Vorzügen diverser Damen, verschiedener mir unbekannter Musiker und den Müttern dieser Musiker. Überall wuchert und wächst etwas, und auch hier ist Müll, Müll in rauen Mengen, und Verfall. Eine einzelne Lore, die früher irgendwo Schüttgut transportiert hat, steht verloren herum. Wahrscheinlich war sie schon zu den belebten Zeiten des Geländes nur Anschauungs-, nicht Gebrauchsobjekt. Sie sieht aus, als hätte sie den Anschluss nicht nur einmal verpasst.

Am Ostrand der Fläche steht gewachsener Wald. Am Nordrand, wir wandern über einen kleinen, betonierten Weg, liegt in die Erde versenkt ein alter Bunker. Hier wurde Sprengstoff – und was sonst noch gesondert gesichert werden musste – aufbewahrt. Er ist vielleicht zehn Meter tief und läuft vom Eingang 30, vielleicht 35 Meter jeweils nach rechts und links. Ich mache mir Licht mit dem Smartphone und gehe vorsichtig hinein. Meine Augen brauchen Zeit, sich an die Dunkelheit zu gewöhnen. Karin Schulz wartet lieber draußen. »Falsche Schuhe«, erklärt sie und zuckt grinsend mit den Schultern.

Auch der Bunker ist vermüllt. Er hat acht Räume mit üppiger Grundfläche und ist baulich intakt. Spuren menschlicher Besucher finden sich in jeder erdenklichen Qualität und Konsistenz, dazu verschiedene Betrachtungen zu zentralen Lebensfragen auf den Wänden: »Gegen jede Herschaft« steht orthografisch flexibel an einer, was ein weiterer Sprayer mit einem »außer Mama!!« ergänzt hat. Ich muss lachen.

Alle Kabelschächte sind aufgebrochen. Ein paar alte Drehstühle zeugen davon, dass hier einmal Menschen an Schreibtischen arbeiteten. Mehrmals hat die RAG den Bunker mit schwerem Gerät zugeschweißt. Genauso regelmäßig wird er wieder aufgebrochen, obwohl seine inneren Werte überschaubar sind. Mich freut er trotzdem. Aus meinen Besuchen bei den Landesforsten in Trier erinnere ich ein Gespräch zu einem Fledermaus- und Nachtgreifquartier, das dort in einem verlassenen Bunker eingerichtet wurde, und nehme mir vor, diese Nutzungsoption zu prüfen. Es gibt Spuren von allerlei Kleingetier, drum herum auch einen Dachsbau und Losung vom Fuchs. Leben ist genügend da.

Wir wandern das Gelände einmal komplett ab. Am äußersten Rand entlang sind es mehr als eineinhalb Kilometer, im Inneren der Fläche ist es deutlich weniger. Das Gelände hat Höhenunterschiede, wo der Aushub aus den unterirdischen Einrichtungen wohl auf der Fläche verteilt wurde. Ein trocken gefallener Bachlauf quert sie. Ob er wiederzubeleben wäre?

Ich wünschte, ich hätte von den naturgegebenen Dingen etwas mehr Ahnung.

Dann geht es zu einer zweiten Fläche, keine hundert Meter entfernt. Dort steht ein ebenso wackeliger und löchriger Bauzaun, der ebenso wenig wie der um Polsum I in der Lage ist, die Abenteurer abzuhalten. Er begrenzt Polsum II, eine etwa ein Hektar große Fläche, die eine frühere Pumpstation beherbergt. Sie liegt mitten im Wald. Um einen riesigen, zylindrischen Betonklotz von zehn Metern Höhe und vielleicht sechs, acht Metern Durchmesser wuchern Sträucher. In respektvollem Abstand zu den Wetter- und Pumpeinrichtungen stehen Buchen, einige schon rund 150 Jahre alt.

Nach gut eineinhalb Stunden tausche ich die Gummistiefel wieder gegen meine Straßenschuhe. Karin Schulz wird mir, so gehen wir auseinander, alle relevanten Informationen über die beiden Flächen einschließlich des sogenannten Abschlussbetriebsplans, eine Art Stilllegungsregelung mit den zuständigen Behörden für Bergrecht, das Wasser und den Naturschutz zur Verfügung stellen. Ich meinerseits bitte um einen weiteren Besichtigungstermin, damit ich nach dem ersten Eindruck mit etwas mehr Expertenwissen zu einer echten Begutachtung komme – schließlich wäre dies mein erster Kauf einer Industriefläche … Ich frage noch kurz, wie es unter der Erde von Polsum aussieht. Karin Schulz ist sich sicher, dass alle Stollen und sonstigen unterirdischen Anlagen bereits verfüllt sind, will das aber noch einmal gesondert in Erfahrung bringen.

Es vergehen zwei, drei Wochen, bis ich die wesentlichen Unterlagen beisammenhabe. In der Zwischenzeit mache ich mir Gedanken zu einem passenden ökonomischen und rechtlichen Rahmen für das mögliche Vorhaben, stelle einen Auskunftsantrag beim Altlasten-Kataster des Kreises Recklinghausen, bespreche mich mit meinen Ansprechpartnern beim Umweltministerium, lese Richtlinien, Verordnungen und Ausführungsbestimmungen für den Naturschutz, diskutiere mit meinem Steuerberater über die für ihn wie mich völlig neuartigen und (wie alle deutschen Steuergesetze) unverständlichen steuerlichen Regelungen der Land- und Forstwirtschaft und befrage Matthias Finkbeiner, wie denn sein Vorgehen aussähe, wenn ich nun die Flächen Polsum I & II kaufen und zur Verbesserung meiner Lebens-Ökobilanz gezielt aufwerten würde.

Er erläutert mir, dass er in diesem Fall – gegebenenfalls mit Kollegen weiterer Disziplinen – einen exakten Istzustand der Fläche bei der Übernahme durch mich erheben würde, um dann Schritt für Schritt Veränderungen nachvollziehen und quantifizieren zu können: Wie viel Kohlenstoff respektive Kohlendioxid binden nach und nach die Böden und der Aufwuchs, insbesondere die Bäume? Wie viel Beitrag zum Arten- und Gewässerschutz leisten Fläche und mögliche Biotope? Wo stärkt etwa mein Fledermausbunker die Resilienz des Ökosystems? Wo gibt es weitere quantifizierbare Effekte?

Dabei stoße ich mich erneut an dem Problem des Flächenverbrauchs. Also des Umstands, dass ein ökologisch bestmöglich hergerichtetes Areal zwar irgendwann meine lebenslangen CO_2-Emissionen binden wird, gleichzeitig aber diese Fläche jedenfalls bis dahin (und womöglich darüber hinaus) nicht wieder angetastet werden kann, ohne – zumindest in der Theorie – meine mühsam ausgeglichene Lebens-Ökobilanz abermals aufzureißen (oder doch zumindest ins Wanken zu bringen). Denn anders als in einem Moor wird irgendwann das ehemalige Polsum-Areal seine maximale Speicherfähigkeit von Kohlenstoff, also eine Art ökologische Balance (in einem Kreislauf) erreicht haben. Spätestens dann wäre es ein Speicher, keine Senke mehr, und der Speicher verschlösse meinen Lebens-CO_2-Abdruck (und anderes meiner Ökobilanz). Ich hätte jedenfalls dann, wenn Fläche in Zukunft immer knapper würde, aus einer wissenschaftlichen Sicht mein CO_2-Soll durch ein aus einem Flächen-Soll stammendes Haben neutralisiert, aber meine Flächenbilanz bliebe mit einem Polsum I & II auf der Sollseite rot …

Bei Versauerung und Eutrophierung könnte dies anders aussehen. Diversität und Stabilisierung der ökologischen Systeme vor Ort sind, anders als eine Kohlenstoff-Einlagerung, keine feststehenden materiellen Dinge. Sie drücken sich allenfalls in Teilen darin aus. Einmal von der Fläche aus »geliefert«, so der Gedanke, blieben sie auch erhalten, selbst wenn sich am Kohlenstoffgehalt des Bewuchses etwas änderte.

Aus dem Kohlenstoff in der Atmosphäre und **aus Kohlendioxid wieder Kohle oder Erdöl zu machen** könnte aus der bislang eindimensionalen Nutzung fossiler Brennstoffe – zunächst einmal im Ideal – einen Kreislauf machen. Das Vorhaben verfolgen unter anderem Wissenschaftler am Royal Melbourne Institute of Technology (RMIT) in Australien. Mittels eines flüssigen Metall-Katalysators und Strom binden sie CO_2, das sie zuvor in einer Elektrolytlösung aufgelöst haben. Es flockt als fester Kohlenstoff aus.

Das Verfahren funktioniert im Labor im Gegensatz zu anderen Verfahren bei Raumtemperatur. Der Kohlenstoff ist anschließend in der Lage, elektrische Ladung zu speichern, was ihn prinzipiell für weitergehende Forschung – etwa als Kondensator – interessant macht. Die chemische Reaktion der CO_2-Lösung unter Strom erzeugt zudem synthetischen Brennstoff. Ihn hoffen die Forscher zu Treibstoffqualität (als Alternative zum Beispiel für Benzin) weiterentwickeln zu können.

Gleichwohl: Das Problem der begrenzten Kohlenstoffkapazität des Waldes, praktisch von sehr vielen Faktoren abhängig und beeinflusst, treibt mich um. Ich formuliere einen etwas eigenwilligen Gedanken:

Was, wenn ich die Idee des Biomasseparks Hugo aufgreife und auf der Fläche schnell wachsende Baumarten pflanze, sie beizeiten ernte (fälle) und den darin enthaltenen Kohlenstoff aus unserem Ökosystem entnehme, indem ich die Bäume in einen Polsum-Stollen werfe oder, weil das Holz in einer zukünftigen Welt mit einem gelösten CO_2-Problem wertvoller Rohstoff sein könnte, abgeschlossen unter der Erde von Polsum einlagere? Mit etwas Druck und passender Temperatur würde aus dem abgestorbenen Holz unter Tage ja genau wieder jene Kohle, für deren Verfeuerung und CO_2-Emission ich direkt und indirekt – etwa durch den Stromverbrauch aus Kohlekraftwerken – gesorgt habe.

Zugegeben: Es würde wohl Tausende oder gar Millionen Jahre dauern. Doch in dem Moment, in dem mit dem unterirdischen Einlagern des Holzes der Kohlenstoff dem Kreislauf entzogen wäre, wäre – meinem Verständnis nach – ausgeglichen, was ich beim Verfeuern der Kohle in Gang gesetzt habe. Und so könnte in einem permanenten Prozess aus nachwachsenden Bäumen (oder anderen Pflanzen) ständig Kohlendioxid auf meiner Polsum-Fläche gebunden und unterirdisch verbracht werden. Irgendwann würde meine CO_2-Bilanz so nicht nur ausgeglichen, sondern sogar positiv werden. Oder die tatsächlich nur auf Zeit genutzte Fläche könnte von meinen Kindern oder Enkeln für die eigene Ökobilanz eingesetzt oder für andere wieder freigegeben werden. Machte ich – respektive der- oder diejenigen, die mir im Eigentum nachfolgten – bei den zu erwartenden 1 300 oder 1 400 Tonnen Kohlendioxid meiner lebenslangen Sollseite Schluss, stünde ich CO_2-mäßig bei null, und mit der Rückgabe der Fläche wäre auch meine Flächenbilanz ausgeglichen.

Ich präsentiere meine Überlegungen Matthias Finkbeiner. Durchaus darauf vorbereitet, dass er mich schallend auslacht. Doch der findet den Gedanken gar nicht so dumm. »Wahrscheinlich haben Sie dann ziemlich schnell die Hardcore-Ökos gegen sich«, spekuliert er in gewohnt deutlicher Sprache, »aber an dem Gedanken ist was dran.« Um ihn final zu bewerten, will er sich mit Materialkundlern der TU austauschen, um genau nachvollziehen zu können, was unter Tage biologisch mit dem Holz geschehen würde und ob dies tatsächlich irgendwie zersetzungsfrei, also ohne den Kohlenstoff wieder freisetzende Prozesse eingelagert werden könnte.

Als ich einige Tage nach meinem Gespräch mit Matthias Finkbeiner Thomas Beermann bei der RAG Montan Immobilien in Essen anrufe, ahne ich, dass es ein schwieriges Telefonat werden könnte. Als ich ihn in der Leitung habe, vergewissere ich mich kurz, ob es ein wirklich passender Moment für meine Frage ist. Als er bestätigt, in Ruhe sprechen zu können, rücke ich langsam mit der Sprache heraus. Ich erläutere ihm meine Idee eines geschlossenen Kohlenstoffkreislaufs mit der Polsumer Kohle als Ausgangs- und Schlusspunkt. Es bliebe, führe ich aus, natürlich bei einer ökologisch bestmöglichen Aufwertung der Fläche, ergänzt lediglich um eine Entnahme der schlagreifen Bäume und ihr Verbringen unter Tage. Alles, was ich dazu bräuchte, wäre also nicht nur die Fläche oberhalb, sondern auch ein Stollen unterhalb der Erde von Polsum I oder II. Mit anderen Worten:

Ob er sich vorstellen könne, dass die RAG mir nicht nur den oberirdischen, sondern zumindest auch einen Teil des unterirdischen Bereichs von Polsum als Holzlagerstätte verkaufen könne.

Thomas Beermann bleibt einen langen Moment still. Dann formuliert er freundlich, meinen Gedanken verstanden zu haben. Seine Stimme verändert ein wenig die Intonation, so, als würde er meinen geistigen Zustand plötzlich mit neuen Augen betrachten. »Nun ja«, ringt er etwas mit den Worten, einen Teil der unterirdischen Bergwerkseinrichtungen, die ja der strengen Bergaufsicht unterlägen, zu verkaufen ... Das ginge über seine Auskunftsmöglichkeiten doch hinaus. Er wolle gern einmal nachfragen ... »Aber um ehrlich zu sein«, und sein Tonfall lässt meiner Interpretation nach wenig Spielraum: »Ich sehe da wenig Chancen.«

Ich möchte die Verhandlungssituation nicht überstrapazieren. Ein etwas eigenwilliges Anliegen bringe ich ohnehin schon mit. Es steht im Raum, eine ausgediente Bergwerksfläche einem Privaten als Ort der Wiedergutmachung ökologischer Schuld zu veräußern – und das in einem Großunternehmen mit hohem politischem Einschlag und einer gewiss ordentlich zu nennender Fülle an Regulierung und Bürokratie. Ich nehme mich zurück, murmele etwas von »Nur so ein Gedanke« und verschiebe den Punkt auf später, ohne ihn allerdings endgültig in der Polsumer Erde zu begraben.

XXV.

Von Gerd Krämer vom Aachener Forstamt bekomme ich Nachhilfe in Sachen forstwirtschaftlicher Grundlagen. Er erläutert mir an einem langen Samstag die Ökonomie und die Renditen im Wald, die schmal bis null sind, und die Aufwendungen, die ich zum Beispiel für die Anpflanzung solcher Baumarten zu erwarten hätte, die mit einem sich wandelnden Klima dauerhaft am besten zurechtkämen. Er zeigt mir die verschiedenen Bodenwerte, damit ich den Wert möglicher Flächen einschätzen kann und den des Bewuchses, der bei forstwirtschaftlich genutzten Flächen mindestens den gleichen Einfluss auf den Wert eines Quadratmeters hat. Ich frage ihn, ob er mich einmal nach Kamp-Lintfort und nach Polsum begleiten würde, um eine Einschätzung des vorhandenen Bewuchses und der Aufwertungspotenziale der Flächen vorzunehmen. Er sagt, vom Projekt ehrlich begeistert, gerne zu.

In Kamp-Lintfort treffe ich den Oberbürgermeister. Er hat Sympathien für das Vorhaben und sieht darin Chancen, die ein wenig ungeliebte Bergwerksbrache von Friedrich Heinrich in eine ökologisch wertvolle, die dortige Naherholung unterstützende Fläche umzuwandeln. Es ist ein schnelles, professionell vorbereitetes und konzentriertes Gespräch im Kamp-Lintforter Gefängnis-Rathaus. Nach einer halben Stunde sind die nächsten Schritte klar. Die Stadt, die hier den Kontakt bereits hat, spricht den privaten Eigentümer an, ich treibe die Gespräche über die umgebenden Flächen mit der RAG voran.

Wald bedeckt mit 27 Prozent knapp ein Drittel der Fläche Nordrhein-Westfalens. Jedem Einwohner des bevölkerungsreichsten Bundeslands stehen damit statistisch gesehen nur rund 530 Quadratmeter

Waldfläche zur Verfügung. Im bundesweiten Durchschnitt sind dies 1 400 Quadratmeter. 58 Prozent des Waldes besteht aus Laubbäumen, 42 Prozent sind Nadelgehölze. Das nordrhein-westfälische Umweltministerium schätzt, dass in den Wäldern NRWs etwa 4 000 Pflanzen- und mehr als 14 000 Tierarten leben.

Mit der bis an die Mosel reichenden Eifel, dem Sauer- und dem Weserbergland verfügt das Bundesland über drei große, zusammenhängende Waldgebiete. In den flachen, dicht besiedelten Ebenen insbesondere von Rhein und Ruhr ist Wald selten und kleinteilig. Hier ist die Nutzung durch Wirtschaft und Naherholung besonders intensiv. 63 Prozent des Waldes in NRW sind dabei – ein bundesdeutscher Spitzenwert – in privatem Eigentum.

Keinen Fortschritt gibt es unverändert in Sachen der in meinem Jagdrevier gelegenen Pferdewiese. Mit dem Eigentümer telefoniere ich kurz. Im Diskurs über alternative Plätze für seine Pferde nahe an seinem Wohnhaus gibt es keine Bewegung. Gedanklich lege ich diese Option beiseite und bereite die Gründung einer Gesellschaft vor, die bei einem Ankauf einer Bergwerksfläche Eigentümerin der Fläche werden soll. Die Gesellschaft soll nur das Eigentum halten und nicht gewerblich agieren, aber mein restliches Eigentum schützen, falls sich in Zukunft, was nie ganz auszuschließen ist, doch Altlastenrisiken zeigen. Ich nenne die Gesellschaft äußerst fantasievoll Gratzel GmbH & Co. KG und gründe sie nach einigen Gesprächen mit Johanna und Miriam, den an Nachhaltigkeitsthemen interessierten meiner Kinder, um sicherzustellen, dass nach meinem Tod das Projekt in der nächsten Generation fortgeführt wird. Mit den ordentlichen Rechnungen der Berater für die Gründung, kalkuliere ich überschlägig, hätte ich wahrscheinlich schon den ersten Hektar Streuobstwiese anlegen können.

Nachhaltigkeit hat an verschiedenen Stellen einen Preis.

Mit Gundolf Bartmann vom Forstamt Trier bleibe ich ebenfalls im Kontakt. Dank seiner Vermittlung komme ich mit zwei privaten

Eigentümern von Waldflächen ins Gespräch, die dem dramatischen Fichtensterben vielerorts zum Opfer gefallen sind. Doch ihr Verkaufsinteresse ist am Ende begrenzt. Die Flächen befinden sich seit Langem im Familienbesitz. Ich lerne erneut, dass viele Landwirte und allemal viele Waldbesitzer ihren Grundbesitz nicht nur als Wirtschaftsgut auf Zeit, sondern als Generationenaufgabe ansehen. Allmählich vollziehe ich das nach. Nicht die Rendite ist das Entscheidende. Das Gefühl von Verantwortung für etwas über Generationen Gehegtes und Entwickeltes prägt ihr Denken, mag auch – wie bei manchem Fichtenbestand – die ein oder andere Entscheidung früherer Generationen heute ihre wirtschaftlichen Risiken verwirklichen.

Ende August sendet mir die RAG mit den letzten Dokumenten und Altlastengutachten den Entwurf eines Kaufvertrags für die Flächen Polsum I & II. Ich lese ihn im Zug auf einem außerplanmäßigen Halt zwischen Osnabrück und Bremen – und muss schlucken. Kurz gesagt: Er enthebt die RAG jedweder Gewährleistung für die Fläche – was immer sich in und unter ihr findet, wird bei einem eventuellen Kauf mein Problem.

Hinzu kommen Einschränkungen für alle möglichen Leitungs- und Wegerechte, zeitweise Verpachtungen kleiner Teile für einen Pipeline-Bau, eine unklare Situation um das seit Jahren in der Planung befindliche Windkraftrad. Und das alles zu einem Preis, der für eine dauerhaft nicht ökonomisch nutzbare Fläche durchaus ernst zu nehmen ist. Für die Ersparnisse vieler Jahre harter Arbeit nicht gerade ein unwiderstehliches Angebot. Und doch: Neben aller Analytik spielt das tief sitzende Gefühl zwischen Herz und Magen am Ende meist eine entscheidende Rolle für Erfolg und Gelingen, und mein Gefühl für diese Option bleibt erstaunlicherweise ausgesprochen gut.

Es folgen Wochen freundlicher, aber entschiedener Verhandlungen. Parallel bemühe ich mich, ersten gedanklichen Grund in die Planung für eine Fläche zu bringen, gleich wo sie am Ende liegen mag. Das ist kniffelig, solange noch keine Einigung oder zumindest klare Präferenz zu einer konkreten Fläche vorliegt. Jede meiner drei Optionen – Marl,

Kamp-Lintfort oder die Pferdewiese – hat ihre naturschutzfachlichen Besonderheiten und ihre ganz eigenen örtlichen Gegebenheiten.

Ich treffe erneut Karin Schulz und dazu Franz-Martin Gösling, den verantwortlichen und diplomierten Forstingenieur der RAG Montan Immobilien, auf der Fläche Polsum. Gerd Krämer, der Leiter des Aachener Forstamts, nimmt einen Tag Urlaub und begleitet mich. Der Tag ist grau. Doch kaum angekommen, beginnt ein munteres Fachsimpeln der Forstexperten – über den auf der Fläche liegenden Bewuchs, über Büsche, Pilze, Bodenqualität und Biotoppflege, bevorzugte Baumarten, Tiere auf der Fläche, die Klimaveränderung und die Folgen daraus. Es fallen in rascher Folge viele Fachbegriffe, während ich mich durch die wuchernden Brombeerbüsche quäle und mir die Hose perforiere (und die Laune gleich dazu). Ämter und Behördenzuständigkeiten werden erörtert. Ökopunkte, Teil eines Ausgleichssystems für Umwelteingriffe im Gewerblichen, geschätzt. Ich stiefele hintendrein, höre zu und versuche, ein halbwegs gescheites Gesicht zu machen, während ich mir Dornen aus dem igelartigen Oberschenkel friemele.

Fledermäuse sind die einzigen Säugetiere, die tatsächlich aktiv fliegen können. Das tun die meisten der weltweit etwa 1100 Arten dank einem Biosonar, also einem auf Schallortung ausgelegten Sinn, insbesondere auch in der Dunkelheit ganz ausgezeichnet. Die lautlose Nachtaktivität, gepaart mit einem abenteuerlichen Aussehen und der verborgenen, meist in Höhlen, Gewölben, Astlöchern oder verlassenen Häusern gehaltenen Tagruhe machen sie kulturgeschichtlich zu einem überaus reichen Fundus für allerlei Sagen und Mythen, meist – von Batman abgesehen – mit wenig schmeichelhafter Ausgestaltung für die faszinierenden Tiere.

In Deutschland leben fünfundzwanzig vorwiegend kleine Arten, größere Exemplare mit mehr als fünf Zentimetern sind selten. Sie sind ausnahmslos in ihrem Bestand bedroht. Der Verlust an Lebensraum und vor allem der Verlust an Insekten, der Nahrung der

Fledermäuse, zehrt an den Beständen. Bis zu tausend Insekten frisst eine einzelne Fledermaus pro Nacht. Der Aufwand für das Beutemachen steigt aufgrund des dramatischen Rückgangs an Insekten erheblich, die Überlebenschancen des Nachwuchses sinken entsprechend. Hinzu kommt die hohe Pestizidbelastung der noch lebenden Insekten. Diese Pestizide reichern sich in der Fledermaus an und schwächen den hochsensiblen Organismus, verkürzen so Lebenserwartung oder Fortpflanzungsfähigkeit. In intensiv genutzten Landwirtschaftsräumen sind Fledermäuse daher nahezu verschwunden.

Der zweite Besuch der Fläche gibt mir Gelegenheit, ein paar Punkte meiner Bergwerks-Einkauf-Checkliste etwas genauer zu untersuchen. Dazu kann ich Franz-Martin Gösling Fragen zur Vergangenheit der Fläche stellen. Er kennt Polsum seit Jahrzehnten und berichtet zu den Erdbewegungen und forstwirtschaftlichen Maßnahmen, zur Wiederaufforstung am Ostrand, um Sicht- und Lärmschutz Richtung naher Wohnbebauung herzustellen, zum verrohrten Bachlauf, der freizulegen wäre, und dem Bunker und den Wildschweinen, die sich gern auf der Fläche tummeln.

Wir erörtern mögliche Naturschutzmaßnahmen. Eine Streuobstwiese würde am Westrand der Fläche gut ins Landschaftsbild passen und ökologisch hohen Wert haben, da sind sich die Forstleute einig. Dann kann der Bunker, geschickt umgestaltet und sicher verschlossen, womöglich für Nachtgreife, Fledermäuse, aber auch für Kleintiere, Amphibien und Insekten wertvoll sein. Wasser für Feuchtbiotope mit Schilfbewuchs ist auf der Fläche vielleicht herzustellen, in betonierten Becken, deren frühere Bestimmung uns rätselhaft bleibt. Außerdem gibt es ausreichend Fläche für artenreiche Feucht- und Magerwiesen. Unaufgeregt und fachkundig bleiben die beiden Herren im Dialog. Ich mache ein paar Fotos und Notizen und stelle mir die renaturierte Brache vor, im Frühjahr oder Sommer, und komme zum wiederholten Mal zu der Erkenntnis, dass dieses Vorhaben nicht nur Sinn, sondern auch viel Freude machen würde.

Polsum II, das kleinere Nachbarareal, ist zügig abgehandelt. Hier ist die Hälfte der Fläche mit einem gewachsenen Eichen- und Buchenbestand belegt. Lediglich die mit der Wetter- und Pumpstation versiegelte Fläche bietet mir Potenzial für eine ökologische Aufwertung. Ich rätsele, ob der riesige Betonzylinder vielleicht als ein Greifvogelquartier für Wanderfalken oder auch andere Vogelarten dienen könnte. Der RAG käme das entgegen, denn sie sparte erheblich Rückbaukosten, und einen Teil der Ersparnis würde ich schon, so mein Gedanke, für weitere Maßnahmen auf der Fläche heraus verhandelt bekommen. Doch die notwendigen Sicherungsmaßnahmen gegen ungewollte Klettertouren scheinen kaum herzustellen, zumal die umgebenden Zäune nach dem Umbau der Fläche verschwinden werden.

Nach der Besichtigungstour fahre ich mit Karin Schulz zum RAG-Sitz auf Zollverein nach Essen. Wir treffen Thomas Beermann und eine Kollegin aus der Rechtsabteilung, um den Kaufvertrag möglichst abschließend zu verhandeln – was uns gelingt. Jeder gibt ein wenig nach. An ein paar Stellen bleibt mir am Ende nur der Trost, mit der eigenen Besitzgesellschaft für die Fläche zumindest die existenziellen Haftungsrisiken zu begrenzen. Ob deren Verlagerung auf mich nach Dekaden ertragreichen unterirdischen Rohstoffabbaus ethisch und sozial gerechtfertigt ist, darf ich anzweifeln – akzeptieren oder vom Kauf Abstand nehmen bleiben aber nun mal meine beiden einzigen Optionen. Ich entscheide mich für Ersteres. Wenn ich den Mechanismen des Kapitalismus unternehmerischen Erfolg verdanke, kann ich mich jetzt schlecht über sie beklagen.

Ewigkeitslasten oder Ewigkeitskosten heißen die Folgekosten des Steinkohlebergbaus im Ruhrgebiet und im Saarland. Sie entstehen insbesondere durch das Eindringen von brackigem, salzhaltigem Wasser in die vormaligen Stollen und Schächte des Bergbaus. Das oftmals zusätzlich verunreinigte oder belastete Wasser muss über lange Zeiträume, gegebenenfalls »ewig«, gemonitort, abgepumpt und geklärt werden, damit es das Grundwasser nicht verschmutzt. Zudem droht beim Volllaufen der Stollen der Einsturz großer Teile der unterirdischen Einrichtungen – das Ruhrgebiet und das Saarland würden westdeutsche Seenplatten.

Zur Bewältigung dieser Ewigkeitslasten haben sich die verbliebenen Betreiber der Steinkohleförderung an Saar und Ruhr zunächst in der Ruhrkohle AG und heute RAG zusammengeschlossen und die RAG-Stiftung gestiftet. Sie hält unter anderem die Anteile an der RAG und der Evonik Industries AG und verwaltet über 14 Milliarden Euro Stiftungskapital, aus dem heraus vorerst 220 Millionen Euro jährlich für Bergschäden und Flächen- und Grundwassermanagement aufgewendet werden. Sollte dies eines Tages nicht mehr ausreichen, oder sollten die Stiftungserträge zurückgehen, müssten die Bundesländer Nordrhein-Westfalen und Saarland für die Ewigkeitskosten aufkommen.

Weil nun ein Flächenkauf und damit der Startschuss für eine erste Wiedergutmachungsmaßnahme näher rücken, gilt es zunehmend abzuwägen, auf welche der Möglichkeiten ich mich konzentriere – Polsum, Kamp-Lintfort oder doch die kleine Pferdewiese im Revier. Parallel mehrere Ankäufe und Renaturierungsmaßnahmen zu betreiben scheidet aus. Weder verfüge ich über derart üppige Budgets, noch reichen mein Laienverstand und meine neben meinem Unternehmen freien Zeiten derart weit, gleich an mehreren Stellen tätig zu werden – ganz abgesehen davon, dass meine Frau mich nun schon wiederholt und zunehmend inquisitorisch befragt, wohin die neue Landlust in mir denn wohl führen möge. Ich binde sie in viele meiner Überlegungen ein. Miriam und Johanna und auch die Jungs halte ich auf dem Laufenden.

Erschwert wird mir das Priorisieren dadurch, dass just im Oktober ein weiterer Kontakt, freundlich und wie angekündigt von der Stadt

Stolberg vermittelt, fußläufig von unserem Wohnhaus entfernt mir Flächen anbietet: insgesamt über 13 Hektar aus Grün- und Weidefläche, etwas Wald, Wegen, einer Windhund-Rennbahn und einem kleinen Uferstreifen entlang der hiesigen Vicht. Mit dem Vertreter der Erbengemeinschaft, einem Ur-Stolberger, laufe ich die auf und an einem Hügel gelegenen Wiesen und Waldareale im strömenden Regen ab. Er ist eine Mischung aus menschlichem Google Maps, Mario Barth und Heimatvereins-Vorstand. Während ich bis auf die Knochen nass und zunehmend auch wechselwarm werde, erläutert er mir, Spross einer ehemaligen Landwirtschaftsfamilie, in allen Details die Historie der Fläche. Dazu die Grenzverläufe, die schwierigen – auch amourösen – Verhältnisse der Nachbarn, alle Grenzstreitigkeiten der vergangenen 400 Jahre, Wege- und Fahrrechte und die Geschichte seiner Familie von der Flucht aus Ägypten bis heute. Das ist interessant und macht Spaß. Oder besser: Würde viel Spaß machen, wenn ich die Kleidung doch regendicht gewählt hätte. Habe ich aber nicht. Ich schmatze und blubbere beim Gehen wie ein nasser Teletubby in Fango. Und so bringt mir der dreistündige Rundmarsch über die interessanten Flächen neben vielen Informationen und Eindrücken einen veritablen Schnupfen – und eine zusätzliche Kaufoption im Abwägungsprozess.

XXVI.

Den Oktober und die erste Hälfte im November verbringe ich mit zahlreichen E-Mails an die Naturschutzbehörden und biologischen Stationen der jeweiligen Flächen. Ich beantrage und bekomme aus dem Altlastenkataster der Stadt Recklinghausen Auszüge die Polsumer Flächen betreffend und frage einen Freund, der als Ingenieur und Geologe kompetent ist, wie ich die Inhalte der Auszüge und die von der RAG Montan Immobilien übergebenen Gutachten zu bewerten habe. Sie scheinen mir beim Lesen unauffällig. Doch ohne fachkundigen Rat ist ein Kauf nicht denkbar. Der Freund bestätigt meinen laienhaften Eindruck: Solange – was bei meiner groben Planung nicht vorgesehen ist – keine größeren Eingriffe ins Erdreich erfolgen, ist mit Problemen aus den Böden und möglichen Verunreinigungen nicht zu rechnen. Ausgeschlossen ist jedoch nichts.

Franz-Martin Gösling treffe ich auf halber Strecke in Düsseldorf. Er gibt mir zahlreiche Tipps, wie der mögliche Behördenkontakt in Sachen Polsum nach einem Kauf aussähe, und erklärt sich spontan bereit, nach seinem für 2020 geplanten Eintritt in den Ruhestand die Fläche im Nebenjob zu beobachten. Sie liegt unweit seines Wohnhauses. Das ist ein echtes Plus. Denn nach einem Ankauf bräuchte es für die gewiss mehrmonatige, eher sogar mehrjährige Umgestaltungsphase einen professionellen Manager vor Ort. Das kann ich nicht leisten. Denn selbst wenn es mir (was ausgesprochen unwahrscheinlich ist) gelänge, meine Frau für längere Campingaufenthalte auf einer Bergwerksbrache im schönen Marl oder Kamp-Lintfort zu begeistern – Kompetenzen in Sachen Renaturierung und Forst habe ich schlicht keine.

Die in Stolberg gelegene Fläche entfällt als Option so schnell, wie sie sich auftat. Die Erbengemeinschaft verkauft kurzerhand und zu

Konditionen, mit denen ich nicht im Entferntesten konkurrieren kann, an ein benachbart gelegenes Schwermetallwerk. Auch ein Stück Heimatverbundenheit. In Sachen Pferdewiese gibt es weiterhin keinen Fortschritt. In Kamp-Lintfort entwickeln sich die Dinge zwar grundsätzlich positiv, doch wegen des teils schon vorweggenommenen Verkaufs der zentralen Betriebsfläche an einen privaten Eigentümer braucht es zusätzliche Gespräche, was die Komplexität des Vorhabens erhöht. Daher wird immer deutlicher: Polsum soll es wohl werden.

Der **Magerrasen** verdankt seinen eigenwilligen Namen seiner relativen Nährstoffarmut. Auf ihm wachsen bevorzugt niedrige und krautige Pflanzen. Dazu kommen Bereiche, in denen – anders als in anderen Landschaftstypen – offener Boden sichtbar ist. Das Mikroklima (Temperatur, Luftfeuchte, örtliche Windverhältnisse), die Lage (Hang, Senke, Ausrichtung), der jeweilige Untergrund und die womöglich wechselnde Bodenbeschaffenheit (Korngröße, Bodenmächtigkeit und -chemie) sowie die spezifische Bewirtschaftung zum Beispiel durch Vieh (Nährstoffentzug, Tritt, Erosion) beeinflussen die Magerrasenfläche.

Magerrasentypen entwickeln sich bevorzugt an warmen, nährstoffarmen und meist trockenen Standorten, je nach Klima und Geologie als Sand-, Halbtrocken- oder Trockenmagerrasen, als Steppenrasen oder bevorzugt von Wacholder geprägten Heiderasen. Sie sind Kultur- und Siedlungsergebnisse des Menschen. Nach der letzten Eiszeit waren weite Teile Europas vergleichsweise dicht mit Laubwald bewachsen, den eine zunehmend sesshaft siedelnde Menschheit als Energielieferant oder Baustoff rodete. Die dadurch entstandenen Freiflächen dienten als Ackerland oder Weide, natürlich jahrhundertelang ohne zusätzliche Düngung oder den Einsatz von Chemie. Weidendes Vieh oder der erntende Mensch hielten die Flächen von Überwachsung oder Baumbewuchs frei und sorgten ungewollt für einen steten Austausch von Sprossen und Samen über verschiedene Flächen hinweg, was heute als wesentlicher Grund für die Artenvielfalt vieler Magerrasen gilt. Sie beheimaten klassische Kräuter wie den Wiesen-Salbei, Gräser und eindrucksvolle Orchideen, dazu unzählige Insektenarten und Amphibien – vorausgesetzt, der Boden wird zurückhaltend bewirtschaftet und nicht mit Chemie um seine Artenvielfalt gebracht.

Während die Suche nach einer passenden Fläche und damit die erste Wiedergutmachung für die Habenseite meiner Ökobilanz eher gemäßigt, Schrittchen für Schrittchen vorankommt, entwickelt greenzero, die gemeinsame Gründung aus der TU Berlin, erstaunliche Dynamik. Während die Startfinanzierung zu Beginn von PRECIRE Technologies sechs Monate zäher Verhandlungen mit verschiedenen institutionellen Finanzinvestoren brauchte, bekommen greenzero und greenzero.me in Rekordgeschwindigkeit Anschubfinanzierungen dank zweier neuer Gesellschafter. Beide sind engagierte Unternehmer mit eindrucksvollen Lebensläufen und wahrer Überzeugung in Sachen Nachhaltigkeit. Die Gespräche mit ihnen dauern jeweils ein Abendessen, ohne durchgestylte Businessplan-Präsentation, Dutzende Excel-Tabellen und monatelangen Hickhack um das Kleingedruckte der Beteiligungsverträge. Für die Höhle der Löwen wäre ich mittlerweile auch zu müde.

Ich bin über die Geschwindigkeit der Investorengespräche verblüfft. Philipp, unser Ältester und mit BWL-Erfahrung, auch. Wir diskutieren über Businesspläne, Technik und Ökologie, Fußabdrücke und die Verkaufsfähigkeit nachhaltiger Beratung. Er wirkt so aufgeräumt wie selten. Er möchte unternehmerisch mitarbeiten. Das freut meine Frau und mich sehr.

Anfang November mache ich noch einmal eine Bestandsaufnahme in Sachen meiner Finanzen. Dann prüfe ich an einem langen Sonntag ein zweites Mal alle Unterlagen zu den Flächen in Marl. Ich lese noch einmal die Gutachten. Überlege. Rechne. Die nachhaltige Finanzierung des Vorhabens hat einige ungeklärte Variablen, das Vorhaben selbst durchaus seine Herausforderungen.

Ich überlege bis zum Einschlafen. Montagmorgens dann bin ich entschieden, nicht ohne gehörigen Respekt für die anstehende Aufgabe: Ich verabrede für den Kauf von Polsum I & II mit Karin Schulz von der RAG einen Notartermin in Aachen, an einem Freitag, 29. November, vorbehaltlich der rechtzeitigen Eintragung der Gratzel GmbH & Co. KG im Handelsregister.

Wir gehen auf die Zielgerade unserer Verhandlung. Ich trippele allmählich zur Startlinie meines ökologischen Ausgleichs. Das macht etwas mit mir. Es fühlt sich gut an, voller Sinn. Ich freue mich darauf. Als privater Wald- und Flächenbesitzer aktive Ökologie zu betreiben wird, da bin ich sicher, zum Ende hin meinem Leben eine neue, vielleicht sogar tiefere Note geben.

Die Woche beginnt großartig, und im gleichen Moment meldet sich der Gedanke, dass ich mit dem Geld, das ich auf dieses Vorhaben verwenden werde, vielleicht ja auch einen gepflegten (vorgezogenen) Ruhestand über Jahre würde finanzieren und ein Leben voller Annehmlichkeiten würde führen können. Er beschäftigt mich. Dann liegt er wie eine Tüte von McDonald's quer über meinen sonst durchaus schön anzusehenden Zukunftsbildern.

Parallel zu meiner Terminplanung bekomme ich von Franz-Martin Gösling eine erste Skizze für den Landschaftsplan der umgestalteten Flächen, mit stilisierter Streuobstwiese und Feuchtbiotop, wo derzeit noch verfallende Verwaltungsgebäude und jede Menge Müll vor sich hin gammeln. Postfossile Welt. Ich recherchiere die von ihm verwandten Fachbegriffe. Was ist eigentlich ein Magerrasen, was gehört zum Streuobst, welche Tierarten könnten sich auf der Fläche ansiedeln, welche Pflanzen? Was meint der Lageplan mit »Extensivblühern«? Und wie viele Bäume werde ich kaufen, wie viel Samen für Wiesen und Blumen wohl anliefern lassen müssen? Und: Was mache ich bloß am Ende mit dem ganzen Obst? Glückauf-Konfitüre und Bergmanns-Glück als Hochprozenter?

Mitten im selbst konfigurierten Online-Studium stoße ich auf den Seiten der Bezirksregierung Arnsberg auf Informationen zu einer – mit einem unaussprechlich langen Titel ausgestatteten – Förderrichtlinie des Landes für Naturschutzmaßnahmen. Ich lese sie mehr aus alter Juristenneigung denn aus ökonomischer Erwartung. Doch das ändert sich schnell. Nach erstem Überfliegen und auch nach zweitem, jetzt sorgfältigem Lesen scheint sie mir für mein Vorhaben tatsächlich einschlägig. Das wäre schlicht sensationell. Weder habe ich in meinem bisherigen Unternehmerdasein je einen Euro eines Zuschusses oder einer Subvention in Anspruch genommen, noch hätte ich je gedacht, dass hier, wo es nicht um Arbeitsplätze und Bruttosozialprodukt, sondern um Obstwiesen und Uhu-Quartiere geht, ein staatlicher Beitrag vorgesehen wäre. Ein bemerkenswerter Beitrag übrigens, denn wenn ich die Richtlinie richtig deute – ich lese sie ein drittes Mal –, eröffnet sie mir Aussichten auf einen Zuschuss bis zur Hälfte der Kosten schon für den Ankauf der Fläche. Das würde mein Budget erheblich ausweiten.

Kaum zu glauben.

Ich schreibe eine E-Mail an die zuständige Stelle der Bezirksregierung Arnsberg. Nach einer freundlichen Antwort telefoniere ich mit dem zuständigen Sachbearbeiter am nächsten Tag ausführlich. Und in der Tat: Der Herr am anderen Ende der Leitung lässt keinen Zweifel, dass mein Vorhaben förderfähig sei.

Streuobstwiesen gelten ökologisch als besonders wertvoll. Sie sind typische Landschaftselemente eines eher extensiv angelegten Obstanbaus und bestehen aus hochstämmigen Obstbäumen unterschiedlicher Altersklassen und Sorten, vor allem einer Vielzahl von Äpfeln, Birnen, Kirschen, Pflaumen, je nach regionalem Klima aber natürlich auch Quitten, Aprikosen oder Pfirsiche. Der hohe Stamm der Bäume (die Krone beginnt erst bei etwa 180 Zentimetern), die vergleichsweise großen Abstände zwischen den so quasi »verstreut«

stehenden Bäumen und die ebenfalls zurückhaltende Bewirtschaftung der die Bäume umgebenden Wiesen oder Weiden (Fett-, Feucht- oder Magerwiesen) sind diejenigen Elemente, die ihre mittlerweile zunehmend auch chemie- und pestizidfreie Ökologie prägen.

Bundesweit existieren etwa 300 000 Hektar Streuobstwiesen. Auf ihnen leben mehr als 5 000 Tier- und Pflanzenarten, wobei Streuobstbestand und Weidemöglichkeiten gleich zwei parallele landwirtschaftliche Nutzungsarten eröffnen. Gleichzeitig bilden die Streuobstwiesen einen zentralen Genpool, also einen Vorratsraum für das Erbgut von allein in Deutschland etwa 3 000, weltweit etwa 5 000 Obstsorten. Etliche von ihnen sind in ihrem Fortbestand gefährdet, weil die moderne intensive Landwirtschaft – wie beim Gemüseanbau ebenfalls – einige wenige, besonders robuste Sorten bevorzugt, die möglichst ertragreich und unkompliziert in Anbau und Lagerung sind. Das vermindert dramatisch **Biodiversität** (Reichtum an Arten und Sorten) und schwächt die Widerstandsfähigkeit vieler Ökosysteme, deren Resilienz gerade auf der Vielschichtigkeit der Lebensformen, den wechselseitig nutzbringenden Symbiosen und der permanenten Erneuerung und Optimierung des jeweiligen Genpools fußt. Bienen, Schmetterlingen, Käfern und zahlreichen anderen Insektenarten bieten Streuobstwiesen ein vielfältiges und stabiles Nahrungsangebot, typischen Höhlenbrütern wie Specht oder Kauz zudem zahlreiche Gelegenheiten für die Aufzucht des Nachwuchses. Hinzu kommen häufig kleine Mikrohabitate, beispielsweise Totholz für verschiedene Pilz- und Insektenarten und Tümpel für Amphibien.

Ich kann mein Glück noch nicht fassen. Hälftiger Zuschuss schon für den Ankauf der für Natur- und Landschaftsschutz vorgesehenen Fläche. Das hieße, dass ich womöglich mit meinem Budget doch zwei Flächenprojekte statt nur einem finanzieren könnte. Wobei: Ich überdenke die Legitimität einer Förderung. Schließlich geht es mir um den Ausgleich meiner ureigenen Lebens-Ökobilanz. Ist es ethisch in

Ordnung, dafür einen Zuschuss in Anspruch zu nehmen? Keine einfache Frage. Mein Unbehagen speist sich aus dem Umstand, dass letztendlich nordrhein-westfälische, deutsche oder europäische, in jedem Fall also öffentliche Mittel mein privates Vorhaben mitfinanzieren würden. Ist das mit dem Vorsatz eigener, eigenverantwortlicher Wiedergutmachung vertretbar? Oder müsste dann nicht richtigerweise auch die Hälfte der ökologisch aufgewerteten Fläche am Ende nicht meine, sondern die Ökobilanz des Landes oder des Bundes verbessern? Oder ist diese Überlegung schon grundsätzlich Unfug, weil bei meinen Flügen mit dem subventionierten Kerosin oder dem steuerlich geförderten Dienstwagen mir ja auch der Staat nicht seinen Subventionsanteil am schädigenden Verhalten oder am ökologisch zweifelhaften Produkt abgenommen hat? Ganz im Gegenteil: Das staatliche System lenkt gerade mit seinen ökonomischen Anreizen unser Verhalten in die Richtungen, die dem demokratischen Konsens – so zumindest die Idee – entspringen. Also liegt die ethisch richtige Antwort wohl in der Richtlinie selbst. Ich lasse den Gedanken erst einmal sacken. Dann habe ich eine Meinung: Das Gesetz gibt uns nicht nur die Freiheit, sondern auch die Antwort.

Also arbeite ich mich ein. Die zuständige Bezirksregierung für die Polsum-Flächen sitzt aber nicht in Arnsberg, sondern in Münster, die für mögliche Maßnahmen nahe meinem Wohnort Stolberg in Köln. Ich telefoniere mit den Münsteraner Beamten, die mir nicht minder freundlich und hilfsbereit Auskunft zu meinem Vorhaben in Marl geben. Auch ihr Fazit ist zweifelsfrei: Ja, eine entsprechend positive naturschutzfachliche Beurteilung unterstellt, wird bereits der Ankauf der Fläche hälftig gefördert. Die Naturschutzmaßnahmen auf der Fläche selbst können sodann ebenfalls Zuschüsse bekommen, beispielsweise für die notwendigen gärtnerischen Pflegemaßnahmen der Streuobstwiesen.

Die entsprechenden Fachverantwortlichen der Bezirksregierung, sie ist die Obere Naturschutzbehörde (ONB) und für den Kreis Recklinghausen verantwortlich, und ich verabreden kurzfristig einen Termin für Montag, den 25. November, in Münster – vier Tage vor dem mit der RAG verabredeten Beurkundungstermin. Die Zeit drängt, denn wenn die Beurkundung vollzogen ist, gibt es definitiv keine Förderung mehr. Die Entscheidung der Bezirksregierung müsste vor dem Beurkundungstermin schriftlich – als Bescheid – vorliegen. Eigentlich undenkbar. Trotzdem mache ich mich auf den Weg.

Ich reise im IC nach Münster und treffe im etwas schmucklosen Gebäude der Bezirksregierung auf die Naturschutz- und Förderexperten. Es ist eine kluge und gut gelaunte Runde. Ich berichte ihr zu meinem Lebens-Ökobilanz-Konzept und zu dem durchaus etappenreichen Weg, der mich schlussendlich auch zu ihnen bringt. Sie hören interessiert zu, während ich mich beim Erzählen wieder einmal frage, ob mich die Zuhörer insgeheim nicht doch für verrückt halten … Wenn, dann lassen sich die zwei Damen und drei Herren jedenfalls nichts anmerken. Ganz im Gegenteil. Als ich ihnen die maßgeblich von Franz-Martin Gösling erarbeitete Landschaftsplanung für die Fläche vorlege, sind sie sichtlich angetan und helfen zu verschiedenen Details mit klugen Hinweisen und Ansprechpartnern weiter. Außerdem recherchieren sie, ob für die Förderung nach der einschlägigen Richtlinie noch Mittel im Landeshaushalt vorrätig sind – und ja, sie sind es.

Sodann gehen wir die verschiedenen Teile Schritt für Schritt durch: Streuobstelemente, Magerrasen, Feuchtwiese, Biotop – allein beim Bunker als Fledermausquartier haben die Beamten Bedenken, denn der vergleichsweise geringe Abstand zwischen dem benachbarten Windkraftrad und dem Bunker erhöht für die einfliegenden Fledermäuse oder Nachtgreife das Totschlagsrisiko. Den Punkt hatte ich erwartet, wenn auch trotz eingehender Recherche manches daran mir in der Vorbereitung des Termins unklar geblieben war. Doch für diese Details sei, darauf weisen mich die Naturschutzexperten aus der Runde hin, ohnehin die örtliche Naturschutzbehörde in Recklinghausen zuständig. Jetzt gehe es allein um die Frage, ob der Erwerb der Fläche zu Zwecken des Landschafts- und Naturschutzes förderfähig sei. Und das ist er wohl.

Nach zwei Stunden endet unser Gespräch. Ich bekomme ein auf Umweltschutzpapier ausgedrucktes Formular und einen Link zum gleichen Formular in der Online-Variante, verbunden mit der Aufforderung, umgehend – also bis zum nächsten Tag – meinen entsprechenden Antrag für eine Förderung des Flächenkaufs von Polsum einzureichen. Dann gäbe es eine Chance auf einen Förderbescheid noch im Verlauf der Woche, also noch vor meinem für Freitag verabredeten Beurkundungstermin.

Den Abend und einen Teil der Nacht verbringe ich damit, das Formular auszufüllen, alle Anlagen beizufügen und das ganze Paket mit meinem nochmaligen Dank an die Bezirksregierung zu senden. Diese meldet sich bereits am Mittwoch – jedoch mit ernüchternden Aussagen. Demnach habe das Umweltministerium auf Nachfrage die Förderfähigkeit von Flächenankäufen zu den Richtlinien-Zwecken durch Private verneint. Ich bin perplex. Nicht dass ich nicht – Sie kennen das Gefühl – an so viel Glück ohnehin einen nagenden inneren Zweifel gehabt hatte; vielmehr irritiert mich die Begründung zutiefst. Ich krame die Richtlinie erneut aus dem Internet, lese die entsprechenden Regelungen zu den möglichen Zuwendungsempfängern nochmals sorgfältig, und dort steht, juristisch zweifelsfrei, explizit auch der »Private« als Subventionsempfänger.

Am Mittwochabend schreibe ich eine ausführliche E-Mail an meinen zentralen Ansprechpartner im Umweltministerium und bitte ihn um Unterstützung. Dankenswerterweise antwortet er – deutlich nach Dienstschluss – umgehend. Am Donnerstag geht es dann einige Male digital hin und her. Die Begründung – immerhin eine Absage an einen ordentlichen Geldbetrag – ist dürftig und juristisch ohne Zweifel unhaltbar. Doch was soll ich tun? Den Beurkundungstermin absagen, eine unabsehbare Aufschiebung des Grundstückskaufs riskieren? Wer weiß, was noch alles dazwischenkommen könnte? Und anschließend muss ich dann juristisch um die Richtigkeit der Ablehnung streiten? Oder nach dem Wie-gewonnen-so-zerronnen-Prinzip den »Verlust« hinnehmen und beim Allein-und-auf-eigene-Kosten bleiben?

Ich telefoniere noch einmal mit meinem Ansprechpartner im Ministerium. Er macht mir wenig Hoffnung auf eine kurzfristige Korrektur der Ministeriumslinie, ist aber nicht der Verantwortliche. Einen Rat will er – verständlicherweise – nicht geben.

Ratlos lege ich auf. Dann drehe ich eine Runde mit Emil über die schönen Breiniger Wiesen und Felder und entschließe mich, von weiteren Bemühungen um einen Zuschuss abzusehen. Morgen wird beurkundet, und Emil ist der Erste, der es erfährt.

XXVII.

Am Freitag, den 29. November 2019, ziemlich genau drei Jahre nach meiner Entscheidung für ein Grüne-Null-Leben, beurkundet der Notar Bernhard Auernhammer, ein hervorragender Walter seines Amtes, den Kaufvertrag zwischen der RAG in Essen und mir über die Flächen Polsum I und Polsum II in Marl. Die Beurkundung dauert eine knappe Stunde. Mit einer Geschwindigkeit, die den legendären Hitparaden-Moderator Dieter Thomas Heck (die Älteren erinnern sich) neidisch hätte werden lassen, liest er das Dokument, an dem wir über Monate gearbeitet haben, Karin Schulz und mir im nüchternen Besprechungszimmer seines Notariats vor. Wir unterschreiben auf der letzten Seite, hinter vielen Seiten Kaufvertrag und zahlreichen Anlagen. Dann ist es amtlich. Ich werde, nach Grundbucheintragung und Übergabe der Fläche an mich, der neue Eigentümer der ehemaligen Bergwerksflächen.

Mit Karin Schulz trinke ich anschließend noch einen Kaffee im Café gegenüber. Sie gibt mir Namen einiger Ansprechpartner, die in den nächsten Monaten und Jahren wichtig für mich werden. Ingenieure der RAG Montan Immobilien, die den Rückbau der Bergwerkseinrichtungen verantworten, und Behörden-Ansprechpartner für die lange Liste an Themen, mit denen ich mich nun beschäftigen werde: Umweltrecht, Naturschutz, Rückbauverpflichtungen und Bergrecht, Auflagen, Forst, Gewässerschutz. Außerdem gilt es, die kommunal Verantwortlichen in Marl kennenzulernen und einzubinden. Landschafts- und Naturschutzkonzepte zu entwickeln. Zustände zu dokumentieren. Alle zuständigen Behörden, aber auch Matthias Finkbeiner und seine Wissenschaftskollegen wollen informiert und für die nächsten Schritte gewonnen werden. Dazu braucht es Fachexperten für Landschaftsplanung und Naturschutz, Forstwirtschaft, Biologie, für die Ökonomie von privaten Naturschutzprojekten (ebenfalls ein bislang eher dünn durchdrungener Bereich), eine langfristig angelegte Business-Planung, Ideen für die Beteiligung der Öffentlichkeit und vor allem die der Ehefrau, und, und, und …

Neben den privaten und unternehmerischen Themen in meinem ausgefüllten Leben wird dies, da bin ich sicher, keine ganz einfache Aufgabe. Doch andererseits gilt es einiges wiedergutzumachen. Die 1 400 Tonnen Kohlendioxid, die, wenn ich mein statistisch zu erwartendes Alter erreiche, auf der ökologisch roten Seite meiner Bilanz stehen. Dann die sechs Tonnen Schwefeldioxid. Die Phosphate und Nitrate, den immensen Ressourcenverbrauch, die Berge von Müll. All die Schäden meines Lebens wird diese Fläche, wird diese Maßnahme allein wahrscheinlich nicht ausgleichen. Und selbst wenn sie das schafft, wird sie dafür weit über mein Dasein hinaus Zeit brauchen – Zeit, die die elf Hektar für anderes und andere nicht zur Verfügung stehen. Dieses grundlegende Problem ist noch ungelöst, wie etliche, wenn es um den ökologischen Ausgleich meines Lebens geht. Kniffelige Arbeit für Matthias Finkbeiner und sein Team und natürlich alle, die an einer nachhaltigen Lebensführung für uns Menschen forschen.

Doch der Kauf der Fläche ist ein Anfang. Mein ganz persönlicher Startschuss auf dem Weg zur grünen Null. Wenn sie in ein paar Jahren so aussieht, wie ich sie mir jetzt vorstelle, mit Streuobstwiese, Feuchtbiotop und viel neuem Wald, wird sie mutmaßlich meine grauen Haare vermehrt und meine Ersparnisse aufgebraucht haben.

Und mich glücklich machen.

Epilog

Zwei Wochen nach dem Notartermin, mitten in der trubeligen Vorweihnachtszeit, reise ich mit Emil noch einmal nach Marl, um Christian Heiderich zu treffen. Er ist der Ingenieur, der für die RAG den Rückbau der Bergwerkseinrichtungen auf Polsum I & II verantworten wird. Franz-Martin Gösling ist ebenfalls vor Ort, um seine forstliche und naturschutzfachliche Sicht mit einzubringen. Die Dezembertage sind grau und dunkel. Doch heute scheint eine milchige Sonne durch einen sich gemächlich auflösenden Hochnebel.

Weil keiner von uns einen Schlüssel für das Vorhängeschloss am äußeren Behelfszaun hat, quetschen wir uns auf Polsum I durch eines seiner zahlreichen Löcher, die Metalldiebe oder Abenteuerlustige an etlichen Stellen im Zaun hinterlassen haben. Dann schlagen wir ein paar Haken durch die einst großzügig überdachten Fahrradständer, klettern durch eine halb verfallene Außenwand und sind im Inneren des Areals angekommen. Es gilt, erste Sondierungen vorzunehmen, was wo beim Rückbau unter Umständen getan werden kann, um der RAG die Räumung der Fläche und mir ihre nachfolgende Nutzung zu erleichtern. Emil markiert flächig das Terrain. Als sich sein Nacken versteift und der Blick starr wird, weht eine Bö Wildschweingeruch herüber. Ich leine ihn an. »Befriedeter Bezirk«, zucke ich nach Verständnis heischend mit den Schultern, als er mich entrüstet anschaut. So heißen Areale, in denen nicht gejagt wird. Emil schüttelt nur den Kopf.

Östlich von Schachtanlage und den verfallenen Verwaltungsgebäuden liegen die Fundamente – auch Christian Heiderich kann nur mutmaßen – wohl der früheren Transformatorenhäuschen, in denen der Strom insbesondere für die unter Tage gelegenen Einrichtungen bereitgestellt wurde. Es sind drei rechteckige Betonbecken, jedes mit

25, 30 Quadratmetern Grundfläche. Sie stehen voll brackigem Regenwasser. In einem schwimmt ein ramponierter Einkaufswagen. In den beiden anderen reichlich Verpackungsmüll, ein eigentlich noch intakt wirkender Gartenstuhl, ein modisch erstaunlicher, goldfarbener Damenschuh, zwei leere Cola-Flaschen aus Plastik und eine Chipstüte.

Mit einem vorsichtigen Tritt auf den Haltegriff des Einkaufswagens prüft Franz-Martin Gösling, ob er auf dem Grund steht. Er sackt noch etwas tiefer, aber nicht weit, und so vermuten wir, dass die Becken nicht mehr als zwei Meter Tiefe haben. Da das Gelände hier höher liegt, speisen sie sich offenkundig nur aus Regenwasser. Wir nehmen uns vor, zu untersuchen, ob sie mit einiger Bearbeitung eine Basis für Wasser, Feuchtwiese und Biotop auf der Fläche bieten könnten. Müsste ich das Gewässer dann sichern, um keinen ungewollten Badeunfall zu riskieren? Wir wissen es nicht.

Wir stiefeln weiter Richtung Bunker. Diesmal habe ich eine ordentliche Stirnlampe von der Jagd dabei, sodass wir die Anlage Raum für Raum ohne Verletzungsgefahr erkunden können. Es sieht nicht besser aus als beim letzten Mal. Müll liegt herum, ehemalige Kabelschächte hängen, ihres Innenlebens befreit, zersplittert und zerrissen von Decken und Wänden. Der kaputte Drehstuhl ist immer noch verwaist, und in einer Ecke ganz am Rand der Anlage finden sich alte Leitz-Aktenordner mit Sicherheitsbestimmungen von Behörden und Berufsgenossenschaften. Wuchtige Metallregale stehen hilflos an den Wänden. Sie sind für die Metallsammler wohl zu fest montiert gewesen, wie die massiven Metalltüren der einzelnen Räume auch, die sich nicht alle öffnen lassen. Die Luft ist erstaunlich trocken. Zwei mit massiven Gittern bedeckte Lüftungsschächte rechts und links sorgen für einen steten Luftstrom. Wir suchen nach weiteren Lufteinlässen und werden in Eckräumen fündig.

Christian Heiderich möchte wissen, ob und gegebenenfalls wie ich den Bunker erhalten möchte. Nach dem Abschlussbetriebsplan für Polsum wäre er zurückzubauen. Es sei denn, ich verschaffe ihm eine von der Bergaufsicht und allen weiteren beteiligten Behörden akzeptierte Folgenutzung als ökologisches Refugium. Das ist mein Ziel – mit einigen Hürden auf dem Weg dorthin. Die Idee eines Fledermaus- und Greifvogelquartiers löst bei einem ersten NABU-Experten, den ich an den Vortagen kontaktiert hatte, ebenfalls wegen der nahe gelegenen Windkrafträder nachvollziehbare Bedenken aus, auch wenn die genauen Auswirkungen der Windkraft auf Vogelbestände – angesichts der Tausenden von Rädern in Deutschland erstaunlich – noch nicht valide untersucht sind. Damit rücken Kleintiere, Amphibien, Insekten sowie Pilz- und Pflanzenarten stärker in meinen Fokus. Doch wo gibt es eine passende Bunker-Umbauanleitung dafür?

Einig sind wir uns, dass die Betonböden des Bunkers in jedem Fall entfernt werden müssten, damit ein natürlicher Bodenkontakt entsteht. Der Haupteingang wird geschlossen. Stattdessen bauen wir ein für Menschen nicht mehr zugängliches Röhrensystem, quasi als tierischen Eingang anstelle der bisherigen, die Jugendlichen anlockenden Stahltür, die zugemauert werden muss. Die Luftschächte werden überwiegend zugeschüttet, nur kleine Öffnungen sollen für Frischluftzufuhr in die hinteren Bunkerräume sorgen. Aber weiter? Welches Substrat kommt auf die Böden, welches Klima wird entstehen, für welche Arten ist was herzustellen? Und was wird aus der Idee, Holz emissionsfrei einzulagern?

Es wartet Arbeit auf mich. Franz-Martin Gösling scheint meine Gedanken zu lesen. »Prüfen wir«, sagt er, wie gewohnt nur Wesentliches aussprechend.

Der oberirdisch das Grundstück anschneidende, dann verrohrte Bachlauf kommt auf meine Besprechungsliste mit der Unteren Naturschutzbehörde (UNB) und den für das Wasser verantwortlichen Behörden-Ansprechpartnern. Wir sind uneins, ob er wieder freigelegt werden muss, was für die Ökologie gut, für das Rückbaubudget der RAG ungut wäre. Wir werden sehen. Christian Heiderich hat in jedem Fall bei Weitem mehr Fragen als ich Antworten. Ich nehme mir vor, früh im Jahr alle Behörden zu besuchen, um ihre jeweilige Expertise und Mitwirkung einzuholen, ehe beim Rückbau ungewollte Fakten geschaffen werden. Auch das, ein ungewollt doppeldeutiger Begriff, Neuland, jedenfalls für mich.

Recht zentral erreichen wir das kleine Segment, auf dem für die Zeit nach dem Rückbau schon vor Jahren ein Windkraftrad geplant und beantragt wurde. Es wird, wenn denn die planerischen Grundlagen dafür nach all den politischen Diskussionen in NRW bestehen bleiben, 2021 in Bau gehen. Ich begegne ihm – vertraglich ist dies ohnehin lange vor meinem Kauf zwischen RAG und Betreiber final verabredet worden – ambivalent. Einerseits braucht es die Windkraft für die Energiewende, und angesichts des Pachtvertrags für die entsprechende Teilfläche dürfte ich mich auf Jahre hinaus auf Pachteinnahmen freuen, die den Unterhalt der Fläche auch ohne Zuschüsse meinerseits sichern könnten. Andererseits aber fürchte ich geschredderte, vom Windschlag getötete Vögel, die zu meinem Bild bestmöglicher Ökologie auf der Fläche gar nicht passen. Ich werde es nehmen (müssen), wie es kommt.

Der Parkplatz am Westrand von Polsum I ist ebenfalls bereits in Teilen für eine – glücklicherweise überschaubare – Zeit vermietet. Ein Pipeline-Bauunternehmen wird hier für zwei, drei Jahre eine Lagerstätte für die entsprechenden Röhren einrichten. Dieser Teil der Streuobstwiese muss warten. Nicht schön, aber ebenfalls nicht zu ändern. Raum, das wird mir einmal mehr bewusst, ist knapp im Ruhrgebiet. Es grenzt an ein Wunder, dass ich mitten in diesem Ballungsgebiet nicht nur elf Hektar zu einem für mich leistbaren Preis erwerben, sondern für etwas so scheinbar Unökonomisches wie Ökologie herrichten kann.

Auf dem Rückweg zum Eingang stelle ich fest, dass die alte Lore, die bei meinem letzten Besuch so verloren herumstand, verschwunden ist. Christian Heiderich kann sich ihren Verbleib nicht erklären. Er wird prüfen, ob er von einem anderen Standort zu gegebener Zeit eine herbeischaffen kann. Sie ist, keine Frage, ein Ruhrgebiets-Klischee. Doch mein Vater, meine Großväter und Onkel würden mir dereinst wohl (zu Recht) übel nehmen, wenn ich ihre harte Aufbauarbeit unter der Erde des Ruhrgebiets hier nicht angemessen würdigen würde.

Und meine Kinder würden in dreißig Jahren womöglich vergessen haben, was früher einmal statt der Bäume auf Polsum stand.

Auf dem Rückweg nach Breinig komme ich, vielleicht liegt es am Wetter, vielleicht am absehbaren Jahresende, ins Nachdenken. Was, frage ich mich, wäre gewesen, wenn ich in den vergangenen drei Jahren nicht – mit bis dato höchst überschaubarem Erfolg – am Ausgleich meiner Lebens-Ökobilanz gearbeitet, sondern meine freie Zeit, meine Energie und das dafür bereitgestellte Geld in anderes investiert hätte?

Nun, ich wäre häufiger beim Sport und in meinen Joggingschuhen gelandet und hätte meine Freunde öfter gesehen. Vielleicht wäre ich auch, zumindest vor ihrer Erkrankung, mit Heike auf Reisen gewesen, auf einer Weltreise, mit zwei Dutzend Flügen und einer Woche Kreuzfahrt auf einem 5000-Passagiere-Schiff im Mittelmeer zum Abschluss. Vielleicht hätte ich auch mehr gelesen, ferngesehen oder mit dem Ersparten investiert, um das eingesetzte Geld zu vermehren und meinen Kindern zu hinterlassen.

In jedem Fall, da bin ich sicher, und ich nicke mir innerlich zu, hätte ich ein großartiges Leben geführt. Ich hätte viel Spaß und Freude gehabt, genossen, gelacht, mich angestrengt und eine Menge unternommen. Ich wäre zufrieden, oft glücklich gewesen – glücklich sein liegt mir einfach.

Und noch während ich das denke, fühle ich, ohne auch nur einen sanften Hauch des Zweifels:

So, so ist es ungleich besser gewesen.

Dank

Für ihre Geduld, ihre Nachsicht und ihre klugen Anmerkungen zum Manuskript danke ich zuallererst meiner Frau Heike. Ohne sie wären weder mein Green-Zero-Projekt noch dieses Buch entstanden.

Ebenso dankbar bin ich den Verlagsmitarbeitern bei Ludwig, allen voran Anna Frahm und Regina Carstensen, für die professionelle, akribische und von echter Passion geprägte Arbeit am Buch, und meiner Tochter Johanna, die bei der Durchsicht des Manuskripts viele wertvolle Hinweise bereithielt.

Matthias Finkbeiner als nun schon mehrjähriger Wissenschaftspartner meiner Bemühungen um eine »grüne Null« und Marcel Görmer als intimer Kenner meines materiellen Daseins haben mein Leben mit einem neuen Wissen für ökologische Zusammenhänge bereichert und mein Vorhaben bis heute entschieden mit betrieben. Auch hierfür meinen herzlichen Dank.

Meine vor Kurzem gestorbene Mutter hätte sich über das Erscheinen dieses Buchs sehr gefreut. Ihr und meinem Vater, denen ich die zentralen Chancen meines Lebens verdanke, sei es daher besonders gewidmet.

Breinig, im Frühjahr 2020

Weiterführende Literatur

Einen guten Einstieg und Überblick über Methoden und Prinzipien der Ökobilanzierung liefern die folgenden Bücher:

Finkbeiner, Matthias, und Bernhard Schwager: Umweltmanagement für kleine und mittlere Unternehmen. Die Normenreihe ISO 14000 und ihre Umsetzung. Beuth. Berlin 2016, 3. aktualisierte und erweiterte Aufl.

Matthias Finkbeiner (Hg.): Special Types of Life Cycle Assessment. LCA Compendium. The Complete World of Life Cycle Assessment Series. Springer. Dordrecht (NL) 2016

Klöpffer, Walter, und Birgit Grahl: Ökobilanz (LCA). Ein Leitfaden für Ausbildung und Beruf. Wiley-VCH. Weinheim 2019

Hauschild, Michael Z., Ralph K. Rosenbaum und Stig Irving Olsen (Hg.): Life Cycle Assessment. Theory and Practice. Springer. Dordrecht (NL) 2018

Quellen, Tipps und Links

Es gibt eine Reihe zentraler Informationsquellen, denen die meisten Daten und Fakten für dieses Buch entnommen wurden.

Zuallererst zu nennen ist das **Umweltbundesamt (UBA)** in Dessau (https://www.umweltbundesamt.de), das am Bismarckplatz in Berlin und in Dessau einen eigenen Bürgerservice unterhält (buergerservice@uba.de). Es verfügt über große Datensammlungen zu allen wesentlichen Umweltthemen und Fragen, also zum Klima, zu Energie, Luft, zu Umwelt und Gesundheit, zur Land- und Forstwirtschaft und zum Konsum (https://www.umweltbundesamt.de/daten). Es ist die größte für die Bürger zugängliche Informationsquelle, wird laufend aktualisiert und erweitert und berichtet sachlich und kompetent auch zu aktuellen Fragen. Viele Daten können aufgeschlüsselt und auch heruntergeladen werden (beispielsweise: https://www.umweltbundesamt.de/indikator-vermiedene-thg-emissionen-durch).

Ebenso kompetent, allerdings thematisch konzentrierter berichtet die **Deutsche Bundesstiftung Umwelt (DBU)** in Osnabrück auf ihrer Homepage (https://www.dbu.de). Sie unterhält ein eigenes Zentrum für Umweltkommunikation (https://www.dbu.de), das regelmäßig offene Veranstaltungen für jedermann zu Umweltthemen anbietet. Die DBU fördert Projekte zum Schutz der Umwelt (https://www.dbu.de/antragstellung).

Einen guten Überblick über Stiftungen im Bereich Umwelt und Naturschutz liefert der **Arbeitskreis Umwelt, Natur, Gesundheit** unter https://shop.stiftungen.org/media/mconnect_uploadfiles/u/m/umweltstiftungen_3_final.pdf mit Kurzporträts von 140 Stiftungen sowohl Privater als auch Unternehmen sowie den Landesstiftungen wie etwa der Stiftung Umwelt und Natur (https://www.sue-nrw.de) aus Nordrhein-Westfalen oder der Stiftung Natur und Umwelt Rheinland-Pfalz (https://snu.rlp.de/de/startseite/).

Unter den Umweltverbänden liefert zuallererst der **NABU** (https://www.nabu.de/index.html) in Berlin eine Fülle an Informationen und einen guten Überblick über aktuelle politische Themen, laufende Aktivitäten und Projekte. Hinzu kommen die Homepages der Landesverbände und Informationen der insgesamt rund sechzig NABU-Naturschutzzentren (https://www.nabu.de/natur-und-landschaft/natur-erleben/nabu-zentren/). Hier findet sich zu allen heimischen Ökosystemen und Tier- und Pflanzenarten ein guter Einstieg, während der WWF (https://www.wwf.de) über die Grenzen Deutschlands hinaus auch seine internationalen Projekte und Aktivitäten vorstellt.

Auch **Greenpeace** widmet dem Thema ökologischer Fußabdruck einigen Raum und hat eine schöne Grafik dazu erstellt (https://www.greenpeace.de/co2fussabdruck).

Rechner, mit denen der eigene (laufende) CO_2-Fußabdruck berechnet werden kann, bieten verschiedene Organisationen:

https://uba.co2-rechner.de/de_DE/

https://nabu.co2-rechner.de/de_DE/

https://www.wwf.de/themen-projekte/klima-energie/wwf-klimarechner/

Sie kommen teilweise, auch wegen der unterschiedlichen Auflösungsdichte, zu deutlich unterschiedlichen Ergebnissen. Ihre Genauigkeit ist Gegenstand einer Untersuchung der Hochschule Worms: Rück, Hans, und Anna Maria Pötzl: Klimarechner im Praxistest: Hohe Abweichungen bei CO_2-Emissionen. In: Events – Das Management-Magazin für Live-Kommunikation, Nr. 4/2017, S. 22–25.

Sodann empfehlen sich eine Reihe von statistischen **Datensammlungen**. Die umfangreichsten und validen bieten zunächst das Statistische Bundesamt (https://www.destatis.de/DE/Home/_inhalt.html) und die entsprechenden Statistischen Landesämter (etwa: https://statistik.hessen.de). Unter den privaten Anbietern liefert Statista (https://de.statista.com) den größten Informationsfundus. Hier müssen viele weiterführende Informationen separat bezahlt werden. Hinzu kommen die Seiten der Biologischen Stationen, über deren Standorte häufig die Umweltministerien Auskunft geben (zum Beispiel: https://www.umwelt.nrw.de/naturschutz/wer-macht-was/biologische-stationenhttps://www.deutschewildtierstiftung.de).

Thematisch spezifische Informationen für dieses Buch haben zudem geliefert:

Das Institut der Deutschen Wirtschaft aus Köln mit der übersichtlichen Darstellung insbesondere zu Zahlen der öffentlichen Haushalte und der Infrastruktur (https://www.deutschlandinzahlen.de).

Der Verein STATISTIK DER KOHLENWIRTSCHAFT (https://kohlenstatistik.de) mit Sitz in Bonn, für Zahlen zum Bergbau, zur Kohleförderung und zur Energiewirtschaft.

Das Johann Heinrich von Thünen-Institut (https://www.thuenen.de) in Braunschweig mit Zahlen zur Landwirtschaft, zur Nutztierhaltung, zum Fleischverbrauch und zur Fischerei. Informationen zur Nitratbelastung im Grundwasser stammen allerdings vom UBA (https://www.umweltbundesamt.de/themen/fakten-zur-nitratbelastung-in-grund-trinkwasser).

Informationen zu den Wildtieren in Wald und Offenland liefert die Deutsche Wildtierstiftung (https://www.deutschewildtierstiftung.de) in Hamburg.

Praktische Handreichungen liefert das Bundesamt für Wirtschaft und Ausfuhrkontrolle (BAFA) in Eschborn, das für energetische Sanierungen und Fragen der Energieeffizienz einen umfangreichen Wegweiser durch den Förderdschungel bereithält (https://www.bafa.de/DE/Energie/Energieeffizienzwegweiser/energieeffizienzwegweiser_

node.html). Gleiches gilt für die Elektromobilität (https://www.bafa.de/DE/Energie/Energieeffizienz/Elektromobilitaet/elektromobilitaet_node.html), für die aber auch ein Blick auf die Seiten der jeweiligen Landesbehörden lohnt. Im Rahmen dessen wiederum veröffentlicht der Ökologische Verkehrsclub Deutschland e.V. jedes Jahr die VCD Auto-Umweltliste, in der Autos nach ihrer ökologischen Belastung sortiert und die jeweils am wenigsten die Umwelt belastenden vorgestellt werden.

Zu empfehlen sind zudem die Hinweise des BUND e.V. zu den **Bio-Siegeln** und entsprechenden Kennzeichnungen (https://www.bund.net/themen/massentierhaltung/haltungskennzeichnung/bio-siegel/) sowie Apps wie Siegelcheck (NABU), GrünZeit (Verbraucherzentrale Schleswig-Holstein) und der Fischratgeber (WWF).

International lohnt zunächst ein Blick auf die Informationsseiten der Vereinten Nationen zu den **Nachhaltigkeitszielen der Weltgemeinschaft** (https://sustainabledevelopment.un.org/?menu=1300). Unter Ziel 11 (nachhaltige urbane Räume), 13 (Bekämpfung des Klimawandels), 14 (Leben im Wasser) und 15 (Leben an Land) finden sich detaillierte Informationen und Statistiken zu den Zielen und Fortschritten der Weltgemeinschaft.

Sodann finden sich für nahezu alle Klima- und Umweltverschmutzungs-Fragen detaillierte Informationen auf den Seiten der Weltgesundheitsorganisation, zum Beispiel zur Luftverschmutzung weltweit (https://www.who.int/health-topics/air-pollution#tab=tab_1). Die in Englisch gehaltenen Fact Sheets liefern einen für den Laien sehr gut zusammengefassten Überblick über alle Themen, ebenso die in Deutsch gehaltenen Zahlen der deutschen UNESCO-Kommission zum Weltwasserbericht der Organisation der Vereinten Nationen für Bildung, Wissenschaft und Kultur (UNESCO) unter https://www.unesco.de/presse/pressematerial/un-weltwasserbericht-2019.

Die Liste ließe sich endlos fortsetzen.

Verzeichnis der Infokästen